TEMAS ATUAIS DE DIREITO PÚBLICO

Flávio da Silva Andrade

TEMAS ATUAIS DE DIREITO PÚBLICO

2ª Edição | revista atualizada

2020

EDITORA JusPODIVM
www.editorajuspodivm.com.br

EDITORA
*Jus*PODIVM
www.editorajuspodivm.com.br

Rua Território Rio Branco, 87 – Pituba – CEP: 41830-530 – Salvador – Bahia
Tel: (71) 3045.9051
• Contato: https://www.editorajuspodivm.com.br/sac

Diagramação: Ana Paula Lopes Corrêa *(aninha_lopescorrea@hotmail.com)*

Capa: Maitê Coelho *(maitescoelho@yahoo.com.br)*

• A Editora *JusPODIVM* passou a publicar esta obra a partir da 2.ª edição.

Andrade, Flávio da Silva.
A553T Temas Atuais de Direito Público. / Flávio da Silva Andrade. – 2. ed. rev e atual. – Salvador: Editora JusPodivm, 2020.
208 p.

Inclui bibliografia
ISBN 978-85-442-3255-2.

1. Direito Público. I. Andrade, Flávio da Silva. II. Título.

CDD 341

Para Herina Lúcia e aos nossos filhos
Felipe e Lorena.

AGRADECIMENTOS

A Deus, pelas bênçãos e oportunidades que me concedeu ao longo da jornada que até aqui percorri.

A meus pais, pelas valiosas lições de vida, pelo carinho, amor e suporte para que eu pudesse trilhar meus caminhos sem nunca me esquecer de minhas origens e dos valores superiores que devem nos guiar.

Ao amigo Francisco Martins Ferreira, que, com sua sabedoria, honradez e pensamento jurídico refinado, orientou-me no exercício da judicatura a partir do estudo contínuo, da dúvida consciente, da abertura ao diálogo e da busca por eficiência.

Aos tantos professores que tive no percurso, pelos ensinamentos e pelo incentivo no sentido da continuidade dos estudos e da busca por aperfeiçoamento. Ao amigo Jan Carlos Cerqueira Bezerra, que sempre me estimulou a jamais parar de estudar.

Aos amigos Rudson Coutinho da Silva e Abner Gardin, pela troca de ideias, pelas críticas e observações acerca dos assuntos expostos neste trabalho.

Expresso minha gratidão aos amigos Thiago Rodrigues Mendes, Marco Aurélio Badue Kallas, Maria Helena Soares Ferreira Borges e Marina Bueno Martins, pelo apoio para a obtenção de obras, pela leitura de alguns rascunhos e pela gentil colaboração na revisão de parte dos textos.

Agradeço, por fim, a minha esposa e a meus filhos, por me apoiarem em meus projetos, apesar de isso significar períodos ausentes, de menor convivência, mas quero que saibam que vocês são a razão maior de tudo.

PREFÁCIO

O Direito enquanto objeto cultural, criado pelo homem para regular condutas intersubjetivas, lida, naturalmente, com conflitos jurídicos complexos. As mudanças de paradigmas da sociedade contemporânea, por sua vez, invariavelmente acrescentam às lides elementos novos que surpreendem a cada dia os diversos operadores do direito.

Nesse contexto, para fazer frente à desafiante tarefa de interpretar os casos concretos, individualizando a norma jurídica, é preciso aprimoramento contínuo, acompanhamento das inovações legislativas e das decisões judiciais, constante estudo da doutrina e, sobretudo, sensibilidade para extrair de cada caso as particularidades que conduzem o intérprete na identificação do que é justo para cada demanda.

O autor faz uma interpretação jurídico-científica dos enunciados prescritivos que compõem o direito positivo, deixando reluzir na presente obra a sensibilidade e a prudência daquele que, diuturnamente, realiza, na visão de Kelsen, interpretações autênticas, criando direito nas soluções dos casos concretos[1].

Aglutinando nesta obra forte embasamento doutrinário, atualizada jurisprudência e a experiência prática da magistratura, Flávio da Silva Andrade busca analisar assuntos que, embora específicos do direito público, revelam exemplos de conflitos do mundo moderno.

---

1. GRAU, Eros Roberto. *Porque tenho medo dos juízes (a interpretação/aplicação do direito e os princípios)*. 6ª edição refundida do ensaio e discurso sobre a interpretação/aplicação do direito. São Paulo: Malheiros, 2013. pp. 53-54.

Abordando os diversos tópicos com clareza e profundidade, o autor teve a felicidade de selecionar assuntos que, além de sensíveis, atuais e de enorme repercussão prática no cotidiano do aplicador do direito, sempre reclamaram maior atenção da doutrina.

Exemplo disso é o tema relativo ao preocupante e crescente fenômeno da judicialização da saúde no Brasil, em que o autor comenta as principais controvérsias que marcam esse tipo de litígio judicial, quais compreensões têm prevalecido e que caminhos se revelam mais seguros e adequados para o enfrentamento racional do problema.

Também discute o direito da companheira à pensão por morte e à possibilidade (excepcional) de rateio do benefício entre a viúva e a concubina. Questão intrincada, e que precisava ser analisada sem viés moralístico ou religioso, foi objeto de incisivo enfrentamento que buscou ver o justo em meio a posições nem sempre equilibradas quanto ao assunto.

Da mesma forma a discussão quanto à possibilidade de o Executivo descumprir lei por reputá-la inconstitucional. Os fundamentos do entendimento atual que nega ao Executivo, salvo criteriosas exceções, legitimidade para repudiar lei formalmente emanada do legislativo, são expostos de forma didática, agregando-se, ainda, síntese histórica que permite compreender a razão pela qual, a certa quadra do direito constitucional, permitia-se ao Executivo a prerrogativa hoje condicionada à prévia decisão judicial.

No âmbito do processo penal, discorre sobre o rito abreviado a partir da confissão do acusado, previsto no projeto do novo Código de Processo Penal brasileiro, averiguando a compatibilidade constitucional desse mecanismo de solução abreviada por consenso. Defende que uma adequada disciplina legal e um efetivo controle judicial podem permitir o emprego de tal ferramenta sem que sejam violadas as garantias constitucionais dos acusados.

Buscando equilibrar os interesses fiscais do Estado e os direitos do contribuinte, o autor aborda a incidência do imposto de renda nos rendimentos recebidos acumuladamente em razão de determinação judicial. Ainda no campo tributário, analisa a ilegitimidade ativa do consumidor para pleitear a restituição de valores pagos a maior em decorrência da inclusão do ICMS na base de cálculo do PIS e da COFINS incidentes nas contas de energia elétrica, matéria que bem dá a nota da atualidade da obra.

A capacidade postulatória do advogado público constitui outro tópico abordado , distinguindo, o autor, os advogados que podem exercer a advocacia privada daqueles que não podem, e dando a cada uma dessas categorias contornos legais próprios.

Em outros dois tópicos, aborda a competência federal para julgamento dos crimes ambientais e trata de tema afeto ao direito eleitoral de inegável importância num período histórico de absoluta descrença com a seriedade do processo de eleições: captação ilícita de sufrágio.

Concluindo a obra, a audiência de custódia ou de apresentação do preso, refletindo inicialmente sobre as razões da elevada taxa de presos provisórios e sobre as causas da persistência da prática da violência por agentes das forças policiais. Aponta o conceito, a origem, a base normativa e as finalidades da audiência de custódia, acreditando que constitui instrumento necessário ao controle mais humano e acurado das prisões cautelares e à inibição da violência policial no Brasil.

E como se verá, o autor navega pela diversidade dos temas, mantendo a profundidade da análise e a precisão das conclusões. Assim, examina cada objeto de estudo como deve fazer o cientista do direito. Debruça-se sobre o direito positivo para descrevê-lo e interpretá-lo com destreza e com a coerência exigida na ciência jurídica, sem recurso a frágeis premissas apenas para amparar seus pontos de vista. Trazendo a sensibilidade de quem dirime conflitos em seu ofício e enfrenta, no plano empírico, os problemas abordados, o livro deixa de ser mera investigação abstrata e se transforma, de fato, em uma obra científica de muita utilidade e de aprazível leitura.

Araçatuba/SP, janeiro de 2020.

Rudson Coutinho da Silva

Procurador da República.

LISTA DE ABREVEATURAS

ABIN	Agência Brasileira de Inteligência
ADI	Ação Declaratória de Inconstitucionalidade
AMB	Associação dos Magistrados Brasileiros
CC	Conflito de competência
CF	Constituição Federal
CIMI	Conselho Indigenista Missionário
CNBB	Confederação Nacional dos Bispos do Brasil
CONIC	Conselho Nacional de Igrejas Cristãs do Brasil
CPC	Código de Processo Civil
CPT	Comissão Pastoral da Terra
CTN	Código Tributário Nacional
CUT	Central Única dos Trabalhadores
FLONA	Floresta Nacional
FUNAI	Fundação Nacional do Índio
IBAMA	Instituto Brasileiro do Meio Ambiente e dos Recursos Naturais Renováveis
ICMBio	Instituto Chico Mendes de Conservação da Biodiversidade
INCRA	Instituto Nacional de Colonização e Reforma Agrária
IR	Imposto de Renda
IRPF	Imposto de Renda de Pessoa Física
IRPJ	Imposto de Renda das Pessoas Jurídicas
IRRF	Imposto de Renda Retido na Fonte
j.	julgado

MC	Medida Cautelar
MP	Medida Provisória
OAB	Ordem dos Advogados do Brasil
ONG	Organização Não Governamental
Op. cit	obra citada
p.	página
RE	Recurso Extraordinário
Rel.	Relator
REsp	Recurso Especial
RRA	Rendimentos Recebidos Acumuladamente
SIPAM	Sistema de Proteção da Amazônia
STJ	Superior Tribunal de Justiça
STF	Supremo Tribunal Federal
T.	Turma
TRE	Tribunal Regional Eleitoral
TRF	Tribunal Regional Federal
TSE	Tribunal Superior Eleitoral

SUMÁRIO

1

REFLEXÕES SOBRE A PROGRESSIVA JUDICIALIZAÇÃO DA SAÚDE NO BRASIL

1.1. INTRODUÇÃO

Em diversas regiões do país já se pode dizer que é crítico o crescente quadro de judicialização de pedidos de fornecimento de prestações de saúde pública. A cada dia, aumenta nas unidades judiciárias o número de novas ações em que cidadãos pleiteiam o fornecimento de medicamentos, de materiais para cirurgia, de exames médicos e laboratoriais, de procedimentos cirúrgicos, internações hospitalares e também transferências para leitos de UTI etc.

Neste breve trabalho, portanto, almeja-se primeiro apontar causas desse preocupante fenômeno para depois comentar as principais controvérsias que marcam esse tipo de litígio judicial, quais compreensões têm prevalecido e que caminhos se revelam mais seguros e adequados para o enfrentamento racional do problema.

1.2. O DIREITO FUNDAMENTAL À SAÚDE E AS CAUSAS DA CRESCENTE BUSCA POR PRESTAÇÕES DE SAÚDE PÚBLICA NA ESFERA JUDICIAL

Bodo Pieroth e Bernhard Schlink[1] ensinam que os direitos fundamentais[2] são aqueles direitos ou valores do homem que são anteriores ao Estado, mas que foram positivados na constituição de um país.

A Constituição Federal de 1988 estabelece que a saúde é direito fundamental a ser perseguido e implementado em favor dos cidadãos, conforme disposto nos artigos 6º e 196[3]. É, pois, "incontroverso que existe o dever estatal de prestar de forma articulada os serviços de saúde preventivos e curativos, individuais e coletivos (...)"[4]. Entretanto, "o panorama jurídico delineado no sistema jurídico brasileiro, que contemplou a saúde como direito fundamental social, não pode prescindir da análise do aspecto fático atinente às limitações financeiras e de recursos humanos e tecnológicos"[5].

É alarmante o incremento, nas últimas décadas, do número de ações em que se pleiteiam prestações de saúde pública consistentes no fornecimento de medicamentos, de materiais para cirurgia, de variados exames e cirurgias diversas, eletivas ou de urgência, internações hospitalares e até tratamentos no exterior. No plano estadual, "o número de demandas judiciais relativas à saúde aumentou 130% entre 2008 e 2017, enquanto o número total de processo judiciais cresceu 50%"[6]. O gasto com a judicialização da saúde é elevadíssimo,

---

1. PIEROTH, Bodo; SCHLINK, Bernhard. *Direitos Fundamentais*. Trad. de Antônio Francisco de Sousa e Antônio Franco. São Paulo: Saraiva, 2012, p. 48.
2. Embora se aproximem os conceitos de direitos fundamentais e de direitos humanos, eles não se confundem. Aqueles, segundo Marcelo Schenk Duque, "encontram o seu fundamento no direito posto pelo Estado, normalmente em constituições escritas". Por sua vez, os direitos humanos estão ligados à primeira linha de raciocínio acima referida, pois "encontram o seu fundamento de validade na forma pré-estatal, sendo considerados direito 'sobre-positivo' [...], cuja característica essencial é a sua transnacionalidade." (DUQUE, Marcelo Schenk. *Curso de Direitos Fundamentais:* teoria e prática. São Paulo: Revista dos Tribunais, 2014, p. 52-53).
3. O art. 196 da CF/1988 dispõe que "a saúde é direito de todos e dever do Estado, garantido mediante políticas sociais e econômicas que visem à redução do risco de doença e de outros agravos e ao acesso universal e igualitário às ações e serviços para sua promoção, proteção e recuperação".
4. SCHULZE, Clenio Jair; GEBRAN NETO, João Pedro. *Direito à Saúde*. Análise à luz da judicialização. Porto Alegre: Verbo Jurídico, 2016, p. 38.
5. SCHULZE; GEBRAN NETO, *op. cit.*, p. 39.
6. Conselho Nacional de Justiça. *Judicialização da saúde no Brasil*: perfil das demandas, causas e propostas de solução. Instituto de Ensino e Pesquisa. Disponível em: <http://www.cnj.jus.br/files/conteudo/arquivo/2019/03/66361404dd5ceaf8c5f7049223bdc709.pdf>. Acesso em: 01/7/2019.

já alcançando quase 1 bilhão de reais em relação à União, a cada ano, o que representa um aumento de mais de 30.000 % em menos de uma década[7].

Segundo Schulze e Gebran Neto[8], o atual excessivo número de processos judiciais envolvendo prestações de saúde pública é um mau sinal. Afirmam que isso: "(...) demonstra (1) que o serviço público de saúde – ou suplementar – não é prestado adequadamente e por isso o direito somente pode ser conquistado na via judicial e/ou (2) porque há abuso do cidadão (do Ministério Público ou da Defensoria Pública) na busca por um direito que não existe".

É preciso perquirir, portanto, quais as causas desse fenômeno. George Marmelstein, com precisão e maestria singulares, elencou, dentre outras, as seguintes falhas dos órgãos do SUS que contribuem para a elevada taxa de judicialização de demandas de saúde no país:

a) primeira falha[9] (falta de medicamento padronizado):

> Em alguns casos, o medicamento é registrado na ANVISA, foi aprovado pela CONITEC, incorporado à lista RENAME, mas não é disponibilizado pelos órgãos do SUS, apesar da prescrição médica. Essa é uma situação relativamente comum na prestação de serviços (sobretudo na realização de exames), mas também pode ser percebida no fornecimento de medicamentos. São muitas as razões pelas quais isso pode ocorrer: má gestão, desorganização administrativa, falta de planejamento e de controle de estoque, atraso no repasse de verbas, problemas de licitação ou contratação, falha na entrega do produto por culpa dos fornecedores, ignorância por parte dos gestores de que aquele medicamento foi incorporado à lista, falta de definição sobre qual o órgão competente para fornecer o medicamento etc. Em qualquer caso, é uma situação de falha do sistema, que, em princípio, não justifica a negativa do tratamento.

b) segunda falha (falta na atualização da Relação Nacional de Medicamentos Essenciais - RENAME)[10]:

---

7. ARAÚJO, Cynthia Pereira de; LÓPEZ, Éder Maurício Pezzi; JUNQUEIRA, Silvana Regina Santos. *Judicialização da Saúde – Saúde Pública e Outras Questões.* Porto Alegre: Verbo Jurídico, 2016, p. 26.
8. SCHULZE; GEBRAN NETO, *op. cit.*, p. 49.
9. MARMELSTEIN, George. You can't always get what you want: repensando a judicialização da saúde com base no fornecimento de medicamentos. *Revista de informação legislativa:* RIL, v. 54, n. 216, p. 114, out./dez. 2017. Disponível em: <http://www12.senado.leg.br/ril/edicoes/54/216/ril_v54_n216_p105>. Acesso em: 06/07/2019.
10. MARMELSTEIN, *op. cit.*, p. 114-115.

> Outra possibilidade de falha no fornecimento de medicamentos ocorre quando uma nova tecnologia está registrada na ANVISA (portanto, é segura e eficaz) e foi aprovada pela CONITEC (portanto, tem custo-efetividade), mas não foi incluída na Lista RENAME. Nesse caso, é preciso verificar se já decorreu o prazo legal (de 180 dias) para a inclusão na lista, pois há alguns precedentes indicando que, durante esse prazo, não é possível obrigar o SUS a fornecê-lo na via judicial[7]. Embora essa posição restritiva possa não fazer tanto sentido sob o aspecto da proteção da saúde, já que os próprios órgãos técnicos oficiais concluíram que a medicação é segura, eficaz e tem custo-efetividade, faz sentido do ponto de vista da gestão e planejamento do sistema. Os prazos previstos na lei têm o propósito de possibilitar ao gestor realizar a aquisição dos insumos em conformidade com a lei de licitação e assim garantir o menor preço. Exigir que esses prazos sejam atropelados significa obrigar o gestor a adquirir o produto com urgência, o que pode gerar um indesejável sobrepreço. De um modo geral, se o processo de compra da medicação já está em andamento, não é razoável que o juiz determine uma aquisição com urgência, pois isso afeta intensamente a autonomia do sistema (...).

c) terceira falha (falta de aprovação da CONITEC - Comissão Nacional de Incorporação de Tecnologias no SUS)[11]:

> Outra situação possível, que tem sido objeto de muitos casos de judicialização, ocorre quando a medicação é aprovada na ANVISA, mas não na CONITEC. Essa é uma situação muito delicada e precisa ser avaliada com muito cuidado. Aliás, talvez essa seja a situação-problema dentro do contexto da judicialização da saúde, pois não há acordo nem mesmo entre os profissionais da saúde, muito menos entre os membros do judiciário.
>
> A CONITEC é um órgão que tem se aprimorado ao longo do tempo, em grande parte para responder ao fenômeno da judicialização da saúde. Sua missão é bastante complexa, pois tem que avaliar a presença de inúmeros fatores que justificariam o fornecimento de uma determinada tecnologia pelo sistema público de saúde, especialmente o chamado custo-efetividade, o que envolve a ponderação de diversos interesses, muitas vezes antagônicos.
>
> Em razão da complexidade da análise, pode haver uma demora na apreciação dos pedidos de incorporação, gerando um *delay* entre a disponibilização do produto no mercado interno (que ocorre com o registro na ANVISA) e a sua incorporação ao SUS (que depende da análise da CONITEC).

---

11. MARMELSTEIN, *op. cit.*, p. 115-119.

> "(....) O "custo-efetividade", enquanto metodologia de avaliação que compara tecnologias médicas levando em conta seus efeitos clínicos e seus custos, é o fator mais adequado para verificar se um novo medicamento deve ser incorporado ou não ao sistema público de saúde e tal avaliação compete à CONITEC.
>
> Desse modo, caso seja compreendida a importância da análise de custo-efetividade realizada pela CONITEC, já se pode traçar algumas linhas que deveriam ser observadas na judicialização da saúde.
>
> Em primeiro lugar, quando há uma resposta negativa da CONITEC, indicando que uma tecnologia não deve ser incorporada ao SUS, essa decisão deve ser respeitada a não ser que se consiga demonstrar o seu equívoco em face das regras do sistema. Isso não significa dizer que um médico que receitou um medicamento não aprovado pela CONITEC tenha errado do ponto de vista da prática médica. É possível que o médico esteja até mais correto do que a CONITEC. (...).
>
> Em situações assim, ou o autor demonstra que a CONITEC se equivocou na avaliação do custo-efetividade, ou seu pedido deve ser indeferido, por mais que o tratamento prescrito seja adequado, eficaz e seguro.
>
> Uma situação relativamente diversa ocorre quando a CONITEC ainda não apreciou o mérito do pedido de incorporação. Se ficar demonstrado que o tratamento é adequado, eficaz e seguro, é preciso investigar mais a fundo porque não foi apreciado o pedido de incorporação do medicamento. Se a CONITEC não tiver culpa pela demora na análise, é temerário obrigar o SUS a fornecer o medicamento, mesmo porque, em muitas situações, a indústria farmacêutica pode estar incentivando, indiretamente, a judicialização para forçar a incorporação de seu medicamento. (...)
>
> Por outro lado, se a culpa pela demora na apreciação do pedido de incorporação for da própria CONITEC, tem-se uma falha do sistema que, em princípio, poderia justificar a judicialização. Porém, mesmo nesse caso, o debate judicial não pode abrir mão da análise do custo-efetividade, que é um pressuposto necessário para a incorporação de medicamentos nos protocolos clínicos oficiais. Assim, não basta que o autor demonstre que a medicação é segura e eficaz (o que é presumido com o registro na ANVISA) e adequada ao tratamento da doença (o que é presumido com a prescrição médica, desde que *in label*). É preciso também demonstrar que, dentre as opções terapêuticas adequadas, o tratamento escolhido é o de melhor custo-efetividade.

Essas são, pois, as principais falhas do SUS que levam o cidadão a recorrer ao Poder Judiciário para ver assegurado o gozo do direito de saúde invocado. Ainda é comum faltar medicamentos padronizados nos postos e demais unidades de saúde, contudo a causa que mais tem ensejado o ajuizamento de ações judiciais dessa natureza é, como afirmado por Marmelstein, a falta de atualização da RENAME, a demora injustificada da CONITEC para decidir sobre a incorporação ao SUS de novas tecnologias em saúde (novos medicamentos, materiais e procedimentos). Esse retardamento/morosidade conduz ao manejo de milhares de ações e ao incremento substancial da judicialização.

Há, porém, outra importante causa para a excessiva judicialização nessa seara. É a prescrição, por médicos do setor público, fora do contexto acima, de medicamentos, materiais ou procedimentos não padronizados pelo SUS, que não foram (ainda) incorporados pelo serviço público de saúde. O médico faz tal prescrição simplesmente porque não conhece os Protocolos Clínicos e Diretrizes Terapêuticas (PCDT)[12] ou porque cede facilmente ao *lobby* da indústria farmacêutica, optando logo por medicamentos ou materiais não padronizados, deixando de esgotar as alternativas terapêuticas oferecidas pelo sistema.

Se, de um lado, o Ministério da Saúde e a CONITEC precisam agir para corrigir as falhas antes apontadas, os gestores das unidades públicas de saúde nas unidades federadas e nos municípios necessitam atentar para o papel dos médicos da rede pública nesse contexto. Se eles, para além das hipóteses antes comentadas, passam a prescrever medicamentos não padronizados pela CONITEC ou se solicitam materiais para cirurgia que não são os fornecidos pelo SUS, os cidadãos/munícipes naturalmente recorrerão aos Ministérios Públicos[13] ou às Defensorias Públicas (federal ou estaduais) para o ingresso de ações judiciais destinadas a obter tais fármacos ou materiais.

Como bem assinala Marmelstein[14]:

> (...) o problema da judicialização da saúde somente será superado quando os próprios médicos perceberem que fazem parte de um sistema mais amplo. É preciso que se tenha algum tipo de vinculação, ainda que relativa, em relação aos protocolos oficiais. As decisões médicas, assim como as decisões

12. O Protocolo Clínico e Diretriz Terapêutica (PCDT) tornou-se "instrumento de fundamental importância para a efetivação da política de saúde, (...) funcionando não apenas como elemento normativo de direito sanitário, mas também como garantidor do tratamento isonômico dos pacientes, de acordo com os critérios de efetividade, eficiência, eficácia e segurança do tratamento" (SCHULZE; GEBRAN NETO, *op. cit.*, p. 173).
13. No mês de abril de 2018, o Superior Tribunal de Justiça firmou a seguinte tese (Tema repetitivo 766): "O Ministério Público é parte legítima para pleitear tratamento médico ou entrega de medicamentos nas demandas de saúde propostas contra os entes federativos, mesmo quando se tratar de feitos contendo beneficiários individualizados, porque se refere a direitos individuais indisponíveis, na forma do art. 1º da Lei n. 8.625/1993 (Lei Orgânica Nacional do Ministério Público)".
14. MARMELSTEIN, George. *O Direito Fora da Caixa.* 2ª ed. Salvador: JusPodivm, 2019, p. 238.

> judiciais, não devem se basear em voluntarismos (por mais que tenham um suporte da literatura científica, que, convenhamos, nem sempre é unívoca). Em linha de princípio, as normas do sistema devem ser seguidas, salvo se houver razões superiores que justifiquem a sua não aplicação. A não observância do padrão oficial há de ser devidamente fundamentada. O problema é que, muitas vezes, os médicos sequer conhecem as diretrizes oficiais, nem se sentem vinculados a elas. E os juízes tendem a seguir o que o médico prescreve. Se o médico não leva em consideração o protocolo oficial, o juiz também não levará, o que certamente causará, em algum momento, o colapso do sistema. Os protocolos clínicos cumprem um papel, a aprovação da Anvisa também, a análise do Conitec idem... enfim, a meu ver, o problema da saúde deveria ser resolvido, primeiro, dentro de casa, com os próprios médicos refletindo sobre seus problemas e tentando desenvolver soluções para o sistema como um todo. Para isso, o poder público deveria, de algum modo, ser capaz de influenciar os médicos do sistema a seguirem as políticas públicas adotadas. Aliás, em várias audiências que fiz com médicos, eles mostraram desconhecimento dos protocolos aprovados pelo Conitec ou outras regras do Ministério da Saúde. De nada adianta existir um monte de órgãos técnicos para definir a eficácia e segurança de um medicamento, o custo-efetividade dos tratamentos ou os procedimentos a serem seguidos, se, na prática, ninguém dentro do sistema respeita essas decisões.

Desse modo, é imperioso que aos médicos da rede pública seja recomendado ou até determinado que reservem para hipóteses realmente excepcionais a prescrição de medicamentos não padronizados ou a solicitação de materiais cirúrgicos não disponibilizados pelo SUS. Se o profissional de saúde da rede pública entende que, em determinada hipótese, está a ocorrer uma das falhas antes apontadas, precisa elaborar um relatório circunstanciado, com embasamento técnico-científico rigoroso apto a evidenciar tal falha e respaldar o ajuizamento da ação tendente a discutir o assunto. Um mero receituário não se presta a tanto. Com a opção do Estado brasileiro (art. 19-Q da Lei nº 8.080/1990, com redação dada pela Lei nº 12.401/2011) por orientar as práticas do SUS pela Medicina Baseada em Evidências[15], deve ficar afastado o casuísmo e ab-

15. Segundo o Centro Cochrane do Brasil, Medicina Baseada em Evidências é "uma abordagem que utiliza as ferramentas da epidemiologia clínica, da estatística, da metodologia científica e da informática parra trabalhar a pesquisa, o conhecimento e a atuação em saúde, com o objetivo de oferecer a melhor informação para a tomada de decisão nesse campo. A prática da MBE busca promover a integração da experiência clínica às melhores evidências disponíveis, considerando a segurança nas intervenções e a ética na totalidade das ações (SCHULZE; GEBRAN NETO, *op. cit.*, p. 214).

solutismo da autonomia médica quanto às prescrições de fármacos, insumos e procedimentos no âmbito do SUS[16].

1.3. AS PRINCIPAIS DISCUSSÕES JURÍDICAS QUE PERMEIAM A JUDICIALIZAÇÃO DA SAÚDE E AS COMPREENSÕES QUE DEVEM BALIZAR O ENFRENTAMENTO RACIONAL DO FENÔMENO

A primeira controvérsia diz respeito a existir, ou não, responsabilidade solidária entre os entes públicos no que tange à obrigação de oferecer prestações de saúde pública. Em processos dessa natureza, é comum que a União, o Estado-membro ou o Município suscite a preliminar de ilegitimidade passiva *ad causam*. Não raro os três entes arguem essa preambular, um imputando ao outro a responsabilidade, tendo, porém, sempre prevalecido nos tribunais pátrios a compreensão jurisprudencial de uma plena solidariedade entre os entes públicos para responder a toda e qualquer ação judicial em que se busca prestações de saúde pública.

Essa visão inflexível no sentido da responsabilidade solidária dos entes públicos decorre da competência constitucional comum de cuidar da saúde (art. 23, II, da CF/1988), ignorando-se as regras legais e administrativas de organização regionalizada e hierarquizada do SUS, por meio das quais são repartidas as competências entre os gestores públicos. Como assinalam João Pedro Gebran Neto e Renato Luís Dresch[17], é necessário ponderar que "(...) a repartição da competência entre os gestores não afasta, por si só, a responsabilidade do gestor hierarquicamente superior, quando outro situado em posição inferior na organização federativa não cumprir a sua obrigação. Isso significa dizer que a União pode ser responsável pela deficiência ou ausência dos serviços de saúde de responsabilidade dos Estados e dos Municípios. Do mesmo modo, o Estado pode ser responsável no caso de deficiência ou ausência dos serviços de responsabilidade dos Municípios". Tudo vai depender do contexto que cerca cada conflito de interesses, inclusive de sua dimensão individual ou coletiva.

Quando se tem em mente uma prestação de saúde já padronizada, o critério da subsidiariedade revela-se mais adequado para orientar o cumpri-

16. ARAÚJO; LÓPEZ; JUNQUEIRA, *op. cit.*, p. 176-178.

17. GEBRAN NETO, João Pedro; DRESCH, Renato Luís. A responsabilidade solidária e subsidiária dos entes políticos nas ações e serviços de saúde. *Revista do Tribunal Regional Federal da 4ª Região*. Porto Alegre, vol. 25, n. 84, 2015, p. 96-97. Disponível em: <https://www2.trf4.jus.br/trf4/revistatrf4/arquivos/Rev84.pdf>. Acesso em: 01/08/2019.

mento da obrigação, haja vista que o sistema é pautado pela descentralização e pela hierarquização. Por conseguinte, "as obrigações a serem cumpridas por força de decisões judiciais devem ser direcionadas ao ente federativo que tem atribuição temática para a prestação pleiteada"[18], isto é, que reúne condições materiais para garantir um atendimento mais próximo e adequado. Segundo essa lógica, o redirecionamento da obrigação ou o chamamento de outro ente para responder de forma subsidiária fica reservado para hipóteses excepcionais, quando comprovada a real impossibilidade de um ente cumprir o encargo.

Nessa discussão, porém, é preciso ter claro que a maior parte das demandas judiciais versa sobre prestações não padronizadas, ou seja, diz respeito a prestações (procedimentos, medicamentos, órteses, próteses e materiais especiais) que não se encontram previstas em políticas públicas, de modo que se impõe seja reconhecida a solidariedade da responsabilidade dos entes públicos demandados. Se uma prestação não está padronizada ou se um problema de saúde pública tem uma conotação mais ampla, não parece sensato permitir que a responsabilidade recaia apenas sobre um dos entes, olvidando-se que se está diante de um sistema.

Gebran Neto e Dresch[19] pontuam que, "como a Constituição Federal assegura a integralidade no tratamento, na inexistência de política pública deve ser admitida a responsabilidade comum (solidária) do art. 23, II, da Constituição Federal". Eles alertam que, "em razão da organização federativa, com ascendente verticalização hierárquica administrativa entre os Municípios, o Estado e a União, não há como impor ao Município obrigações de responsabilidade do Estado ou da União. Na ausência de política pública definida, é possível a formação de litisconsórcio passivo, sendo conveniente estabelecer os limites da responsabilidade de cada um dos entes" [20].

Nessa perspectiva, em vista das responsabilidades dos entes públicos devidamente estabelecidas nos arts. 16, 17 e 18 da Lei nº 8.080/1990, já não mais haveria de predominar, no que toca às prestações padronizadas, a questionada regra da responsabilidade solidária, que deveria ser reservada apenas para os casos que envolvessem postulações de prestações que não tenham sido incorporadas pelo poder público. Aliás, as opções e as referidas falhas dos gestores do SUS deveriam ser racionalmente discutidas em ações coletivas. Todavia,

18. ARAÚJO; LÓPEZ; JUNQUEIRA, *op. cit.*, p. 139.
19. GEBRAN NETO; DRESCH, *op. cit.*, p. 97.
20. GEBRAN NETO; DRESCH, *op. cit.*, p. 97.

como assinalado, predomina nas instâncias superiores o entendimento de que ações individuais são cabíveis e que é sempre solidária a responsabilidade dos entes políticos na prestação dos serviços de saúde pública. O Supremo Tribunal Federal, em maio de 2019, julgou os temas de nºs 500 e 793, fixando as seguintes teses:

> Tema 500: "1. O Estado não pode ser obrigado a fornecer medicamentos experimentais. 2. A ausência de registro na ANVISA impede, como regra geral, o fornecimento de medicamento por decisão judicial. 3. É possível, excepcionalmente, a concessão judicial de medicamento sem registro sanitário, em caso de mora irrazoável da ANVISA em apreciar o pedido (prazo superior ao previsto na Lei nº 13.411/2016), quando preenchidos três requisitos: (i) a existência de pedido de registro do medicamento no Brasil (salvo no caso de medicamentos órfãos para doenças raras e ultrarraras); (ii) a existência de registro do medicamento em renomadas agências de regulação no exterior; e (iii) a inexistência de substituto terapêutico com registro no Brasil. 4. As ações que demandem fornecimento de medicamentos sem registro na Anvisa deverão necessariamente ser propostas em face da União"[21].
>
> Tema 793: "Os entes da federação, em decorrência da competência comum, são solidariamente responsáveis nas demandas prestacionais na área da saúde, e diante dos critérios constitucionais de descentralização e hierarquização, compete à autoridade judicial direcionar o cumprimento conforme as regras de repartição de competências e determinar o ressarcimento a quem suportou o ônus financeiro".

Como se vê, apesar de abraçar a tese da quase irrestrita solidariedade da obrigação, a Corte Suprema brasileira, justamente por força da descentralização e da hierarquização que caracterizam o sistema, determina que a autoridade judicial busque direcionar o seu cumprimento em conformidade com as regras administrativas de repartição de competências[22], solução que se revela racional e atende melhor ao interesse do paciente/usuário.

---

21. Note-se que, nesse campo, rompeu-se com a solidariedade entre os entes públicos, ficando definido que cabe à União o ônus de suportar do custeio.

22. Registre-se que é exatamente essa a compreensão adotada pelo o enunciado nº 60 das Jornadas de Direito da Saúde do CNJ: "A responsabilidade solidária dos entes da Federação não impede que o Juízo, ao deferir medida liminar ou definitiva, direcione inicialmente o seu cumprimento a um determinado ente, conforme as regras administrativas de repartição de competências, sem prejuízo do redirecionamento em caso de descumprimento".

O assunto em questão, porém, ainda não está acomodado. É que, em seu voto divergente (e vencedor[23]) proferido nos embargos de declaração opostos pela União contra a decisão da Corte Suprema no RE nº 855178/SE, o ministro Luiz Edson Fachin consignou o seguinte:

> "Se a pretensão veicular pedido de tratamento, procedimento, material ou medicamento não incluído nas políticas públicas em todas as suas hipóteses a União necessariamente comporá o polo passivo, considerando que o Ministério da Saúde detém competência para incorporação, exclusão ou alteração de novos medicamentos, produtos, procedimentos, bem como constituição ou alteração de protocolo clínico ou de diretriz terapêutica, de modo que recai sobre ela o dever de indicar o motivo ou as razões da não padronização e eventualmente iniciar o procedimento de análise de inclusão nos termos da respectiva fundamentação".

Essa diretriz está em sintonia com o enunciado nº 78 do Comitê Executivo do Fórum de Saúde do Conselho Nacional de Justiça, que dispõe que "compete à Justiça Federal julgar as demandas em que são postuladas novas tecnologias de alta complexidade ainda não incorporadas ao Sistema Único de Saúde – SUS". Entretanto, se essa interpretação prevalecer, estar-se-á desconstruindo o entendimento que os entes da Federação, isolada ou conjuntamente, têm obrigação solidária de assegurar o direito à saúde aos cidadãos necessitados. Essa parte da motivação do aludido voto acaba por transformar, em relação às tecnologias não incorporadas ao SUS, em necessário o litisconsórcio de facultativo passivo entre a União, o Estado-membro e o Município, ensejando a remessa de todos esses casos à Justiça Federal. A solidariedade, nesses casos, deixaria de induzir o litisconsórcio facultativo, pois se imporia a formação do litisconsórcio necessário, compondo a União o polo passivo em todas essas causas, de modo que a Justiça Estadual perderia a competência para decidir essas questões[24]. Essa é a posição das juízas federais Ana Carolina Morozowski e Luciana da Veiga Oliveira[25], do TRF da 4ª Região, que sustentam que, "nessa

23. Ainda não publicado, mas disponível em: <http://www.stf.jus.br/arquivo/cms/bibliotecaConsultaProdutoBibliotecaPastaFachin/anexo/RE855178ED.pdf>. Acesso em 25/11/2019.

24. Aqui vale consignar, embora sem dispor de levantamentos estatísticos, que é bem significativo o número de ações em que se pleiteiam prestações ou tecnologias não incorporadas pelo SUS. Provavelmente, os pedidos desse jaez representam até 70 ou 80% dos casos que chegam ao Poder Judiciário.

25. MOROZOWSKI, Ana Carolina; OLIVEIRA, Luciana da Veiga, em *Da responsabilidade solidária na assistência à saúde no SUS*. Disponível em: https://www.migalhas.com.br/dePeso/16,MI305311,-91041-Da+responsabilidade+solidaria+na+assistencia+a+saude+no+SUS. Acesso em: 25/11/2019.

hipótese, caso a União não tenha sido incluída no polo passivo, o juiz estadual deverá intimar a parte autora a incluí-la e, diante de sua incompetência (art. 109, I, CF), remeter o processo à Justiça Federal. Caso a parte autora não o faça, o juiz deve extinguir o feito sem resolução de mérito".

Essa compreensão, *concessa venia*, conquanto decorra das razões expostas no voto do ministro Fachin, parece contrariar o entendimento que o STF quis reafirmar ao fixar a tese do tema 793. Uma forma de tentar sistematizar o assunto seria entender que só é o caso de se incluir obrigatoriamente a União no polo passivo da ação se a causa de pedir e o pedido mediato[26] disserem respeito à incorporação de novas tecnologias em saúde, nos termos do art. 19-Q, da Lei nº 8080/90[27]. Se a ação almejar o fornecimento de prestação não padronizada (sobretudo se não é de alto custo ou de alta complexidade), mas sem discutir o direito/dever de incorporação da tecnologia (o que redundaria em sua disponibilização a todos que dela precisarem), seria desnecessária a inclusão da União no polo passivo da demanda, mantendo-se a diretriz atual, que favorece o acesso à justiça, o que se acredita ter sido a intenção da maioria dos ministros da Corte Suprema. Porém, esse aspecto da discussão é recente e ainda ensejará muitos debates até alcançar a esperada pacificação.

O segundo ponto que suscita controvérsia refere-se à necessidade de, sempre que possível, o usuário primeiro dirigir seu pleito a um órgão do Sistema Único de Saúde – SUS, na esfera municipal, estadual ou federal, de modo a permitir que o poder público disponibilize a prestação desejada, negue seu fornecimento ou aponte uma alternativa terapêutica destinada ao tratamento da moléstia. Nesse sentido foram editados os enunciados nºs 03 e 13 das Jornadas de Direito da Saúde do Conselho Nacional de Justiça.

Tornando-se indispensável o ajuizamento da ação judicial[28], o profissional do Direito responsável pelo caso deve cuidar para que a petição inicial

---

26. Parte da doutrina (minoritária) entende que o pedido mediato seria o provimento jurisdicional desejado, quanto o pedido imediato seria caracterizado pela própria prestação que se pretende seja a parte adversa compelida.

27. Art. 19-Q da Lei nº 8.080/90: "A incorporação, a exclusão ou a alteração pelo SUS de novos medicamentos, produtos e procedimentos, bem como a constituição ou a alteração de protocolo clínico ou de diretriz terapêutica, são atribuições do Ministério da Saúde, assessorado pela Comissão Nacional de Incorporação de Tecnologias no SUS".

28. Em Uberlândia/MG, a partir de reuniões realizadas na sede da Justiça Federal com autoridades de saúde, judiciárias, membros da OAB, da Defensoria Pública da União e do Ministério Público Federal, foi criado, em dezembro de 2014, o Comitê Interinstitucional de Resolução Administrativa de Demandas de Saúde (CIRADS) com o propósito de estimular a resolução extrajudicial (pré-pro-

esteja "instruída com todos os documentos relacionados com o diagnóstico e tratamento do paciente, tais como: doença, exames essenciais, medicamento ou tratamento prescrito, dosagem, contraindicação, princípio ativo, duração do tratamento, prévio uso dos programas de saúde suplementar, indicação de medicamentos genéricos, entre outros, bem como o registro da solicitação à operadora e/ou respectiva negativa" (enunciado nº 32 das Jornadas de Direito da Saúde do CNJ – 18.03.2019). A comum deficiência de instrução da ação obsta uma análise mais técnica por parte do julgador. Ele tenderá a denegar o pleito liminar ou postergará a análise da medida para depois da apresentação de um parecer pelo Núcleo de Apoio Técnico ao Judiciário (NAT-JUS)[29] ou para depois da realização de uma perícia médica naquele caso.

O médico prescritor de um fármaco ou de um tratamento que não faz parte das listas ou protocolos oficiais do SUS precisa entender que seu relatório deve ser muito bem feito, deve estar bem embasado, apontando circunstanciadamente uma das falhas acima explicitadas. Ora, como disposto no enunciado nº 12 das Jornadas de Saúde do CNJ[30]:

> A inefetividade do tratamento oferecido pelo Sistema Único de Saúde – SUS, no caso concreto, deve ser demonstrada por relatório médico que a indique e descreva as normas éticas, sanitárias, farmacológicas (princípio ativo segundo a Denominação Comum Brasileira) e que estabeleça o diagnóstico da doença (Classificação Internacional de Doenças), indicando o tratamento eficaz, periodicidade, medicamentos, doses e fazendo referência ainda sobre a situação do registro ou uso autorizado na Agência Nacional de Vigilância Sanitária – Anvisa, fundamentando a necessidade do tratamento com base em medicina de evidências (STJ – Recurso Especial Resp. nº 1.657.156, Relatoria do Ministro Benedito Gonçalves - 1ª Seção Cível - julgamento

---

cessual) dos conflitos, mas o projeto funcionou por apenas 6 meses, não prosperando justamente porque, em mais de 70% dos casos, o pleito era de concessão de prestações não padronizadas. Os médicos prescritores não aceitavam ou diziam já haver se esgotado as alternativas terapêuticas oficiais.

29. O NAT-JUS Nacional foi incorporado na nova plataforma digital do Sistema Nacional de Pareceres e Notas Técnicas (E-Natjus), hospedada no sítio do Conselho Nacional de Justiça, podendo ser acessada através do link: www.cnj.jus.br/e-natjus.

30. Nessa mesma linha é o enunciado nº 15 das aludidas jornadas: "As prescrições médicas devem consignar o tratamento necessário ou o medicamento indicado, contendo a sua Denominação Comum Brasileira – DCB ou, na sua falta, a Denominação Comum Internacional – DCI, o seu princípio ativo, seguido, quando pertinente, do nome de referência da substância, posologia, modo de administração e período de tempo do tratamento e, em caso de prescrição diversa daquela expressamente informada por seu fabricante a justificativa técnica."

repetitivo dia 25.04.2018 - Tema 106) (Redação dada pela III Jornada de Direito da Saúde – 18.03.2019)

Não mais é tolerável, portanto, que ações nessa seara sejam movidas de forma precipitada e sem embasamento científico, até porque os juízes "deverão considerar se os médicos ou os odontólogos assistentes observaram a eficácia, a efetividade, a segurança e os melhores níveis de evidências científicas existentes (...)" (enunciado nº 29 das Jornadas de Direito da Saúde do CNJ).

Com o maior aprofundamento das reflexões em torno da judicialização da saúde, hoje o julgador primeiramente irá querer compreender porque o médico assistente prescreveu aquela prestação não padronizada[31]. Assim o fez porque não há uma política pública ou protocolo oficial para aquele caso? Ou assim agiu porque já se esgotaram ou são inviáveis as alternativas terapêuticas disponíveis ante as especificidades do caso concreto? Se sim, a alternativa apontada pelo médico que assiste à parte requerente atende mesmo aos critérios de eficácia, efetividade, eficiência, segurança e custo-benefício? Por que a CONITEC não fez tal incorporação?[32] Quais as razões invocadas? Está havendo uma demora

---

31. Chamando a atenção para o assunto, George Marmelstein aduz: "Afinal, o que leva um médico do sistema público a prescrever um tratamento ainda não incorporado aos protocolos clínicos estabelecidos por seu empregador? Podem ser citados inúmeros fatores: (a) o médico pode desconhecer os protocolos oficiais e não sabe que pode existir um tratamento alternativo já fornecido pelo SUS para aquela situação; (b) o médico pode estar apenas reproduzindo a sua prática médica na medicina privada, cujos protocolos contemplam aquele tipo de tratamento; (c) o médico pode ter plena noção de que aquele tratamento não é oferecido pelo SUS, mas acredita que é o melhor para o paciente, aconselhando-o a acionar a justiça para lutar por seus direitos; (d) o médico pode ter tentado, sem sucesso, todas as linhas de tratamento previstas nos protocolos oficiais, e busca agora uma forma alternativa que pode ser promissora; (e) a situação clínica do paciente é tão peculiar que o tratamento padrão pode não ser recomendado, justificando uma prescrição médica fora do padrão; (f) o paciente pode ser acometido de múltiplas doenças (comorbidade), levando o médico a propor uma solução menos ortodoxa para a sua situação, a fim de não colocar em risco a sua vida, já que um tratamento para uma enfermidade pode ter efeitos colaterais prejudicais à outra; (g) o médico pode estar influenciado pelo *lobby* da indústria farmacêutica, optando por prescrever aquele tratamento por razões não confessáveis; (h) o médico pode estar afetado pelo *viés da conformidade*, adotando algum modismo passageiro que os seus colegas de profissão também estão seguindo; (i) o médico pode estar tentando dar ao paciente uma última esperança de sobrevivência, mesmo sabendo que as chances de sucesso são ínfimas, imbuído por uma obstinação terapêutica que não se conforma com a possibilidade da morte; (j) o médico pode estar tentando 'lavar as mãos' para não sentir o peso da responsabilidade pela eventual morte de seu paciente, prescrevendo tratamentos por mero desencargo de consciência e assim por diante... Como se vê, são muitas as hipóteses que levam um médico público a prescrever uma medicação não fornecida pelo SUS. Algumas são legítimas e nobres; outras, nem tanto" (MARMELSTEIN, *op. cit.*, p. 110).
32. Há casos em que é preciso verificar o que gera "(...) a dissonância entre o tratamento proposto pelo médico e o oferecido pelo sistema, sobretudo quando não há uma revisão periódica dos protocolos

injustificada para o pronunciamento daquele órgão colegiado? Daí a relevância do papel a ser exercido pelo perito do juízo[33], a quem, além de entrevistar e examinar o paciente na sede deste Juízo, analisando os documentos contidos nos autos, incumbe colher informações diversas que ajudem a satisfatoriamente responder a esses questionamentos.

Assim, considerando que se está diante de um sistema voltado a atender à coletividade, verificar-se-á que, no plano geral, nos tratamentos médicos, devem ser observados os protocolos clínicos e diretrizes terapêuticas estabelecidos pelo poder público. O atendimento do paciente deve ser garantido privilegiando-se os medicamentos, insumos e materiais disponibilizados/padronizados pelo SUS, admitindo soluções diferenciadas somente no caso de ser comprovada a ineficiência ou a impropriedade da política pública de saúde existente. Noutras palavras, não há, como regra, direito à tutela jurisdicional positiva não contemplada pelo SUS, admitindo-se, porém, ações ou serviços diferenciados se o SUS não oferecer alternativas terapêuticas ou se estas tiverem se esgotado, hipótese em que o interessado deverá apontar a alternativa mais eficiente e segura, pautada pela Medicina Baseada em Evidências[34].

Outro aspecto relevante a respeito da judicialização da saúde refere-se à necessidade, ou não, de se comprovar incapacidade financeira para custeio do medicamento solicitado. Em relação a prestações padronizadas, naturalmente não deve haver essa exigência, mas ela é plenamente pertinente no tocante ao anseio de se obter medicamentos, materiais e tratamentos que não fazem parte do protocolo oficial.

Os magistrados, de maneira acertada, estão se orientando pelas premissas elencadas no julgado da Suspensão de Tutela Antecipada nº 175 (decisão da Corte Especial do STF, no agravo regimental respectivo, proferida em 17 de março de 2010, relator: Ministro Gilmar Mendes), oportunidade em que se

---

existentes, bem como a elaboração constante de novos protocolos capazes de assimilar os avanços científicos" (MARMELSTEIN, *op. cit.*, p. 120).

33. Nessas ações, o autor destes rápidos apontamentos tem tido o cuidado de determinar a realização de uma perícia na sede deste juízo para que seja bem avaliado o quadro clínico alegado pela parte requerente e analisada a adequação da prescrição. O conhecimento da ciência médica e/ou farmacêutica é absolutamente imprescindível para o seguro e pertinente desfecho destes processos. E, na avaliação desses casos, a medicina baseada em evidências deve exercer papel preponderante na solução dos litígios (SCHULZE; GEBRAN NETO, *op. cit.*, p. 199-243).

34. ALVES, Francisco Glauber Pessoa. *Ações de Saúde contra o Poder Público:* ensaio de um roteiro decisório. Revista Jurídica da Seção Judiciária de Pernambuco. Nº 9, 2016, p. 88-92. Disponível em: <https://revista.jfpe.jus.br/index.php/RJSJPE/article/view/148>. Acesso em: 03/08/2019.

definiu que, quando da avaliação de caso concreto, devem ser ponderados, entre outros, os seguintes fatores:

a) a inexistência de tratamento/procedimento ou medicamento similar/genérico oferecido gratuitamente pelo SUS para a doença ou, no caso de existência, sua utilização sem êxito pelo postulante ou sua inadequação devido a peculiaridades do paciente;

b) a adequação e a necessidade do tratamento ou do medicamento pleiteado para a doença que acomete o paciente;

c) a aprovação do medicamento pela ANVISA (só podendo ser relevado em situações muito excepcionais, segundo disposto nas Leis nº 6.360/76 e 9.782/99); e

d) a não configuração de tratamento experimental.

Nessa mesma linha de raciocínio, o Superior Tribunal de Justiça recentemente definiu, em recurso especial representativo de controvérsia (tema 106), que, para a concessão dos medicamentos não incorporados, deve ser exigida demonstração da "incapacidade financeira de arcar com o custo do medicamento prescrito" (REsp Nº 1.657.156 – RJ. Relator: Ministro Benedito Gonçalves. Publicação: DJe de 04/05/2018)[35].

Note-se, porém, que esse requisito da hipossuficiência deve ser avaliado tendo em conta a situação financeira da parte autora e o valor da prestação de saúde pública pleiteada, isto é, a condição financeira do demandante deve ser analisada frente ao custo do medicamento almejado. O indivíduo pode até não ser financeiramente hipossuficiente para ser agraciado com a assistência judiciária gratuita, mas pode ser hipossuficiente em vista do elevado custo de um medicamento ou tratamento de saúde essencial para lhe assegurar o direito de viver ou ver restabelecida sua saúde[36].

---

35. Essa compreensão ensejou a aprovação do enunciado nº 75 das Jornadas de Direito da Saúde do CNJ: "Nas ações individuais que buscam o fornecimento de medicamentos não incorporados em atos normativos do Sistema Único de Saúde – SUS, sob pena de indeferimento do pedido, devem ser observados cumulativamente os requisitos estabelecidos pelo STJ, no julgamento do RESP n. 1.657.156, e, ainda, os seguintes critérios: I) o laudo médico que ateste a imprescindibilidade do medicamento postulado poderá ser infirmado através da apresentação de notas técnicas, pareceres ou outros documentos congêneres e da produção de prova pericial; II) a impossibilidade de fornecimento de medicamento para uso *off label* ou experimental, salvo se houver autorização da ANVISA; III) os pressupostos previstos neste enunciado se aplicam a quaisquer pedidos de tratamentos de saúde não previstos em políticas públicas."

36. ARAÚJO; LÓPEZ; JUNQUEIRA, *op. cit.*, p. 197-199.

Como bem asseveram Araújo, López e Junqueira, nesse campo não se pode desconsiderar a hipossuficiência como um critério relevante, "sob pena de se atribuir à universalidade do SUS uma abrangência tal que inviabilize o próprio sistema, prejudicando especialmente aqueles que possuem menos condições sociais e econômicas" [37]. É certo, portanto, que o acesso universal é assegurado no âmbito do direito fundamental à saúde, mas "a universalidade não está a excluir a isonomia de atendimento", assim como não garante que "seja prestado para quem tem condições de arcar com as despesas, os serviços médicos ou prestações materiais fora do rol já assegurado legal e administrativamente"[38].

Exatamente por causa da escassez de recursos é que, no tocante ao fornecimento de órteses, próteses e materiais especiais – OPME, não podem os médicos desejar que seus pacientes da rede pública sejam agraciados com materiais padrão ouro, em sintonia com as mais modernas e dispendiosas tecnologias, pois, como visto, o custo também é um critério sopesado para fins de incorporação. Schulze e Gebran Neto[39] recordam que "não se pode imaginar que a Constituição confere a todo brasileiro o direito de ter a melhor prestação de saúde existente no mundo". Daí, de acordo com os mencionados autores, a necessidade de se avaliar a questão a partir de uma perspectiva coletiva, isto é, no âmbito global, atentando-se para o fato de que as políticas públicas de saúde não são criadas e executadas com foco em destinatários específicos, mas para proteger e garantir a saúde de todos, já que os recursos públicos são limitados[40].

Uma derradeira questão polêmica que permeia a judicialização da saúde é a relativa à falta de vagas em leitos de UTI, à falta de recursos/condições materiais para a realização de cirurgias mais complexas em casos de emergência. Os advogados do poder público sustentam que a concessão de medidas liminares nessa área acarreta a violação do princípio da isonomia, pois, para se cumprir a ordem judicial, é preciso "furar a fila", proceder que não se coaduna com o direito e a justiça. De fato, segundo o enunciado nº 46 das supracitadas Jornadas de Direito à Saúde do CNJ, "nas ações judiciais para as transferências hospitalares deve ser verificada a inserção do paciente nos sistemas de regulação, de acordo com o regramento de referência de cada Município, Região ou Estado, observados os critérios clínicos e priorização" (Redação dada pela III Jornada de Direito da Saúde – 18.03.2019).

37. ARAÚJO; LÓPEZ; JUNQUEIRA, *op. cit.*, p. 200.
38. SCHULZE; GEBRAN NETO, *op. cit.*, p. 176-177.
39. SCHULZE; GEBRAN NETO, *op. cit.*, p. 39.
40. SCHULZE; GEBRAN NETO, *op. cit.*, p. 42.

Entretanto, a rede pública de saúde de diversos municípios e unidades federadas está nitidamente abarrotada, sobrecarregada. Não há leitos de UTI em número suficiente para atender à população. Então, se houver risco de morte do paciente e uma solução não for construída com mais rapidez pela central de regulação de urgências e emergências, deverá o julgador, entendendo presentes os requisitos para a medida antecipatória, determinar que seja transferido para um hospital particular, às custas do SUS, a fim de que seja submetido a adequado tratamento para preservar sua vida, para restabelecer sua saúde, sobretudo quando se estiver diante de uma moléstia grave[41]. O magistrado deve antes conceder um prazo para que a central de regulação busque uma solução na esfera pública, consignando que, transcorrido o tempo estipulado, deverá o paciente ser encaminhado para um hospital privado (de nível terciário) para a realização do tratamento necessário, tudo às expensas do Estado. E nesses casos, para evitar que o nosocômio privado não disponibilize uma vaga, é de bom alvitre que o juiz registre em seu *decisum* que o poder público terá a obrigação de depositar em favor do hospital o valor total do tratamento, conforme tabela da rede particular.

Não há dúvidas, todavia, de que a temática discutida neste ensaio deve ser tratada com muito cuidado, já que a progressiva "judicialização da saúde, em determinados contextos, pode até piorar os problemas do sistema de saúde, seja por dificultar o planejamento e a gestão, seja por encarecer os insumos e serviços, seja por propiciar a prática de conluios e fraudes, seja por criar situações de iniquidade entre aqueles que conseguem ser favorecidos por uma decisão judicial e os que não conseguem"[42].

Destarte, no enfrentamento dos problemas abordados, é imprescindível que seja estimulada a tutela judicial coletiva do direito à saúde, se não houver êxito nas tentativas de solução extrajudicial dos conflitos. O Ministério Público, sobretudo onde já existe Defensoria Pública instalada, precisa priorizar a atuação dirigida para o tratamento das questões sob a forma coletiva, conforme preconizado pelo legislador constituinte (art. 129, III, da CF/1988). Também a Defensoria Pública detém legitimidade mover ações civis públicas nessa área (art. 5º, II, da Lei nº 7.347/1985), mas ainda impera pelo país uma atuação de viés mais individualista.

41. Nessa esteira tem se posicionado o Supremo Tribunal Federal: ARE 727864 AgR, Relator: Min. CELSO DE MELLO, Segunda Turma, julgado em 04/11/2014, Dje de 12-11-2014, p. 223.

42. MARMELSTEIN, *op. cit.*, p. 106.

Encerrando estes apontamentos, cabe assinalar que, se o magistrado entender pela concessão da prestação de saúde vindicada, seja em sede liminar ou ao proferir a sentença, deverá tomar alguns cuidados, ordenar algumas providências que venham a garantir o correto cumprimento da decisão e o gozo do direito reconhecido no provimento jurisdicional.

Conquanto seja solidária a responsabilidade pelo adimplemento da obrigação, como foi acima comentado, o julgador deve apontar qual dos entes públicos demandados deverá cumprir a ordem judicial, evitando o cumprimento em duplicidade ou, o que é mais comum, que um ente deixe para o outro o encargo de cumprir a determinação judicial, acarretando demora e mais riscos para a vida ou saúde do paciente. É oportuno registrar, no ato decisório, que ao ente a quem couber adquirir o medicamento ou custear certo procedimento fica assegurado o direito a ressarcir-se dos demais, nos moldes preconizados pelo SUS. Se a prestação concedida não é padronizada, é recomendável consignar que o ônus financeiro deve ser repartido *pro rata* entre eles, em posterior acerto de contas[43].

O juiz também precisa fixar prazos para o cumprimento da ordem judicial, os quais devem ser menos ou mais dilatados conforme a complexidade da obrigação a ser adimplida. Ainda, se o poder público tem se mostrado renitente no cumprimento dos comandos judiciais, cabe ao magistrado estabelecer multas para o caso de descumprimento dos preceitos[44], advertindo ainda sobre a possibilidade de haver resposta criminal, na forma da lei, em decorrência da desobediência.

Muitas vezes, a demora no cumprimento da ordem judicial acontece porque o poder público precisa encetar uma série de medidas administrativas para viabilizar a compra do medicamento ou a realização de uma cirurgia. Então, convém que o juiz, para garantir o rápido cumprimento da ordem judicial, reconheça, por exemplo, a hipótese de dispensa de procedimento licitatório no que se refere à primeira aquisição do fármaco ou material almejado. Recomenda-se também que a autoridade judicial assente na decisão a obrigação de a parte autora apresentar receituário médico atualizado a cada 06 (seis) meses, para

43. ARAÚJO; LÓPEZ; JUNQUEIRA, *op. cit.*, p. 152-153;

44. A propósito, vale recordar que, de acordo com o enunciado nº 86 das Jornadas de Direito da Saúde do CNJ, "as multas fixadas por descumprimento de determinações judiciais (*astreintes*) devem levar em consideração as dificuldades inerentes à aquisição dos medicamentos ou produtos pelo Poder Público ou por Agentes de Saúde Suplementar, bem como guardar proporcionalidade com o valor da prestação pretendida".

que possa retirar o medicamento, evitando-se que novas aquisições sejam feitas quando já interrompido o uso do fármaco[45].

Quando houver alegação de descumprimento da ordem judicial e o poder público, intimado, não apresentar uma justificativa plausível, deve o Poder Judiciário determinar o sequestro/bloqueio de numerário, via Bacenjud, para possibilitar a compra do medicamento (ou outro material) a partir de 03 (três) orçamentos a serem apresentados pela parte autora, procurando-se garantir o respeito ao princípio da economicidade[46]. O Juízo deve evitar ao máximo repassar o numerário diretamente à parte requerente para o custeio do fármaco, material ou procedimento, procurando implementar uma rotina de serviço que assegure o correto uso do recurso, sempre exigindo a devida prestação de contas nos autos do processo.

1.4. CONSIDERAÇÕES FINAIS

A progressiva judicialização da saúde é um fenômeno complexo, mas se verificou que é causado basicamente pelas seguintes razões: falta ou insuficiência de prestações de saúde já padronizadas; falta de atualização da RENAME; falta ou demora para a aprovação de uma nova tecnologia pela CONITEC; e prescrição indiscriminada/sem embasamento técnico-científico de prestações de saúde não incorporadas ao SUS, o que é feito pelos próprios médicos da rede pública de saúde. Essa conjunção de fatores tem acarretado o crescimento exponencial da judicialização da saúde no Brasil.

A falta, nos postos ou noutras unidades de saúde pública, de prestações (fármacos, insumos ou procedimentos) padronizadas, que já fazem parte das listas ou protocolos oficiais do SUS, constitui uma falha grave a ser corrigida pelas

45. Nesse sentido é o enunciado nº 02 das Jornadas de Direito à Saúde do CNJ: "Concedidas medidas judiciais de prestação continuativa, em tutela provisória ou definitiva, é necessária a renovação periódica do relatório e prescrição médicos a serem apresentados preferencialmente ao executor da medida, no prazo legal ou naquele fixado pelo julgador como razoável, considerada a natureza da enfermidade, de acordo com a legislação sanitária, sob pena de perda de eficácia da medida" (Redação dada pela III Jornada de Direito da Saúde – 18.03.2019).

46. Sobre o assunto, o enunciado nº 56 das Jornadas de Direito da Saúde do CNJ dispõe que: "**Havendo depósito judicial ou sequestro de verbas (Bacenjud) para aquisição de medicamentos, produto ou serviço, antes da apreciação do pedido, deve-se exigir da parte a apresentação prévia de até 3 (três) orçamentos, exceto nas hipóteses de complexa definição de custos (cirurgias, internações e fornecimento de insumos de uso hospitalar), em que outros parâmetros poderão ser observados" (Redação dada pela III Jornada de Direito da Saúde – 18.03.2019).**

autoridades do setor, inclusive a partir de provocação do Ministério Público ou do Tribunal de Contas. Se o paciente/usuário não conseguir a resolução na via administrativa, o que é sempre o mais desejável, restará o ajuizamento da ação judicial, sendo que, nessa hipótese, a tendência é que o juiz julgue procedente o pedido, uma vez que se verifica um nítido problema de gestão do sistema, uma falha na prestação de um serviço essencial ao cidadão[47].

De outro lado, quando o paciente almeja medicamentos, tratamentos ou tecnologias ainda não incorporados ao SUS, é preciso averiguar se se está diante de uma das outras falhas acima apontadas. Deve haver, nesse caso, maior cuidado e zelo na reunião dos elementos que embasarão a ação e na elaboração da peça inaugural, até porque será maior o grau de exigência para que o julgador venha a julgar procedente a pretensão autoral. O pedido deve ser analisado com maior atenção e rigor, buscando-se constatar se há mesmo, da parte do poder público, a falha apontada. Considerando que não há, como regra, direito à tutela jurisdicional positiva não contemplada pelo SUS, só se deve obrigar o poder público a fornecer prestações não padronizadas se ele não oferecer alternativas terapêuticas ou se estas tiverem se esgotado, hipótese em que o interessado deverá apontar a alternativa mais eficiente e segura, pautada pela Medicina Baseada em Evidências.

Nessa perspectiva, urge que os profissionais de saúde que atendem na rede pública (municipal, estadual ou federal) não se deixem levar tanto pela ação propagandista de laboratórios e indústrias, e observem rigorosamente os Protocolos Clínicos e Diretrizes Terapêuticas oficiais, que são elementos organizadores da prestação de saúde pública. Somente quando todas as alternativas terapêuticas previstas no respectivo PCDT já tiverem sido esgotadas ou forem inviáveis ao quadro clínico do paciente usuário do SUS é que se deve abrir a possibilidade de busca do fornecimento de um fármaco ou material não padronizado, o que será analisado em cada caso. Nessa linha, também se faz necessário evitar a prescrição de medicamentos não registrados pela ANVISA, *off label* e experimentais.

O estudo revelou, portanto, que a prescrição de prestação de saúde não padronizada deve ser reservada para casos realmente excepcionais, sendo premente a necessidade de se orientar a ação dos médicos que atuam junto à rede pública, nas esferas municipal, estadual e federal. Também advogados, defensores públicos e membros do Ministério Público devem atinar para a lógica

47. SCHULZE; GEBRAN NETO, *op. cit.*, p. 50.

aqui retratada, de modo que deixem de ajuizar ações precipitadas, desprovidas de fundamentos técnico-científicos, passando ao largo dos relevantes aspectos aqui pontuados. Precisam privilegiar a abordagem dos problemas sob a forma coletiva, caminho que se mostra mais eficiente e equânime do que uma atuação de viés individualista.

Ademais, pôde-se constatar que é essencial para a sobrevivência do sistema a fixação da exigência de se comprovar a hipossuficiência financeira para se obter o custeio de uma prestação não incorporada pelo sistema público de saúde. Parece claramente desarrazoado que a universalidade do serviço tenha tamanha abrangência capaz de assegurar, a quem tenha condições de pagar, serviços ou prestações materiais que não fazem parte do rol oficial.

Enfim, no enfrentamento do problema, devem as autoridades envolvidas agir de modo mais racional, mais ágil e menos sentimental, buscando-se preservar a higidez do sistema, o qual, por sua vez, precisa ser aprimorado nos seus pontos falhos pelos gestores do Ministério da Saúde, acelerando os processos de avaliação de novas tecnologias pela CONITEC, viabilizando/estimulando o treinamento e a orientação dos médicos da rede pública de saúde. Do contrário, persistindo as falhas e a falta de compreensão adequada do fenômeno, os entes federativos continuarão a despender valores tão significativos para a aquisição de remédios ou de materiais não padronizados que não sobrarão recursos para investir nos programas e ações de saúde essenciais para a melhoria desse relevante serviço em favor do povo brasileiro.

1.5. REFERÊNCIAS

ALVES, Francisco Glauber Pessoa. *Ações de Saúde contra o Poder Público:* ensaio de um roteiro decisório. Revista Jurídica da Seção Judiciária de Pernambuco. Nº 9, 2016, p. 55-97. Disponível em: <https://revista.jfpe.jus.br/index.php/RJSJPE/article/view/148>.

ARAÚJO, Cynthia Pereira de; LÓPEZ, Éder Maurício Pezzi; JUNQUEIRA, Silvana Regina Santos. *Judicialização da Saúde – Saúde Pública e Outras Questões.* Porto Alegre: Verbo Jurídico, 2016.

Conselho Nacional de Justiça. *Judicialização da saúde no Brasil:* perfil das demandas, causas e propostas de solução. Instituto de Ensino e Pesquisa. Disponível em: <http://www.cnj.jus.br/files/conteudo/arquivo/2019/03/66361404dd5ceaf8c5f7049223bdc709.pdf>.

DUQUE, Marcelo Schenk. *Curso de Direitos Fundamentais:* teoria e prática. São Paulo: Revista dos Tribunais, 2014.

GEBRAN NETO, João Pedro; DRESCH, Renato Luís. A responsabilidade solidária e subsidiária dos entes políticos nas ações e serviços de saúde. *Revista do Tribunal Regional Federal da 4ª Região.* Porto Alegre, vol. 25, n. 84, 2015, p. 96-97. Disponível em: <https://www2.trf4.jus.br/trf4/revistatrf4/arquivos/Rev84.pdf>.

MARMELSTEIN, George. *O Direito Fora da Caixa.* 2ª ed. Salvador: JusPodivm, 2019.

MARMELSTEIN, George. You can't always get what you want: repensando a judicialização da saúde com base no fornecimento de medicamentos. *Revista de informação legislativa*: RIL, v. 54, n. 216, p. 114, out./dez. 2017. Disponível em: <http://www12.senado.leg.br/ril/edicoes/54/216/ril_v54_n216_p105>.

MOROZOWSKI, Ana Carolina; OLIVEIRA, Luciana da Veiga, em *Da responsabilidade solidária na assistência à saúde no SUS.* Disponível em: https://www.migalhas.com.br/dePeso/16,MI305311,91041-Da+responsabilidade+solidaria+-na+assistencia+a+saude+no+SUS.

PIEROTH, Bodo; SCHLINK, Bernhard. *Direitos Fundamentais.* Trad. de Antônio Francisco de Sousa e Antônio Franco. São Paulo: Saraiva, 2012.

SCHULZE, Clenio Jair; GEBRAN NETO, João Pedro. *Direito à Saúde.* Análise à luz da judicialização. Porto Alegre: Verbo Jurídico, 2016.

2

O DIREITO DA LEGÍTIMA COMPANHEIRA À PENSÃO POR MORTE E A POSSIBILIDADE (EXCEPCIONAL) DE RATEIO DO BENEFÍCIO ENTRE A VÍÚVA E A CONCUBINA

2.1. INTRODUÇÃO

A união estável ou relação de companheirismo vem- se tornando cada vez mais comum na sociedade moderna, sendo incontáveis, por conseguinte, na via administrativa e na esfera judicial, os pedidos de concessão de pensão por morte, formulados por quem diz ter sido companheiro(a) do(a) segurado(a) falecido(a).

Tem-se tornado rotineira, nas Agências da Previdência Social, nos órgãos ou institutos de previdência dos entes públicos e no Poder Judiciário, a disputa da pensão entre a viúva e a concubina ou "amante".

De acordo com o ordenamento jurídico brasileiro atual, interpretado pelos tribunais, apenas a verdadeira união estável (e não os relacionamentos ilegítimos) gera o direito de pensão por morte ao(à) companheiro viúvo(a). Então, é preciso verificar em cada caso se restou configurada uma união estável e se esta se manteve até o óbito do(a) segurado(a).

Ver-se-á que são imprescindíveis cuidado e atenção da autoridade administrativa ou judicial ao examinar esses pleitos, pois, muitas vezes, a requerente da pensão afirma ter sido companheira quando, na realidade, era concubina ou "amante", uma vez que o falecido segurado jamais se afastou do lar conjugal originário. Haverá, todavia, casos excepcionais, em que a concubina merece proteção previdenciária por ter claramente agido de boa-fé ou por ter aderido a um estilo de vida que se distancia da tradição monogâmica brasileira.

O tema em questão, embora não seja novo, é sempre atual e instigante, na medida em que surgem aspectos fáticos e jurídicos que exigem reflexão, acompanhamento das mudanças legislativas e da evolução da jurisprudência.

2.2. O CONCEITO DE COMPANHEIRO(A) COMO DEPENDENTE BENEFICIÁRIO(A) DA PENSÃO POR MORTE

O benefício previdenciário da pensão por morte está disciplinado no artigo 74 e seguintes da Lei nº 8.213/1991. O artigo 16 dessa lei estabelece que "são beneficiários do Regime Geral de Previdência Social, na condição de dependentes do segurado: I - o cônjuge, a companheira, o companheiro e o filho não emancipado, de qualquer condição, menor de 21 (vinte e um) anos ou inválido ou que tenha deficiência intelectual ou mental que o torne absoluta ou relativamente incapaz, assim declarado judicialmente." O § 3º de tal dispositivo ainda esclarece: "considera-se companheira ou companheiro a pessoa que, sem ser casada, mantém união estável com o segurado ou com a segurada, de acordo com o § 3º do art. 226 da Constituição Federal."

Já o art. 16, § 6º, do Decreto nº 3.048/1999 dispõe que:

> § 6º Considera-se união estável aquela configurada na convivência pública, contínua e duradoura entre o homem e a mulher, estabelecida com intenção de constituição de família, observado o § 1º do art. 1.723 do Código Civil, instituído pela Lei nº 10.406, de 10 de janeiro de 2002.

Sobre o assunto, Marcelo Leonardo Tavares[1] ensina que:

> "Companheiro é o que, sem ser casado, mantém união estável com segurado, de acordo com o § 3º do art. 226 da Constituição Federal. Perde a qualidade de dependente pela cessação da união estável com o segurado enquanto não lhe foi garantido a prestação de alimentos. O Regulamento da Previdência Social – Decreto nº 3.048/99 - considera união estável aquela

1. TAVARES, Marcelo Leonardo. *Direito Previdenciário*. 12ª ed. Niterói: Impetus, 2011, p 83.

> verificada como entidade familiar quando ambos, segurado e pessoa que com ele vive, forem solteiros, separados judicialmente ou viúvos; ou tiverem prole em comum. Em que pese a previsão regulamentar, entendemos que o reconhecimento da qualidade de dependente é possível mesmo que um dos dois esteja somente separado de fato, pela interpretação sistêmica dos arts. 16 e 17 da Lei n º 8.213/1991 c/c os § 1º e § 2º do art. 76 da referida Lei."

Na mesma linha é o magistério de Marisa Ferreira Santos[2]:

> A interpretação da Lei e do Regulamento, contudo, não pode levar à conclusão de que a união estável só pode ser reconhecida para os que não têm impedimentos, ao fundamento de que, se casados com outras pessoas, sua vida em comum configuraria concubinato adulterino. A realidade demonstra que é comum que pessoas casadas se separem apenas de fato e constituem novas famílias, razão pela qual não há fundamento, dentro do Sistema da Seguridade Social, para que os dependentes resultantes da união estável sejam excluídos do direito ao recebimento do benefício.

Portanto, também se enquadra no conceito de companheiro(a) quem é separado(a) apenas de fato e vive em união estável.

Cabe registrar que a Lei nº 8.112/1990, que trata do regime próprio dos servidores públicos federais, também prevê a proteção previdenciária ao(à) companheiro(a) (art. 215 e seguintes), assim como os estatutos dos servidores públicos estaduais e municipais, tudo em harmonia com a Constituição Federal de 1988, que equiparou a união estável ao casamento.

Lembre-se, ainda, que a Súmula nº 253 do extinto Tribunal Federal de Recursos, publicada em 15/03/88, já garantia a proteção previdenciária ao(à) companheiro(a), conforme o seguinte enunciado: "A companheira tem direito a concorrer com outros dependentes à pensão militar, sem observância da ordem de preferência".

2.3. A IMPORTANTE DISTINÇÃO ENTRE A UNIÃO ESTÁVEL E O CONCUBINATO

A Carta Constitucional de 1988 equiparou a união estável ao casamento civil, ao dispor no § 3º do art. 226 que, "para efeito da proteção do Estado, é

2. SANTOS, Marisa Ferreira. *Direito Previdenciário Esquematizado*. São Paulo: Saraiva, 2011, p 151.

reconhecida a união estável entre o homem e a mulher como entidade familiar, devendo a lei facilitar sua conversão em casamento."

Regulamentando o referido dispositivo constitucional, a Lei nº 9.278/1996 definiu o que é união estável, indicando os requisitos para sua caracterização, conforme segue: "Art. 1º. É reconhecida como entidade familiar a convivência duradoura, pública e contínua, de um homem e uma mulher, estabelecida com o objetivo de constituição de família." A união estável é conhecida como relação de convivência e companheirismo. Outrora também era denominada "concubinato puro".

O Código Civil Brasileiro (Lei nº 10.402/2002), na mesma linha disciplinou a união estável, estabelecendo o seguinte no artigo 1.723:

> Art. 1.723. É reconhecida como entidade familiar a união estável entre o homem e a mulher, configurada na convivência pública, contínua e duradoura e estabelecida com o objetivo de constituição de família.
>
> § 1º A união estável não se constituirá se ocorrerem os impedimentos do art. 1.521; não se aplicando a incidência do inciso VI no caso de a pessoa casada se achar separada de fato ou judicialmente.

Pablo Stolze Gagliano e Rodolfo Pamplona Filho conceituam união estável "como uma união afetiva de convivência pública e duradoura entre pessoas do mesmo sexo ou não, com o objetivo de constituir família".[3]

Carlos Roberto Gonçalves alerta para o fato de que "não configuram união estável, com efeito, os encontros amorosos mesmo constantes, ainda que os parceiros mantenham relações sexuais, nem as viagens realizadas a dois ou o comparecimento juntos a festas, jantares, recepções etc., se não houver da parte de ambos o intuito de constituir família."[4] O *affectio maritalis*, ou seja, a intenção de constituir família, na lição de César Fiuza, "traduz-se na vontade de viver juntos, compartilhando o dia a dia, criando cumplicidade, uma comunhão de vida, amparando-se e respeitando-se reciprocamente".[5]

---

3. GAGLIANO, Pablo Stolze; FILHO, Rodolfo Pamplona. *Novo Curso de Direito Civil. Direito de Família. As Famílias em Perspectiva Constitucional. Volume VI.* São Paulo: Saraiva, 2011, p 420.
4. GONÇALVES, Carlos Roberto. *Direito Civil Brasileiro. Direito de Família. Volume 6.* 8ª ed. São Paulo: Saraiva, 2011, p. 615.
5. FIUZA, César. *Direito Civil Curso Completo.* Volume Único. 15ª ed. Belo Horizonte: DelRey, 2011, p 1.060.

O Código Civil ainda definiu o que seja concubinato, conforme consta do art. 1.727: "As relações não eventuais entre o homem e a mulher, impedidos de casar, constituem concubinato".

Portanto, a legislação codificada, ao definir cada um dos institutos, deixou assentado que a união estável diz respeito a legítimas relações de convivência, sem impedimentos legais, abrangendo inclusive os relacionamentos que envolvem pessoas casadas e estejam separadas apenas de fato. Já o concubinato, como se extrai do texto legal, refere-se às uniões ilegítimas: relacionamentos ocorridos paralelamente ao casamento, mancebia ou incesto.

O Ministro Ricardo Lewandowski, do Supremo Tribunal Federal, em voto proferido no RE 397.762/BA, em 03/06/2008, ainda destacou um aspecto interessante sobre o assunto: "O concubinato, do ponto vista etimológico, vem do *cum cubere*, que significa dormir juntos, ou seja, é uma comunhão de leitos; ao passo que a união estável é uma comunhão da vida, é uma parceria, é um companheirismo".[6]

Note-se, ainda, que no passado se fazia a distinção entre concubinato puro (relação de convivência sem impedimento legal) e impuro (ou adulterino), mas, com a nova disciplina legal, a expressão "concubinato" ficou reservada para as uniões ilegítimas. Nesses casos, como regra, não há proteção do Estado, só sendo possível eventual amparo ao(à) concubino(a) quando restar evidente sua boa-fé.

Portanto, a clara distinção entre união estável e concubinato, essencial no Direito de Família, é também de extrema importância no âmbito do Direito Previdenciário, conforme abaixo será demonstrado.

2.4. A CARACTERIZAÇÃO DA RELAÇÃO AMOROSA OU MARITAL COMO VERDADEIRA UNIÃO ESTÁVEL GARANTIDORA DO DIREITO AO BENEFÍCIO PREVIDENCIÁRIO DA PENSÃO POR MORTE. CONSEQUÊNCIAS DO CONCUBINATO SIMULTÂNEO OU PARALELO AO CASAMENTO

É aqui que se ingressa mais propriamente no tema. A administração pública e o Poder Judiciário (após o prévio requerimento administrativo) precisam averiguar, em cada caso, se a alegada relação amorosa ganhou contornos de

6. GAGLIANO e PAMPLONA lembram que, conforme jargão popular, ficava caracterizada "a situação da mulher 'teúda e manteúda': 'tida e mantida' por um homem (sua amante, amásia ou amigada)" (GAGLIANO; PAMPLONA, *op. cit.*, p. 420).

verdadeira união estável. Há de se observar se o relacionamento era legítimo, distinguindo-se a companheira da concubina ou "amante".

Nas hipóteses em que a união estável (relação de companheirismo) invocada revela-se legítima (antigo concubinato puro), o caso é solucionado de modo mais singelo, bastando que reste comprovada a convivência marital até o óbito.

Para melhor se conhecer os fatos, tanto na esfera administrativa como em Juízo, devem-se buscar evidências que respondam às seguintes perguntas, por exemplo: a) o casal tinha intenção de constituir família? b) o envolvimento amoroso era perene ou os encontros eram eventuais? c) quanto tempo durou a relação de companheirismo? d) o relacionamento gerou prole em comum? e) o casal vivia sob o mesmo teto, como marido e mulher (coabitação)? Aqui vale lembrar, porém, que a vida em comum sob o mesmo teto, *more uxorio*, não é indispensável à caracterização da união estável" (Súmula nº 382 do STF); f) a requerente estava inscrita como dependente do segurado junto ao instituto ou órgão de previdência? g) quem fez a declaração do óbito? h) há referência à companheira na certidão de óbito?; i) onde ocorreu o velório e o sepultamento e quem pagou as despesas? Oportuno salientar que as provas não precisam ser necessariamente documentais, sendo admissível a prova exclusivamente testemunhal[7].

Mais complexa é a situação quando a alegada união estável ocorre com um segurado que possui o estado civil de casado e estaria faticamente separado da primeira esposa. Esses casos exigem ainda maior cuidado na coleta da prova e na sua valoração. Além de se buscar esclarecimentos sobre as circunstâncias fáticas acima apontadas, a autoridade competente deve procurar saber se o segurado estava realmente separado da família originária (o homem estava mesmo afastado do lar conjugal primitivo? ele se distanciou de verdade da primeira esposa ou levou uma vida dupla?).

Se restar evidenciado que realmente existiu uma união estável normal, ou seja, não simultânea/paralela a um casamento, deve-se assegurar à nova companheira o direito à pensão. Nessa hipótese, ainda que o segurado fosse civilmente casado, se estava verdadeiramente separado da primeira mulher, ou seja, se estava afastado há um razoável tempo do lar conjugal originário, deve ser acolhido o pedido de pensão formulado pela mulher que por último convivia maritalmente com ele. Note-se que poderá ser o caso de partilhar/ratear

7. Vide, a propósito, o REsp 783697/GO, Rel. Ministro Nilson Naves, Sexta Turma, julgado em 20/06/2006, DJ 09/10/2006, p. 372.

o benefício entre a companheira e a ex-esposa, acaso esta estivesse recebendo pensão alimentícia[8]. É que o § 2º do art. 76 da Lei nº 8.213/1991 dispõe que "o cônjuge divorciado ou separado judicialmente ou de fato que recebia pensão de alimentos concorrerá em igualdade de condições com os dependentes referidos no inciso I do art. 16 desta Lei". Porém, é oportuno ainda mencionar a Súmula nº 336 do Superior Tribunal de Justiça, que tem o seguinte enunciado: "A mulher que renunciou aos alimentos na separação judicial tem direito à pensão previdenciária por morte do ex-marido, comprovada a necessidade econômica superveniente."

Por outro lado, se ficar demonstrado que o falecido não chegou a se separar verdadeiramente da primeira esposa, se não deixou decididamente o lar conjugal primitivo, deve-se entender que o relacionamento se constituiu num concubinato (união ilegítima, adulterina), não gerando direito de pensão. Nessa hipótese, é o cônjuge (viúva) quem deve receber a pensão, e não a concubina ou "amante". Também não cabe, como regra, o rateio ou divisão da pensão. A esposa vítima da infidelidade seria penalizada injustamente, em contrariedade ao ordenamento jurídico em vigor, pois, como disse o Ministro Marco Aurélio, ao sustentar seu voto no RE 397.762/BA, a mulher que teve o "marido dividido" estaria agora obrigada a dividir também a pensão.

Essa posição prevalece atualmente nos tribunais brasileiros[9], entendendo-se que o relacionamento extraconjugal exclui a caracterização da união estável, de

8. Recentemente, a Lei nº 13.846/2019 incluiu o seguinte dispositivo no artigo em questão: "§ 3º Na hipótese de o segurado falecido estar, na data de seu falecimento, obrigado por determinação judicial a pagar alimentos temporários a ex-cônjuge, ex-companheiro ou ex-companheira, a pensão por morte será devida pelo prazo remanescente na data do óbito, caso não incida outra hipótese de cancelamento anterior do benefício".

9. COMPANHEIRA E CONCUBINA - DISTINÇÃO. Sendo o Direito uma verdadeira ciência, impossível é confundir institutos, expressões e vocábulos, sob pena de prevalecer a babel. UNIÃO ESTÁVEL - PROTEÇÃO DO ESTADO. A proteção do Estado à união estável alcança apenas as situações legítimas e nestas não está incluído o concubinato. PENSÃO - SERVIDOR PÚBLICO - MULHER - CONCUBINA - DIREITO. A titularidade da pensão decorrente do falecimento de servidor público pressupõe vínculo agasalhado pelo ordenamento jurídico, mostrando-se impróprio o implemento de divisão a beneficiar, em detrimento da família, a concubina. (STF. RE 397762/BA. Primeira Turma. Relator: Min. Marco Aurélio. Data do julgamento: 03/06/2008. Publicação: DJe de 12/09/2008). Ainda nesse sentido: RE 590779/ES (DJe de 27/03/2009).

RECURSO ESPECIAL. PREVIDENCIÁRIO. PENSÃO POR MORTE. RATEIO ENTRE VIÚVA E CONCUBINA. SIMULTANEIDADE DE RELAÇÃO MARITAL. UNIÃO ESTÁVEL NÃO CONFIGURADA. IMPOSSIBILIDADE. 1. Em razão do próprio regramento constitucional e infraconstitucional, a exigência para o reconhecimento da união estável é que ambos, o segurado e a companheira, sejam solteiros, separados de fato ou judicialmente, ou viúvos, que convivam

modo a não se atribuir a qualidade de dependente à concubina ou "amante". Sobre o assunto, o Desembargador Federal Antônio Cruz Netto bem argumentou: "Não se pode admitir que uma Constituição que traduz em capítulo especial a preocupação do Estado quanto à família, trazendo-a sob o seu manto protetor, desejasse debilitá-la e permitir que uniões adulterinas fossem reconhecidas como uniões estáveis, hipótese em que teríamos bigamia de direito (TJERJ – AC nº 1999.001.12292). Em uma sociedade monogâmica, o ordenamento jurídico não protege o concubinato adulterino, relação paralela ao matrimônio. A caracterização da união estável depende, inicialmente, da falta de impedimento de ambos os companheiros em estabelecer a relação" (TRF da 2ª Região – Apelação Cível e Remessa *ex officio*. Proc. 2001.02.01.014270-8. Publicação: DJ de 11/07/2002).

A experiência nas lides forenses mostra que, na maioria das vezes, desde o início do relacionamento, a mulher sabe que está se envolvendo com um homem casado (que tem esposa) e acredita nas promessas dele de que irá se separar. Entretanto, o tempo vai passando e as promessas de separação sempre são descumpridas. Ainda assim, a "amante" ou concubina aceita levar adiante o relacionamento adulterino, construindo um castelo na areia. Essa situação ilegítima, diante da ausência de boa-fé, afasta a almejada proteção previdenciária.

Não deve haver preocupação no sentido de que os filhos da relação ilegítima poderiam acabar em situação de desamparo com a negativa de divisão da pensão em favor da concubina. Ora, os filhos, mesmo provenientes de relacionamentos ilegítimos, não sofrem qualquer discriminação (art. 227, § 6º, da CF/1988), e têm asseguradas suas cotas-partes da pensão, conforme previsto em lei. A situação deles é específica e não se confunde com a da genitora, enquadrada como concubina ou "amante".

Portanto, a Constituição Federal de 1988 reforçou a proteção à família e consagrou o princípio da monogamia no Brasil. Nas últimas décadas houve

---

como entidade familiar, ainda que não sob o mesmo teto, excluindo-se, assim, para fins de reconhecimento de união estável, as situações de concomitância, é dizer, de simultaneidade de relação marital. 2. É firme o constructo jurisprudencial na afirmação de que se reconhece à companheira de homem casado, mas separado de fato ou de direito, divorciado ou viúvo, o direito na participação nos benefícios previdenciários e patrimoniais decorrentes de seu falecimento, concorrendo com a esposa, ou até mesmo excluindo-a da participação, hipótese que não ocorre na espécie, de sorte que a distinção entre concubinato e união estável hoje não oferece mais dúvida. 3. Recurso especial conhecido e provido. (STJ. REsp 6741176/PE. Relator p/ Acórdão: Ministro Hamilton Carvalhido. Órgão Julgador: Sexta Turma. Data do julgamento: 17/03/2009. Publicação: Dje de 31/08/2009). Na mesma esteira: REsp 813175 / RJ (DJ de 29/10/2007. p. 299); REsp 1104316 / RS (DJe 18/05/2009); REsp 1114490 / RS (DJe 01/02/2010).

substancial evolução legislativa, doutrinária e jurisprudencial no sentido de se distinguir a união estável do concubinato, de modo que, hoje, como regra, apenas a legítima esposa recebe a tutela do Estado.

2.5. CASOS EXCEPCIONAIS QUE DEVEM GERAR O RATEIO OU A DIVISÃO DA PENSÃO POR MORTE ENTRE A VIÚVA E A CONCUBINA

A Súmula nº 159 do extinto Tribunal Federal de Recursos, publicada em 13/06/84, traz o seguinte enunciado: "É legítima a divisão da pensão previdenciária entre a esposa e a companheira, atendidos os requisitos exigidos". Essa orientação jurisprudencial deve ser vista com reservas, já que, por conta da nova ordem constitucional e da edição do novo Código Civil, atualmente predomina nos tribunais superiores o entendimento no sentido de que só a legítima esposa merece proteção legal previdenciária.

Não obstante, o Direito é a ciência da razão e do bom senso. Há casos em que é preciso se afastar da diretriz legal, tendo-se em vista um ideal superior de justiça. Como ensina Carlos Maximiliano, "o jurista, como todo cultor de ciência relacionada com a vida do homem em comunidade, não poderá fechar os olhos à realidade."[10]

Existem situações especiais em que, para não se afrontar os ideais de justiça, deve-se reconhecer o direito de pensão da concubina mediante rateio ou partilha do benefício. Há casos em que a esposa e concubina foram claramente enganadas pelo segurado, que manteve uma vida dupla por longo período, sem que uma soubesse da existência da outra. Ambas dependiam financeiramente do homem, eram-lhe fiéis e com ele tiveram filhos, não sendo justo que a concubina fique excluída da aquisição de qualquer direito tão somente por ter mantido relação com homem casado, mas que se dizia solteiro, separado, divorciado e até mesmo viúvo. A proteção legal não deve ser afastada quando restar evidenciado que a concubina estava de boa-fé, não tendo ciência da natureza ilegítima do relacionamento.

Nessa mesma linha de raciocínio é o entendimento de Pablo Stolzi Gagliano e Rodolfo Pamplona[11]:

10. MAXIMILIANO, Carlos. *Hermenêutica e Aplicação do Direito*. 19ª ed. Rio de Janeiro: Forense, 2010, p. 103.
11. GAGLIANO; PAMPLONA, *op. cit.*, p. 462.

> Caso o partícipe da segunda relação desconheça a situação jurídica de seu parceiro, pensamos que, em respeito ao princípio da boa-fé, aplicado ao Direito de Família, a proteção jurídica é medida de inegável justiça.

Também há aqueles casos excepcionais em que o homem (solteiro, casado, separado judicialmente ou de fato, divorciado ou viúvo) mantém, por muitos anos, duas mulheres, com o conhecimento e aceitação delas, em cidades distintas ou na mesma cidade (até no mesmo lar), sem que haja sentimento de traição ou infidelidade por parte da companheira mais antiga[12]. Em tais hipóteses, muitas vezes, a solução mais justa e equânime é a partilha ou rateio da pensão, uma vez que o falecido, na realidade, tinha duas mulheres.

Vale registrar que essa segunda situação acontece não só em regiões interioranas do país, como também nos grandes centros urbanos.

Os autores acima referidos lembram que "(...) o conceito tradicional de dever de fidelidade tem sido flexibilizado quando há mútuo conhecimento e aceitação"[13]. Ensinam que "o poliamorismo ou poliamor, teoria psicológica que começa a descortinar-se para o Direito, admite a possibilidade de coexistirem duas ou mais relações afetivas paralelas, em que seus partícipes conhecem-se e aceitam-se uns aos outros, em uma relação múltipla e aberta."[14]

Nesses casos excepcionais, a meu ver, o julgador não pode ignorar a realidade, ficando preso à letra da lei ou seguindo cegamente a jurisprudência consolidada, pois, como já dizia o velho brocardo latino, o *summum jus, suuma injuria* ("do excesso de direito resulta a suprema injustiça"). O magistrado deve ainda cuidar para não se deixar levar por seus sentimentos ou convicções religiosas, mas buscar a realização da verdadeira justiça.

2.6. CONSIDERAÇÕES FINAIS

O assunto abordado neste trabalho ainda enseja controvérsia, mas se buscou apontar balizas para a formação mais segura do convencimento da autoridade administrativa ou judicial, na linha da legislação vigente e tendo em mira a realização da justiça.

---

12. Agora, se a mulher que convivia há mais tempo com o segurado falecido demonstrar que foi forçada ou pressionada pelo marido, com o apoio ou ciência da outra, a aceitar o relacionamento múltiplo, talvez seja o caso de denegar o rateio da pensão.
13. GAGLIANO; PAMPLONA, *op. cit.*, p. 461.
14. GAGLIANO; PAMPLONA, *op. cit.*, p. 459.

O benefício da pensão por morte é assegurado por lei ao(à) companheiro(a), desde que demonstrado ter havido verdadeira união estável com o segurado falecido.

Constatou-se que a união estável, segundo o ordenamento jurídico pátrio em vigor, diz respeito a legítimas relações de convivência, sem impedimentos legais, abrangendo os relacionamentos que envolvem pessoas casadas e estejam separadas apenas de fato. Já o concubinato refere-se às uniões ilegítimas, ou seja, aos relacionamentos ocorridos paralelamente ao casamento.

Salientou-se que, em inúmeros casos, a requerente da pensão afirma ter sido companheira, mas, na verdade, era concubina ou "amante", já que o falecido segurado jamais se afastou da esposa, do primeiro lar conjugal. Também é comum, concedida a pensão à viúva (cônjuge ou companheira), o surgimento de outra mulher afirmando ter vivido em união estável com o falecido segurado, o qual estaria separado de fato da primeira companheira há algum tempo. Tais fatos controvertidos exigem cuidado na coleta e na valoração das provas. É necessário verificar, em cada caso, se o homem realmente rompeu a vida conjugal com a primeira esposa ou se, em verdade, levou uma vida dupla.

De acordo com o ordenamento jurídico brasileiro atual, apenas a verdadeira união estável (e não os relacionamentos ilegítimos) gera o direito de pensão por morte ao companheiro viúvo.

Nos tribunais superiores do país prevaleceu o entendimento que busca preservar a família e as uniões legítimas, conforme preconizado na Constituição Federal de 1988. Entretanto, verificou-se que há casos especiais em que não se revela justo negar proteção previdenciária à concubina. Nessas situações excepcionais, o julgador precisa agir com bom senso, não ficando apegado à letra da lei ou à jurisprudência, de modo a alcançar o ideal superior de justiça. Em tais hipóteses, muitas vezes, a solução mais equânime é a partilha ou o rateio da pensão.

2.7. REFERÊNCIAS

FIUZA, César. *Direito Civil Curso Completo. Volume Único*. 15ª ed. Belo Horizonte: DelRey, 2011.

GAGLIANO, Pablo Stolze, FILHO, Rodolfo Pamplona. *Novo Curso de Direito Civil. Direito de Família. As Famílias em Perspectiva Constitucional. Volume VI*. São Paulo: Saraiva, 2011.

GONÇALVES, Carlos Roberto Gonçalves. *Direito Civil Brasileiro. Direito de Família. Volume 6.* 8ª ed. São Paulo: Saraiva, 2011.

MAXIMILIANO, Carlos. *Hermenêutica e Aplicação do Direito.* 19ª ed. Rio de Janeiro: Forense, 2010.

SANTOS, Marisa Ferreira. *Direito Previdenciário Esquematizado.* São Paulo: Saraiva, 2011.

SUPREMO TRIBUNAL FEDERAL. *Recurso Extraordinário nº 397762/BA.* Primeira Turma. Relator: Ministro Marco Aurélio de Melo. Data do julgamento: 03/06/2008. Publicação: DJe 12/09/2008.

SUPERIOR TRIBUNAL DE JUSTIÇA. *Recurso Especial nº 674176/PE.* Sexta Turma. Relator p/ Acórdão: Ministro Hamilton Carvalhido. Data do julgamento: 17/03/2009. Publicação: Dje 31/08/2009.

TAVARES, Marcelo Leonardo. *Direito Previdenciário.* 12ª ed. Niterói: Impetus, 2011.

3

REFLEXÕES SOBRE A POSSIBILIDADE DE CONTROLE REPRESSIVO OU POSTERIOR DA CONSTITUCIOLIDADE DE UMA LEI PELO PODER EXECUTIVO: PODE A ADMINISTRAÇÃO PÚBLICA DEIXAR DE CUMPRIR UMA LEI POR REPUTÁ-LA INCONSTITUCIONAL?

3.1. INTRODUÇÃO

A Constituição Federal é a lei fundamental de um Estado e ocupa o grau máximo na pirâmide hierárquica das normas. O legislador constituinte originário criou, então, mecanismos por meio dos quais se controlam as espécies normativas, examinando-se sua compatibilidade com o regramento contido na Lei Maior.

O princípio da supremacia da Constituição exige que se faça o controle da constitucionalidade das leis, que consiste em verificar se são compatíveis com as normas trazidas na Carta Magna. A inconstitucionalidade pode ser formal, quando o vício diz respeito ao processo de formação da lei, ou material, quando o conteúdo da espécie normativa afronta a Constituição.

O controle de constitucionalidade pode ser preventivo ou repressivo. No primeiro, como ensina Alexandre de Moraes[1], pretende-se impedir que uma norma inconstitucional ingresse no ordenamento jurídico; no segundo, busca-se retirar do mundo jurídico uma lei ou ato normativo contrário à Constituição.

O controle preventivo é feito pelo Poder Legislativo e pelo Poder Executivo, que devem procurar impedir que projetos de lei com vícios de inconstitucionalidade sejam transformados em leis e entrem em vigor. Também é possível o controle prévio pelo Poder Judiciário quando, por exemplo, provoca-se sua intervenção para se garantir a observância do devido processo legislativo. O controle repressivo ou posterior, no sistema constitucional brasileiro, fica a cargo do Poder Judiciário. Cabe a este poder, em função de exercer o monopólio da jurisdição, fazer, na via concentrada ou reservada (via de ação) ou difusa ou aberta (via de exceção ou defesa), o controle da constitucionalidade das leis, afastando aquelas que se mostram contrárias ao Texto Constitucional.

Pedro Lenza[2] lembra duas hipóteses excepcionais em que o controle repressivo ou posterior é realizado pelo Poder Legislativo. A primeira exceção está prevista no art. 49, VI, da CF/1988, que prevê a competência exclusiva do Congresso Nacional para sustar os atos normativos do Poder Executivo que exorbitem do poder regulamentar ou dos limites da delegação legislativa. A segunda exceção encontra-se no art. 62 da Carta Constitucional de 1988, que dá respaldo para o Congresso Nacional rejeitar a medida provisória por entendê-la inconstitucional.

Expostos estes conceitos básicos, cumpre refletir sobre a possibilidade de o controle repressivo ou posterior da constitucionalidade de uma lei ser realizado pelo Poder Executivo no desempenho de suas funções. Pode o Poder Executivo se recusar a cumprir uma lei por reputá-la inconstitucional? A Administração Pública pode deixar de cumprir uma lei sob o argumento de que não está ela em harmonia com a Carta da República?

A questão ora suscitada é tormentosa e já acarretou uma série de controvérsias nos campos doutrinário e jurisprudencial.

De um lado, há estudiosos que defendem que, embora a Administração Pública deva obediência à lei, por força do princípio da legalidade, não é obrigada a acatar normas legislativas contrárias à Constituição Federal. A tese

1. MORAES, Alexandre de. *Direito Constitucional.* 19ª ed. São Paulo: Altas, 2006, p. 642-643.
2. LENZA, Pedro. *Direito Constitucional Esquematizado.* 7ª ed. São Paulo: Método, 2004, p. 96.

funda-se na idéia de que, estando o administrador público diante de uma lei que repute inconstitucional, deve deixar de aplicá-la para obedecer à Carta Magna. Entende-se que, se a Constituição Federal está no vértice do sistema jurídico do país e se Administração Pública deve anular seus atos tidos por ilegais, com muito mais razão deve-se negar a aplicação de leis que considerar incompatíveis com a Lei Maior.

Na outra banda, há os que sustentam a exclusividade da atuação do Poder Judiciário no controle constitucional repressivo ou posterior das leis. Asseveram que as leis gozam de presunção de constitucionalidade e que cabe ao Judiciário avaliar cada caso, declarando, no controle difuso ou concentrado, conforme a hipótese, a inconstitucionalidade da norma questionada, de modo a se garantir o respeito ao postulado da Tripartição dos Poderes, evitando-se abusos legislativos ou arbitrariedades administrativas. Afirmam, enfim, que o controle repressivo da constitucionalidade direto pelo Poder Executivo acarretaria o amesquinhamento das funções do Poder Legislativo e a usurpação do papel do Poder Judiciário, criando-se situação de instabilidade jurídica incompatível com os fins do Estado de Direito.

O tema mostra-se de extrema relevância quando se nota que hodiernamente o Constitucionalismo obteve força absoluta, ou seja, a Constituição deixou de ser, como apregoou Ferdinand Lassalle, um pedaço de papel e alcançou força normativa densa, de modo que todos os partícipes da vida constitucional agem a pretexto de garantir o respeito à chamada vontade de Constituição, referida por Konrad Hesse.

Vários doutrinadores já cuidaram do assunto, tendo a maioria adotado a primeira orientação antes esboçada. Entretanto, a matéria exige novas reflexões tomando como norte as transformações trazidas com o advento na Constituição Federal de 1988, que introduziu relevantes inovações em termos de controle judicial da constitucionalidade das leis.

3.2. A PRESUNÇÃO DE CONSTITUCIONALIDADE DAS LEIS E O RESPEITO À ORDEM JURÍDICA NO ESTADO DEMOCRÁTICO DE DIREITO

No Direito Brasileiro, doutrinadores de escol sustentaram e sustentam a correção da primeira tese acima explicitada. Luís Roberto Barroso[3], tratando

3. BARROSO, Luís Roberto. *O Direito Constitucional e a efetividade de suas normas; limites e possibilidades da Constituição Brasileira.* Rio de Janeiro: Renovar, 1993, p. 386.

da questão, afirmou que o Chefe do Poder Executivo não só pode como deve deixar de aplicar a lei reputada inconstitucional, "pois lhe cabe reverenciar, antes de tudo, a Constituição Federal. Esta decisão é auto-executória e independe de prévio pronunciamento do Judiciário".

O imortal Hely Lopes Meirelles também defendeu ser lícito o comportamento do Chefe do Poder Executivo quando deixa de cumprir uma lei por considerá-la inconstitucional. Aduziu o seguinte[4]: "O cumprimento de leis inconstitucionais tem suscitado dúvidas e perplexidades na doutrina e na jurisprudência, mas já se firmou o entendimento - a nosso ver exato - de que o Executivo não é obrigado a acatar normas legislativas contrárias à Constituição ou a leis hierarquicamente superiores".

Segundo Alexandre de Moraes[5], "o Poder Executivo, assim como os demais Poderes de Estado, está obrigado a pautar sua conduta pela estrita legalidade, observando, primeiramente, como primado do Estado de Direito Democrático, as normas constitucionais. Dessa forma, não há como exigir-se do chefe do Poder Executivo o cumprimento de uma lei ou ato normativo que entenda flagrantemente inconstitucional, podendo e devendo, licitamente, negar-se cumprimento, sem prejuízo do exame posterior pelo Judiciário".

Em que pese o respeito aos ensinamentos dos renomados professores precitados, impõe-se estudar o tema à luz das inovações constitucionais operadas nas últimas décadas no Direito Constitucional Brasileiro em termos de controle da constitucionalidade. Como se verá, o regramento constitucional sinaliza para um novo alvorecer em torno da instigante questão, tomando-se em conta que deve ser prestigiada a presunção de constitucionalidade das leis, respeitando-se ainda o monopólio do Poder Judiciário no exame da conformidade das normas legais com a Constituição Federal.

Ora, toda lei aprovada pelo Poder Legislativo goza de presunção de constitucionalidade. Assim, se o projeto de lei tramitou regularmente pelo Parlamento, foi aprovado pelas comissões, especialmente a de Constituição e Justiça, e não foi vetado pelo Chefe do Poder Executivo, tem-se que ingressou validamente no ordenamento jurídico, de sorte que deve ser cumprida por todos, como mandam as regras basilares de um Estado Democrático de Direito.

---

4. MEIRELLES, Helly Lopes. *Direito Municipal Brasileiro*. 10ª ed. São Paulo: Malheiros, 1998, p. 538.
5. MORAES, *op. cit.*, p. 638.

O Ministro Gonçalves de Oliveira, citado por Camila dos Santos Serrano Mota[6], nos autos do Mandado de Segurança nº 15.886, julgado pelo STF em 1966, ponderou o seguinte:

> A lei é iniciada e votada pelo Congresso Nacional, depois sobe à sanção. Se o Presidente da República, o Governador do Estado ou Prefeito sanciona a lei, parece claro que nem ele nem qualquer funcionário administrativo poderá descumpri-la, sob o fundamento de que é inconstitucional. O momento preciso para repudiar a lei seria o da sanção. O Poder Executivo oporia o veto, então a lei voltaria ao Congresso, às Assembléias ou às Câmaras Municipais, e seria mantida ou não a proposição com o voto qualificado. Este é o nosso regime constitucional. Portanto, em princípio, a regra é que, sancionando o Presidente da República a lei, ele supre quaisquer deficiências de trânsito, nas normas legislativas. Teve o momento que a Constituição lhe consagrou para dizer se a proposição era constitucional ou inconstitucional. Se nesse momento não usou de seu poder, parece claro que dá-se o consenso pelo Executivo de que a norma seja constitucional. Se o Presidente, no entanto, veta a proposição, ela volta, no caso de lei federal, ao Congresso que, por maioria altamente qualificada de dois terços, manterá ou não o veto. Se mantiver, temos uma lei que o Presidente da República é obrigado a observar, nos termos da Constituição. Este é o princípio do nosso direito constitucional.

É verdade, entretanto, que a presunção de constitucionalidade antes citada não é absoluta, haja vista que o interessado pode socorrer-se do Poder Judiciário para ver reconhecido o vício de inconstitucionalidade que vier a enxergar, o que poderá acarretar, se acolhida a tese, a retirada da norma viciada do ordenamento jurídico pátrio. Também o Poder Executivo, embora sendo um dos poderes da República, vislumbrando a inconstitucionalidade de uma norma, deve recorrer ao Poder Judiciário para ver apreciada sua pretensão. Não fosse assim, estaria quebrada uma viga mestra do Estado de Direito, já que o Poder Legislativo ficaria totalmente fragilizado, na medida em que as leis poderiam tranquilamente ser descumpridas pelo Poder Executivo, seja federal, estadual ou municipal, sempre que as reputassem inconstitucionais. O clima de insegurança jurídica conduziria o Estado à ruína, porque as leis federais, estaduais e municipais poderiam ser licitamente descumpridas sempre que seus comandos,

6. MOTA, Camila dos Santos Serrano. *O Controvertido Poder de Rejeição de Leis Inconstitucionais pelo Poder Executivo*. Rio de Janeiro: Lumen Juris, 2016, p. 50.

causadores de algum incômodo, no livre entender do administrador público, fossem tidos como colidentes com o Texto Constitucional.

3.3. A LIBERDADE DE INTERPRETAÇÃO PELO CHEFE DO PODER EXECUTIVO E A IMPOSSIBILIDADE DE, EM REGRA, DESCUMPRIR A LEI QUE REPUTE INCONSTITUCIONAL SEM A PRÉVIA MANIFESTAÇÃO DO PODER JUDICIÁRIO

O livre exercício do direito de interpretar a Constituição não deve constituir-se num mecanismo de desvirtuamento da ordem jurídica. A liberdade de interpretação da Constituição não deve gerar o direito de o Chefe do Poder Executivo passar a descumprir as leis presumivelmente constitucionais, diminuindo-se a relevância do Parlamento e subtraindo a competência reservada ao Poder Judiciário de apreciar e julgar, em caráter provisório ou definitivo, a constitucionalidade das normas. Se, interpretando a Carta da República, o administrador público concluir pela inconstitucionalidade de uma norma legislativa, o caminho a ser seguido é o do ingresso da ação judicial adequada perante o juízo competente, como preconiza a própria Carta Magna.

Os Chefes dos Poderes Executivos podem e devem interpretar a Constituição. Essa é a tônica moderna da sociedade aberta dos intérpretes da Lei Maior, preconizada pelo professor alemão Peter Häberle. Acontece que o julgamento da constitucionalidade da lei, para o contínuo fortalecimento dos pilares da República e para garantia da harmonia e independência dos Poderes, deve ficar a cargo do Poder Judiciário. No máximo, o Chefe do Executivo pode recusar-se a cumprir a lei até a apreciação da medida liminar postulada na ação por ele intentada perante o juízo competente. Se negada a alegação de inconstitucionalidade, deverá cumprir a lei, sob pena de responsabilização (art. 85, VII, CF/1988).

Se fosse sufragado o entendimento de que os Chefes dos Poderes Executivos (Federal, Estaduais e Municipais) possuem liberdade ou poder de recusar o cumprimento de leis que considerem inconstitucionais, seria instalada uma situação crítica de instabilidade jurídica. Incontáveis seriam as leis federais, estaduais e municipais descumpridas sob os mais diversos fundamentos, instalando-se um quadro de incontornável insegurança jurídica. Não faltariam autoridades e servidores dos mais variados níveis hierárquicos invocando a prerrogativa de descumprir leis que considerassem inconstitucionais. Bem por isso que Carmen Lúcia Antunes Rocha, Ministra do STF, escrevendo sobre o tema, registrou[7]:

> O deixar de cumprir a lei ao argumento de estar-se a cumprir a Constituição compreende-se num sistema normativo, no qual se estabelece quem define e como se define e se declara a inconstitucionalidade de uma lei. Não diz a inconstitucionalidade quem quer, mas quem pode. Este 'poder-competência', por ser garantia da Constituição e segurança do direito à constitucionalidade, é firmado pela própria norma magna, que não deixa o instrumento de controle diluído, pena de deixar a Constituição ser interpretada e aplicada segundo os entendimentos mais variados, inclusive simultaneamente, sempre em detrimento dos indivíduos, que não teriam a segurança que as leis oferecem.

Os que pensam ser possível o controle posterior de constitucionalidade pelo Poder Executivo sustentam que também este poder tem o dever de velar na guarda da Constituição e que, entre o mandamento de uma lei e o da Carta Magna, deve ser atendido o desta. Ora, ninguém tem dúvida disso. Acontece que, num Estado Democrático de Direito, em que vigora a fórmula da divisão dos poderes políticos entre órgãos diferentes, a função de controlar repressivamente a constitucionalidade das leis está reservada ao Poder Judiciário, conforme detidamente delineado na Constituição da República. Este poder possui o monopólio da jurisdição, de maneira que, tendo o Texto Constitucional de 1988 trazido, minudentemente, o regramento para se ver reconhecida, judicialmente, a inconstitucionalidade de uma lei (art. 103 da CF/1988), não deve avançar o entendimento de que a lei reputada inconstitucional pelo Chefe do Poder Executiva deva ser por ele descumprida a qualquer momento, desde que motivadamente.

Num Estado em que há 27 entes federados e cerca de 5.000 municípios, surgiriam inúmeros inconvenientes, pois a incerteza tomaria conta das relações na medida em que uma lei a qualquer tempo poderia ser descumprida pelo Poder Executivo, desde que nela vislumbrasse alguma inconstitucionalidade. A pretexto de garantir plena eficácia à Constituição, Prefeitos, Governadores e Presidente da República poderiam negar cumprimento a leis federais, estaduais e municipais, conforme o caso. É evidente que ao Poder Executivo também compete impedir que a Constituição Federal seja violada, mas, quando o alegado desrespeito decorrer da aplicação de uma lei, seu afastamento deve, em

7. ROCHA, Carmen Lúcia Antunes. *Constituição e Constitucionalidade*. Belo Horizonte: Lê, 1991, p. 53.

regra, ser submetido ao pronunciamento prévio do Poder Judiciário, como antes repisado.

Naturalmente, comunga-se do entendimento de que é dever de todos os Poderes da República velar pelo cumprimento da Lei Maior. Agora, uma coisa é se admitir, numa situação excepcional, o repúdio da lei considerada inconstitucional pelo Poder Executivo. Outra coisa é se adotar uma orientação que estimule o descumprimento de leis regularmente aprovadas pelo poder constitucionalmente incumbido de tal mister. Ainda que o Poder Judiciário vá ao final dar a última palavra, decidindo definitivamente, não se deve admitir a subversão da ordem jurídica.

A lei, como dito, goza da presunção de constitucionalidade e cabe ao Poder Executivo, se a entender contrária à Lei Fundamental, manejar a ação própria junto ao Poder Judiciário, seguindo-se o rito previsto em lei (Lei nº 9.868/1999). Além disso, sabe-se que há mecanismos para o controle abstrato da constitucionalidade de atos normativos estaduais e municipais perante os Tribunais de Justiça dos Estados-membros.

Destarte, a lei regularmente aprovada pelo Poder Legislativo só deve, em regra, perder sua validade se observado o procedimento próprio previsto na Constituição Federal. O avanço do entendimento oposto, ao contrário de prestigiar a supremacia da Carta Política, poderia fazer ruir o Estado de Direito nela amparado, conduzindo-se a um quadro de instabilidade jurídica e até de anarquia.

É inegável que o administrador público, Chefe do Executivo, deva ter ampla liberdade de rever seus atos ou demais espécies normativas infralegais que reputar inconstitucionais. No caso das leis, entretanto, sendo atos emanados de outro Poder da República, o afastamento só pode ocorrer por força de uma ordem legítima, obtida dentro de uma ação regularmente iniciada perante o poder competente para julgar os conflitos de interesses.

O principal argumento, portanto, contra a possibilidade de o Chefe do Executivo recusar-se a aplicar norma que entenda ser inconstitucional é a sua legitimidade para propor a ação direta de inconstitucionalidade (ADI) e a possibilidade de emissão de medida cautelar no curso da ação.

Nessa linha de entendimento, Gilmar Mendes Ferreira destaca[8] que a Constituição de 1988, que outorgou aos órgãos do Executivo, nos planos estadual

8. FERREIRA, Gilmar Mendes. O Poder Executivo e o Poder Legislativo no controle de constitucionalidade. *Revista de Direito Constitucional e Internacional.* RT 2002, n. 39, p. 18.

e federal, o direito de instaurar o controle abstrato de normas fez arrefecer a discussão sobre a matéria. A possibilidade de se requerer liminar que suspende imediatamente o diploma questionado reforça ainda mais a posição de que, em regra, o Poder Executivo não pode deixar de cumprir uma lei que repute inconstitucional. A justificativa que embasava aquela orientação de enfrentamento ou de quase desforço perdeu a razão de ser na maioria dos casos, isso porque cabe ao Poder Judiciário, no exercício de sua missão constitucional, avaliar a compatibilidade das leis com a Carta da República.

3.4. A NOVA CONCEPÇÃO DECORRENTE DO ALARGAMENTO DA LEGITIMAÇÃO PARA A PROPOSITURA DA AÇÃO DIRETA DE INCONSTITUCIONALIDADE (ART. 103 DA CF/88)

Há inúmeros julgados dos Tribunais Brasileiros, especialmente do Pretório Excelso, que reconheceram, nas décadas de 50 a 80, a possibilidade de o Poder Executivo descumprir lei reputada inconstitucional, tendo-se apurado que a grande maioria dos casos dizia respeito a leis consideradas inconstitucionais por aumentar, com vícios formais, o número de servidores públicos e suas remunerações ou por criar cargos públicos com destinatários definidos.

A limitação da legitimidade para propositura de ação de inconstitucionalidade, que era centrada na atuação do Procurador-Geral da República, criou ambiente propício para o surgimento da tese de que os Chefes dos Poderes Executivos podem descumprir leis que considerem inconstitucionais.

Contudo, marcantes inovações ocorreram no tocante à legitimação para se provocar o controle concentrado ou abstrato de constitucionalidade. O art. 103 da Constituição Federal de 1988 dispôs:

> Art. 103. Podem propor a ação direta de inconstitucionalidade e a ação declaratória de constitucionalidade (já na redação dada pela EC nº 45/2004):
>
> I - o Presidente da República;
>
> II - a Mesa do Senado Federal;
>
> III - a Mesa da Câmara dos Deputados;
>
> IV - a Mesa de Assembléia Legislativa ou da Câmara Legislativa do Distrito Federal;
>
> V - o Governador de Estado ou do Distrito Federal;
>
> VI - o Procurador-Geral da República;
>
> VII - o Conselho Federal da Ordem dos Advogados do Brasil;

VIII - partido político com representação no Congresso Nacional;

IX - confederação sindical ou entidade de classe de âmbito nacional.

Restou alargado, portanto, o poder de iniciativa para a ação direta de inconstitucionalidade. O Poder Executivo Federal não mais depende do Procurador-Geral da República para questionar a constitucionalidade das leis reputadas inconstitucionais, o mesmo ocorrendo em relação aos Governadores de Estados e ao Governador do DF, podendo eles próprios intentarem a referida ação.

Esse alargamento dos legitimados para arguir, no controle concentrado, a inconstitucionalidade das leis seguiu a linha de raciocínio de Peter Häberle, brilhantemente exposta na obra[9] em que defendeu uma sociedade aberta dos intérpretes da Constituição. Isso possibilitou, no Brasil, o surgimento de critérios de interpretação constitucional mais abertos quanto mais pluralista for a sociedade. Houve uma ampliação do círculo dos intérpretes da Carta da República, o que veio a fortalecer o Estado de Direito sob uma perspectiva democrática.

No que toca ao presente estudo, o relevante, como assinalou Lucéia Martins Soares[10], é o fato de que "a ação direta de inconstitucionalidade propicia a desconstituição da lei e, conseqüentemente, a suspensão da obrigatoriedade de seu cumprimento. Por esta razão, aquela medida de exceção do Executivo pode ser evitada, resguardando-se assim o Estado de Direito" e, por conseguinte, "afastando-se qualquer discussão acerca do desvio de competência ou da violação da separação dos poderes".

A ampliação do rol de legitimados para a propositura da ADI, ainda nas palavras de Lucélia Martins Soares[11], "é fundamental para a elaboração de uma nova concepção, sobretudo se se considerar que o próprio Presidente da República e os Governadores passaram a ter referida legitimidade. Não se pode mais pensar nesta questão sem se ater para esse novo aspecto, eis que é a confirmação do fato de que ao Executivo não é resguardada a competência para dizer da constitucionalidade de leis."

---

9. HÄBERLE, Peter. *Hermenêutica constitucional – a sociedade aberta dos intérpretes da constituição: contribuição para a interpretação pluralista e procedimental da constituição.* Trad. de Gilmar Ferreira Mendes. Porto Alegre: Sérgio Fabris, 1997.

10. SOARES, Lucéia Martins. Poder Executivo e Inconstitucionalidade de Leis. *Revista de Direito Constitucional e Internacional.* RT 2002, n. 39, p. 246.

11. SOARES, *op. cit.*, p. 249.

3.5. SITUAÇÕES EXCEPCIONAIS AUTORIZADORAS DA RECUSA DE CUMPRIMENTO A UMA LEI REPUTADA INCONSTITUCIONAL PELO PODER EXECUTIVO

Como acima sinalizado, somente em situações realmente excepcionais, como no caso de uma lei com flagrante vício de iniciativa, é que se poderia admitir a recusa ao seu cumprimento.

Assim, dentro do quadro de excepcionalidade que deve nortear essa possibilidade, há de se exigir o preenchimento dos seguintes requisitos:

a) tratar-se de caso em que, exercendo o direito de interpretação no caso concreto, de maneira motivada, o Chefe do Executivo venha a deparar com situação de manifesta inconstitucionalidade, de modo que se torne evidente a necessidade de repudiar a lei para prestigiar a supremacia da Carta Constitucional. Nessas hipóteses, o ocupante da Chefia do Poder Executivo não pode ter tido a oportunidade de vetar a lei reputada inconstitucional, pois, do contrário, seria incongruente recusar o cumprimento de norma que ele mesmo considerou constitucional;

b) como recorda Elival da Silva Ramos, citado por Alexandre de Moraes[12], por se tratar de medida extremamente grave e com ampla repercussão nas relações entre os Poderes, apenas ao Chefe do Poder Executivo pode ser assegurada essa prerrogativa, negando-se a possibilidade de qualquer funcionário administrativo subalterno descumprir a lei sob a alegação de inconstitucionalidade".

Na esteira do raciocínio até aqui expendido, fora das situações acima, o Chefe do Poder Executivo, ou mesmo um funcionário de nível hierárquico inferior, só poderá deixar de aplicar uma lei se sua inconstitucionalidade já tiver sido reconhecida pela Corte competente, em sede de controle abstrato[13] ou difuso, exigindo-se, neste caso, a formação de jurisprudência que dê respaldo ao repúdio da norma legal.

Ainda, tratando dessas situações excepcionais, Gilmar Ferreira Mendes faz a seguinte observação[14]:

> Se se entender – como parece razoável – que o Executivo, pelo menos no plano federal e estadual, não mais pode negar-se a cumprir uma lei com base

12. MORAES, *op. cit.*, p. 639.
13. Nessas hipóteses, a decisão tem eficácia contra todos (*erga omnes*) e efeito vinculante (art. 28, parágrafo único, da Lei nº 9.868/99).
14. FERREIRA, *op. cit.*, p. 18.

no argumento de inconstitucionalidade, subsistem ainda algumas questões que poderiam legitimar a conduta de repúdio. Como o controle abstrato de normas não abrange as leis pré-constitucionais, não seria razoável que o Executivo se visse compelido a aplicar lei que considerasse incompatível com a nova ordem constitucional, se não dispusesse de outra possibilidade de provocar um pronunciamento jurisdicional sobre a matéria. Da mesma forma, no plano do Município, inexiste a possibilidade de se provocar, de forma direta, um pronunciamento definitivo do Supremo Tribunal Federal sobre a incompatibilidade entre lei municipal e a Constituição Federal. Também aqui, seguindo a orientação fixada pelo Supremo Tribunal, poder-se-ia admitir que a autoridade municipal negasse aplicação ao direito municipal sob o argumento da inconstitucionalidade.

3.6. CONSIDERAÇÕES FINAIS

As inovações trazidas pela Constituição Federal de 1988 no campo do controle da constitucionalidade reclamam que se lance um novo olhar sobre o tema objeto da presente reflexão.

A liberdade de interpretação da Constituição não deve gerar o direito de o Chefe do Poder Executivo passar a descumprir as leis presumivelmente constitucionais, sobretudo quando tais espécies normativas lhe impõem obrigações ou ônus. Do contrário, ficaria diminuída a relevância do Parlamento, além do que seria subtraída a competência reservada ao Poder Judiciário de apreciar e julgar, em caráter provisório ou definitivo, a constitucionalidade das leis.

Como dito, uma coisa é se admitir, numa situação excepcional, o repúdio da lei considerada inconstitucional pelo Poder Executivo. Outra coisa é se adotar uma orientação que estimule o descumprimento de leis regularmente aprovadas pelo poder competente. Ainda que o Poder Judiciário vá ao final dar a última palavra, decidindo definitivamente, não se deve admitir a subversão da ordem jurídica. A lei goza da presunção de constitucionalidade e cabe ao Poder Executivo, se a entender contrária à Lei Fundamental, manejar a ação própria junto ao Poder Judiciário, seguindo-se o rito previsto em lei (Lei nº 9.868/1999).

O alargamento da legitimação para a propositura da ação direta de inconstitucionalidade (art. 103 da CF/1988) e a criação de novos instrumentos de controle de constitucionalidade das normas (ação declaratória de constitucionalidade e ação por descumprimento de preceito fundamental) reafirmam, como regra, o monopólio de o Poder Judiciário exercer o controle repressivo ou posterior da constitucionalidade das leis. Se antes o descumprimento de lei pelo Poder Executivo foi aceito, agora, como bem assinala Lucéia Martins Soares[15], "o ordenamento jurídico passou a prever uma solução para se resolver o problema sem se colocarem em risco o Estado de direito e a separação dos poderes, qual seja: a proposição de ação direita de inconstitucionalidade para ver retirada do sistema jurídico uma lei reputada inconstitucional, mas pelo órgão competente para fazê-lo". No máximo, o Chefe do Executivo pode recusar-se a cumprir a lei até a apreciação da medida liminar postulada na ação por ele intentada perante o juízo competente. Se negada a alegação de inconstitucionalidade, deverá cumprir a lei, sob pena de responsabilização (art. 85, VII, CF/1988).

Enfim, é direito do Chefe do Poder Executivo interpretar a Constituição, assim como é seu dever garantir sua eficácia e o respeito à sua supremacia. Entretanto, salvo em situações excepcionais, não pode deixar de cumprir lei que repute inconstitucional. O exame da constitucionalidade de uma lei, ou seja, o controle repressivo ou posterior da constitucionalidade das normas legais, para o contínuo fortalecimento dos pilares da República e para garantia da harmonia e independência dos Poderes, deve, em regra, ficar a cargo do Poder Judiciário.

3.7. REFERÊNCIAS

BARROSO, Luís Roberto. *O Direito Constitucional e a efetividade de suas normas; limites e possibilidades da Constituição Brasileira*, Rio de Janeiro: Renovar, 1993.

FERREIRA, Gilmar Mendes. O Poder Executivo e o Poder Legislativo no controle de constitucionalidade. *Revista de Direito Constitucional e Internacional.* RT 2002, n. 39.

HÄBERLE, Peter. *Hermenêutica constitucional – a sociedade aberta dos intérpretes da constituição: contribuição para a interpretação pluralista e procedimental da constituição.* Trad. de Gilmar Ferreira Mendes. Porto Alegre: Sérgio Fabris, 1997.

HESSE, Konrad. *A Força Normativa da Constituição.* Trad. de Gilmar Ferreira Mendes. Porto Alegre: Sérgio Fabris, 1991.

LENZA, Pedro. *Direito Constitucional Esquematizado.* 7ª ed. São Paulo: Método, 2004.

MEIRELLES, Helly Lopes. *Direito Municipal Brasileiro.* 10ª ed. São Paulo: Malheiros, 1998.

15. SOARES, *op. cit.*, p. 249.

MORAES, Alexandre de. *Direito Constitucional.* 19ª ed. Atualizada. São Paulo: Altas, 2006.

MOTA, Camila dos Santos Serrano. *O Controvertido Poder de Rejeição de Leis Inconstitucionais pelo Poder Executivo.* Rio de Janeiro: Lumen Juris, 2016.

ROCHA, Carmen Lúcia Antunes. *Constituição e Constitucionalidade.* Belo Horizonte: Lê. 1991.

SOARES, Lucéia Martins. Poder Executivo e Inconstitucionalidade de Leis. *Revista de Direito Constitucional e Internacional.* RT 2002, n. 39.

4

O CONSENSO NO PROCESSO PENAL E O RITO ABREVIADO FUNDADO NA ADMISSÃO DE CULPA: (IN) COMPATIBILIDADE CONSTITUCIONAL, VANTAGENS, DESVANTAGENS E PERIGOS

4.1. INTRODUÇÃO

O consenso na esfera criminal, pautado na simplificação procedimental, na autonomia do indivíduo e no acordo de vontades, rompeu com o modelo clássico de processo, baseado no princípio da obrigatoriedade da ação penal e na noção de confrontação inexorável entre as partes, permitindo a aplicação da lei penal de modo mais célere e satisfatório.

No mundo contemporâneo, era inevitável a criação de espaços ou mecanismos de consenso no campo processual, na medida em que propiciam a resolução célere e simplificada de casos pela via do diálogo. Os espaços devem coexistir com os procedimentos calcados na lógica conflitiva ou adversarial, sendo essenciais para garantir mais celeridade e eficiência no funcionamento dos sistemas de justiça criminal.

Os instrumentos ou procedimentos que caracterizam a consensualidade na seara penal: a) levam à não instauração ou à evitação do processo; b) acarretam a suspensão do processo, com ou sem a imposição de condições ao acusado; e c) conduzem à terminação antecipada ou abreviada do processo[1].

Neste ensaio, almeja-se refletir sobre a possibilidade ou conveniência de o ordenamento jurídico-penal brasileiro adotar um rito abreviado a partir da confissão, conforme previsto no projeto do novo Código de Processo Penal[2] (art. 283 do Projeto de Lei do Senado nº 156/2009[3]). O fenômeno da consensualização no âmbito criminal se faz presente na América Latina, tendo se manifestado em várias novas legislações, e o Brasil não foge dessa tendência de ampliação das zonas de consenso na seara processual penal. Também há aqui um movimento no sentido de se incorporar à legislação pátria um instrumento de solução mais rápida e simplificada da ação penal a partir do consenso fundado na confissão.

Porém, cabe indagar: qual o limite para adoção de soluções pactuadas no campo do processo penal? O Brasil também deve adotar uma ferramenta ou mecanismo que permita a solução abreviada de casos penais a partir da admissão de culpa?

Nesse contexto, pretende-se analisar a (in)constitucionalidade do procedimento abreviado amparado na confissão, conforme disposto na codificação em gestação. Tenciona-se averiguar se o referido instituto se mostra compatível com os princípios constitucionais da presunção de inocência, da proteção contra a autoincriminação forçada ou involuntária, do direito ao contraditório e à produção de prova, apontando-se as vantagens, as desvantagens e os perigos inerentes ao emprego dessa ferramenta de consenso penal.

4.2. O CONSENSO NO PROCESSO PENAL

Consoante lição de Nereu José Giacomolli[4], "a origem da palavra consenso está em *consensus*, termo latino que significa ação ou efeito de consentir,

---

1. Jorge Danilo Correa Selamé denomina saídas alternativas ao processo penal os institutos que constituem modalidades diferentes do juízo oral e que incluem todas as formas de terminação antecipada do procedimento (SELAMÉ, Jorge Danilo Correa. *Procedimiento abreviado y salidas alternativas.* Santiago de Chile: PuntoLex, 2007, p. 91).
2. No projeto do novo Código Penal Brasileiro (Projeto de Lei do Senado nº 236/2012) também se inseriu, no art. 105, uma disciplina para o acordo penal, utilizando-se o termo barganha, mas, no parecer nº 1576/2013, foi proposta a exclusão de tal dispositivo daquele projeto de lei, uma vez que, naturalmente, trata-se de um tema de direito processual penal e não de direito penal material.
3. Na Câmara dos Deputados, trata-se do PLC nº 8.045/2010.
4. GIACOMOLLI, Nereu José. *Legalidade, oportunidade e consenso no processo penal na perspectiva das garantias constitucionais: Alemanha, Espanha, Itália, Portugal, Brasil.* Porto Alegre: Livraria do Advogado, 2006, p. 72.

de dar o consentimento". O paradigma do consenso é fundado, assim, nas noções de conformidade, acordo, negociação e concordância de pensamentos. Contrapõe-se ao paradigma do conflito, marcado pelas ideias de antagonismo, confronto, disputa e enfrentamento.

Essa dicotomia entre consenso e conflito fez com que a doutrina passasse a distinguir, nos modelos judiciais criminais, os espaços de consenso dos espaços de conflito[5]. Aqueles consistem em mecanismos ou ferramentas que permitem a solução do caso por meio de um acordo firmado entre as partes.

A polaridade entre conflito-consenso constitui, segundo Manuel da Costa Andrade, uma arrumação da qual não pode escapar a realidade processual penal moderna. A estruturação do processo penal não pode ignorar que, ante a heterogeneidade da fenomenologia criminal atual, os agentes de criminalidade pequena ou média podem se mostrar "dispostos a colaborar na procura da verdade (através, por exemplo, da confissão espontânea) e aceitar os caminhos que lhe são propostos como os mais adequados ao seu reencontro com os valores e modelos de acção do Estado de Direito"[6].

Nas últimas décadas, "a grande novidade entre os países da Europa continental, bem como nos da América Latina, está no uso do consenso entre as partes e da conformidade do acusado como critério para a alternatividade", como pontua Antonio Scarance Fernandes[7]. É tão significativa a relevância desse fator da consensualidade também no âmbito criminal que a cada dia ganha força a concepção de justiça penal consensual ou negociada[8].

As zonas e instrumentos de consenso, sobretudo num Estado de Direito e de perfil democrático, tendem a favorecer a construção de um modelo de processo penal comunicacional ou dialógico, com mecanismos que viabilizem, quando possível, uma solução mais rápida e satisfatória pela via da negociação e do acordo.

Portanto, quando se fala em consensualismo no processo penal, faz-se alusão ao encontro de vontades entre as partes, aos espaços ou zonas reservados à

5. ANDRADE, Manuel da Costa. Consenso e Oportunidade – Reflexões a propósito da Suspensão Provisória do Processo e do Processo Sumaríssimo. In: *Jornadas de Direito Processual Penal - O Novo Código de Processo Penal.* Coimbra: Almedina, 1995, p. 334-335.

6. ANDRADE, *op. cit.*, p.. 334.

7. FERNANDES, Antonio Scarance. *Teoria Geral do Procedimento e o Procedimento no Processo Penal.* São Paulo: Revista dos Tribunais, 2005, p. 183.

8. ANDRADE, Flávio da Silva. *Justiça Penal Consensual:* controvérsias e desafios. Salvador: JusPodivm, 2018.

solução pela via consensual. O consenso pode se apresentar de diversas maneiras no âmbito da justiça criminal, dependendo da opção de cada ordenamento jurídico. É retratado pelos acordos ou negociações entre a acusação e a defesa tendentes a solucionar o conflito de maneira mais simples, célere e eficiente.

Os instrumentos e espaços ou zonas de consenso não são concebidos para contrastar com as garantias processuais do acusado, mas para aproximar as partes a fim de que, em conjunto, encontrem uma solução pactuada destinada a pacificar a tensão causada em decorrência da prática do delito, "servindo, simultaneamente, às finalidades tradicionais, preventivas, do direito penal, ao reestabelecimento da paz jurídico-social e à reabilitação do autor"[9].

Mas, para que o consenso seja construído de modo válido e legítimo, deve ser fruto do diálogo racional e horizontalizado, do entendimento mútuo fundado no reconhecimento recíproco entre os sujeitos do processo, pautando-se pelas fixadas na teoria do agir comunicativo, concebida por Jürgen Habermas[10]. As condições de igualdade (de oportunidade de fala) e de liberdade (ausência de coação) e as pretensões de validade (inteligibilidade, verdade, correção normativa e sinceridade) constituem as bases do consenso que se deseja ver aplicado no contexto da justiça criminal[11].

Como bem assinala Rafael Serra Oliveira[12]:

> Nos moldes do processo de consenso, pressupõe-se uma relação horizontal entre os sujeitos processuais, que devem agir sempre vinculados à lei, de modo a evitar que uma das partes imponha os seus interesses às demais, fato este que, se ocorrer, não só desvirtua o conceito de consenso por representar a vontade de uma só parte, como também prejudica a realização da justiça, seja por uma punição exacerbada do ofensor ou pela violação das suas garantias fundamentais, seja pela aplicação de uma sanção que não atenda à culpa e às necessidades de prevenção do caso concreto.

Nas sociedades contemporâneas, o aumento dos índices de criminalidade e a lentidão do processo penal pautado por modelos tradicionais e burocratizados

---

9. OLIVEIRA, Rafael Serra. *Consenso no Processo Penal:* uma alternativa para a crise do sistema penal. São Paulo: Almedina Brasil, 2015, p. 76.

10. HABERMAS, Jürgen. *Teoria do Agir Comunicativo. Racionalidade da ação e racionalização social.* Vol. 1. Trad. de Paulo Astor Soethe. São Paulo: Editora WMF Martins Fontes, 2012, p. 192.

11. BRITO, Cláudia Aguiar Silva. *Processo Penal Comunicativo. Comunicação Processual à Luz da Filosofia de Jürgen Habermas.* Curitiba: Juruá, 2014, p. 115.

12. OLIVEIRA, *op. cit.*, p. 76.

levaram os legisladores a buscarem mecanismos de resolução de conflitos que pudessem garantir respostas mais céleres e eficientes aos comportamentos delitivos.

A criação de modelos alternativos ao processo clássico e a adoção de instrumentos de acordo ou consenso para resolver conflitos penais tornaram-se o caminho para propiciar celeridade e eficiência[13] no funcionamento dos sistemas de justiça criminal. Essa introdução de espaços de consenso no Direito Processual Penal passou a permitir o alcance de resultados mais efetivos e menos onerosos a partir de negociações e acordos entre o órgão acusador e o acusado.

Rosimeire Ventura Leite[14] esclarece que, apesar de os acordos entre a acusação e a defesa já ocorrerem "desde longa data nos países integrantes do sistema *common law*, sua expansão como instrumento de resolução de conflitos e introdução em diversos ordenamentos jurídicos pertencentes ao *civil law* é fenômeno mais recente, característico da segunda metade do séc. XX."

O consensualimo no contexto da justiça criminal, porém, suscita controvérsias. Uma crítica comumente dirigida ao consenso penal, sobretudo quando envolve assunção de culpa, é no sentido de que um acordo válido entre os protagonistas do processo seria um mito ou uma ficção. Afirma-se que, em razão da desigualdade entre as partes - Ministério Público e acusado -, este seria submetido a uma forte pressão[15], inexistindo verdadeira voluntariedade na celebração do acordo[16]. Rubens R. R. Casara[17] reforça essa crítica:

> O caráter mitológico do consenso penal aparece com clareza quando se verifica que não há propriamente composição entre as partes na formulação

---

13. A eficiência aqui apontada é a eficiência no (e não do) processo penal, a qual, na esteira da lição de Antônio Scarance Fernandes, consiste na eficiência de atos e procedimentos praticados para se alcançar um resultado adequado e justo. A eficiência em questão diz respeito ao emprego de meios ou procedimentos que levem à boa utilização dos recursos (materiais e humanos) disponíveis para se atingir um resultado (FERNANDES, Antonio Scarance. Reflexões sobre as noções de eficiência e de garantismo no processo penal. In: FERNANDES, Antonio Scarance; ALMEIDA, José Raul Gavião de; MORAES, Maurício Zanoide de (coords.). *Sigilo no Processo Penal: eficiência e garantismo.* São Paulo: Editora Revista dos Tribunais, 2008, p. 24-25).

14. LEITE, Rosimeire Ventura. *Justiça Consensual e Efetividade no Processo Penal.* Belo Horizonte: Del Rey, 2013, p. 21.

15. SCHÜNEMANN, Bernd. Um olhar crítico ao modelo processual penal norte-americano. In: GRECO, Luís (coord.). *Estudos de direito penal, direito processual penal e filosofia do direito.* Madri/Barcelona/Buenos Aires/São Paulo: Marcial Pons, 2013, p. 240-261.

16. TULKENS, Françoise. Justiça negociada. In: DELMAS-MARTY, Mireille (Org.). *Processos penais da Europa.* Trad. de Fauzi Hassan Choukr. Rio de Janeiro: Lumen Juris, 2005, p. 712-713.

17. CASARA, Rubens R. R. *Mitologia Processual Penal.* São Paulo: Saraiva, 2015, p. 193.

do acordo, pois o poder de coerção do Estado-Administração desequilibra a relação processual e compromete a livre manifestação de vontade do réu. Excluída, diante da estrutura do consenso penal, a possibilidade de verdadeiro acordo de vontades, o que assume relevância no 'consenso' para a imposição imediata de pena é a renúncia aos mecanismos de cognição.

Essa visão é reflexo dos inúmeros defeitos que marcam o modelo de justiça negociada norte-americano, em que a declaração de culpa é estruturalmente induzida (*structurally induced plea*), já que há o risco real de imposição de penas de morte, de prisão perpétua e de privação de liberdade por longos anos[18]. Contudo, embora o *plea bargaining* seja fonte de inspiração para vários ordenamentos jurídico-penais, cada país que se abriu ao consenso buscou fazer as adaptações que entendeu necessárias naquele mecanismo, de forma a compatibilizá-lo com suas constituições.

Desse modo, tal objeção apresentada ao consenso em tom genérico desconsidera por completo as particularidades dos vários institutos e os papéis reservados ao defensor e ao juiz na construção e no controle dos mecanismos de solução pactuada do conflito penal. A defesa técnica e o juiz têm exatamente a incumbência de suprir disparidades e compensar a aludida desigualdade para que o desenlace do caso se revele justo, eficiente e legítimo[19].

No Brasil, tal criação de espaços de consenso no ordenamento jurídico-penal ocorreu em meados da década de 90. A Lei dos Juizados Especiais (Lei nº 9.099/95) delineou o modelo brasileiro de justiça criminal consensual ou negociada, mediante a adoção dos seguintes institutos: a) composição civil (art. 74); b) transação penal (art. 76); e c) suspensão condicional do processo (art. 89). Esses mecanismos, rompendo os paradigmas do *nulla poena sine judicio* (não há pena sem processo, sem aferição da culpabilidade) e da indisponibilidade da ação penal, inovaram o Direito Processual Penal Brasileiro, estabelecendo espaços ou zonas de consenso no modelo de justiça criminal pátria, de modo que a solução dos casos menos graves passou a ser alcançada de forma mais

18. DIEGO DÍEZ, Luis Alfredo de. *Justicia Criminal Consensuada (Algunos modelos del derecho comparado en los E.E.U.U., Italia y Portugal)*. Valencia: Tirant lo Blanch, 1999, p. 34.

19. Nessa linha, Américo Bedê Júnior e Gustavo Senna realçam que as regras do processo penal servem para igualar desigualdades. Elas existem justamente com o propósito de equilibrar a balança, "[...] na medida em que buscam igualar as desigualdades existentes no plano material" (BEDÊ JÚNIOR, Américo; SENNA, Gustavo. *Princípios do Processo Penal. Entre o garantismo e a efetividade da sanção.* São Paulo: Revista dos Tribunais, 2009, p. 282-283).

célere e eficiente, sem o regular trâmite de uma ação penal e sem uma sentença condenatória transitada em julgado.

Tais mecanismos, rompendo os paradigmas do *nulla poena sine judicio* (não há pena sem processo, sem aferição da culpabilidade) e da indisponibilidade da ação penal, inovaram o Direito Processual Penal Brasileiro, estabelecendo espaços ou zonas de consenso no modelo de justiça criminal pátrio, de modo que a solução dos casos menos graves passou a ser alcançada de forma mais célere e eficiente, sem o regular trâmite de uma ação penal e sem uma sentença condenatória transitada em julgado.

A despeito dos avanços havidos na década de 90 e das mais recentes disciplinas legais para o acordo de leniência e para a colaboração premiada, o modelo epistemológico processual penal brasileiro continua assentado em bases romano-germânicas, mostrando-se demasiadamente formal e burocratizado mesmo quando o acusado confessa a prática de um delito de maior ofensividade[20]. Inexiste uma via consensual ou de simplificação amparada na confissão (cabal e espontânea), ainda que, ao final do processo, a condenação enseje a aplicação de penas restritivas de direitos ou a aplicação do benefício da suspensão condicional da pena.

Nessa perspectiva, tramita no Congresso Nacional o projeto de lei do novo Código de Processo Penal (Projeto de Lei do Senado nº 156/2009), que, no seu art. 283, prevê uma importante inovação tendente a expandir o modelo de consenso no sistema de justiça criminal brasileiro: trata-se da adoção de um rito abreviado a partir da confissão do acusado.

Acontece que, embora haja quem comemore e aplauda[21] a inovação em comento, afirmando que trará mais eficiência e celeridade ao nosso sistema

---

20. A explicação para isso pode ser divisada no estudo de Kant de Lima sobre alguns aspectos do sistema de justiça criminal do Brasil numa perspectiva comparada com o modelo norte-americano. A partir das sensibilidades jurídicas e das bases culturais de cada modelo, o autor verificou que, no sistema nacional, o processo não se volta à consensualização dos fatos, mas se apoia "fortemente na *lógica do contraditório*, que se explicita pela promoção de um dissenso infinito, o qual só se interrompe através de uma autoridade externa às partes, que lhe dá fim e declara uma tese vencedora e outra, vencida". Já no sistema estadunidense, pautado na *lógica adversária*, "as partes dispõem-se a negociar os fatos e a verdade que deverá prevalecer na frente da autoridade judiciária, que as dirige para um consenso, o qual porá fim aos procedimentos judiciais" (KANT DE LIMA, Roberto. Sensibilidades jurídicas, saber e poder: bases culturais de alguns aspectos do direito brasileiro em uma perspectiva comparada. *Anuário Antropológico*, v. 2, 2011, p. 29, 42-43. Disponível em: <http://www.ineac.uff.br/sites/default/files/library/files/02-anuarioantropologico-robertokant.pdf>. Acesso em: 20/10/2016).
21. COSTA, Rafael Paula Parreira. A barganha no projeto do novo Código de Processo Penal. *Jus Navigandi*, Teresina, ano 18, n. 3796, 22 nov. 2013. Disponível em: <http://jus.com.br/artigos/25927>.

de justiça criminal, ela também vem sendo objeto de críticas, havendo quem[22] a repute inconstitucional ao argumento de que são irrenunciáveis os direitos fundamentais do réu (direito à presunção de inocência, à não autoincriminação, direito ao contraditório e à produção de provas).

4.3. O RITO ABREVIADO FUNDADO NA ADMISSÃO DE CULPA

Como visto, um dos instrumentos de consenso na esfera do processo penal é o rito ou juízo abreviado calcado na confissão do acusado, que conduz à terminação antecipada do caso.

Como exemplos de instrumentos que propiciam a terminação antecipada ou abreviada do processo, existem a *guilty plea* e o *nolo contendere* estadunidenses, geralmente decorrentes do *plea bargaining*, o *pattegiamento* italiano (*applicazione della pena su richiesta delle parti*), o comparecimento francês para reconhecimento prévio de culpabilidade (*comparution sur reconnaissance préalable* de *culpabilité* ou *plaider couplable*), o acordo alemão (*Absprachen*), *la conformidad* espanhola e o *juicio abreviado* presente em vários ordenamentos jurídico-penais da América Latina[23].

O rito ou *juicio* abreviado constitui-se num acordo ou transação sobre a pena, firmado, geralmente na fase inicial do processo, entre a acusação e o imputado, assistido por seu defensor, desde que haja confissão ou reconhecimento dos fatos e de sua qualificação jurídica, o que acarreta a dispensa da fase probatória e dos debates, passando-se diretamente à sentença condenatória[24]. Kai Ambos[25] realça que "a base do procedimento abreviado é o acordo entre

---

Acesso em: 01/06/2016. CAMPOS, Gabriel Silveira de Queirós. *Plea Bargaining* e Justiça Criminal Consensual: entre os ideais de funcionalidade e garantismo. In: *Temas aprofundados Ministério Público Federal* (org. Edilson Vitorelli). Salvador: JusPodivm, 2013, p. 727-758.

22. Geraldo Prado considera inconstitucional o novo instituto, sustentando a irrenunciabilidade dos direitos fundamentais da presunção de inocência, do direito ao processo e do direito à prova. Defende que nosso regime de direitos fundamentais não admite condenação sem provas (Poder Negocial (sobre a pena), Common Law e processo penal brasileiro: Meta XXI, em busca de um milhão de presos!? In: BONATO, Gilson (org). *Processo Penal Constituição e crítica. Estudos em homenagem ao Prof. Dr. Jacinto Nelson de Miranda Coutinho.* Rio de Janeiro: Lumen Juris, 2011, p. 299-315).

23. FERNANDES, *op. cit.*, 2005, p. 48-49.

24. CORRAL, Diego Del. *Juicio Abreviado.* Buenos Aires: Astrea, 2016, p. 28.

25. AMBOS, Kai. As reformas processuais penais na América Latina. In: AMBOS, Kai; CHOUKR, Fauzi Hassan. *A reforma do processo penal no Brasil e na América Latina.* São Paulo: Método, 2001, p. 266.

o Ministério Público e o acusado, sendo que este último confessa o feito e, em contrapartida, se prescinde de levá-lo perante um procedimento principal."

Não se trata de um juízo sumário ou acelerado, caracterizado pela redução de prazos ou pela simplificação de formas, mas de um procedimento destinado à resolução antecipada da causa penal com base num acordo. Não se confunde, portanto, com o *giudizio abreviato* italiano[26] (arts. 438 a 443 do Código de Processo Penal), com o procedimento abreviado da Espanha (art. 757 e seguintes da LECrim) ou com seus juízos rápidos (art. 795 e seguintes da LECrim), assim como se distancia dos procedimentos sumário ou sumaríssimo brasileiros (art. 394, § 1º, II, do Código de Processo Penal e art. 81 da Lei nº 9.099/1995).

Tal rito abreviado, como mecanismo de consenso, constou do Código de Processo Penal Modelo para Ibero-América, cujos estudos, segundo Ada Pellegrini Grinover[27], "haviam partido das propostas das V Jornadas Ibero-Americanas de Cartagena (1977), acolhendo as bases de Alcalá-Zamora para o Código de Córdoba e as bases de Clariá-Olmedo e Velez Mariconde para a unificação legislativa em matéria processual penal da América Latina". No ano 1988, o projeto final de Código Modelo de Processo Penal para Ibero-América foi apresentado às XI Jornadas Ibero-americanas de Direito Processual, realizadas no Rio de Janeiro. O procedimento abreviado foi disciplinado no art. 371 e seguintes do aludido código[28]:

> Art. 371. Admisibilidad. Si el Ministerio Público estimare suficiente la imposición de una pena no mayor a dos años de privación de libertad, o de una pena no privativa de libertad, aun en forma conjunta, podrá solicitar que se proceda según este título, concretando su requerimiento ante el tribunal del procedimiento intermedio.

---

26. Segundo Antonio Scarance Fernandes, não se pode mais dizer que o *giudizio abreviato* italiano seja um acordo sobre o rito, pois, com as modificações produzidas pela Lei nº 479/1999, o juiz não depende mais da concordância do Ministério Público para adotar tal procedimento, podendo admiti-lo ainda quando haja necessidade de prova complementar. "Deixou, assim, a escolha do rito de ser solução consensual, dependendo agora de atos do juiz e do imputado" (FERNANDES, *op. cit.*, 2005, p. 202).

27. GRINOVER, Ada Pellegrini. O código modelo de processo penal para Ibero-América 10 anos depois. *Revista Brasileira de Ciências Criminais*, vol. 30, abr-jun/2000, p. 42.

28. CHILE. *Código Modelo de Processo Penal para Ibero-América*. Disponível em:<http://w1.cejamericas.org/index.php/biblioteca/biblioteca-virtual/doc_view/1941-c%C3%B3digo-procesal-penal-modelo-para-iberoam%C3%A9rica-textos.html>. Acesso em: 10/10/2016.

Para ello, el Ministerio Público deberá contar con el acuerdo del imputado y su defensor, que se extenderá a la admisión del hecho descripto en la acusación y su participación en él, y la vía propuesta.

La existencia de varios imputados en un mismo procedimiento no inhibirá la aplicación de esta regla a alguno de ellos.

Art. 372. Trámite posterior. El tribunal oirá al imputado y dictará la resolución que corresponda, sin más trámite.

El tribunal podrá absolver o condenar, según corresponda, fundando su resolución en el hecho descrito en la acusación, admitido por el imputado; pero la condena nunca podrá superar la pena requerida por el ministerio público. Rigen, en lo pertinente, las reglas de la sentencia.

Si el tribunal no admitiere la vía solicitada y estimare conveniente el procedimiento común, para un mejor conocimiento de los hechos o ante la posibilidad de que corresponda una pena superior a la requerida, rechazará el requerimiento y emplazará al ministerio público para que concluya la investigación y requiera lo que corresponda. En este caso, el requerimiento anterior sobre la pena no vincula al ministerio público durante el debate.

Art. 373. Efectos. Contra la sentencia será sólo admisible el recurso de casación, interpuesto por el Ministerio Público o por el imputado y su defensor.

El querellante, o quien sin éxito, pero con derecho, haya pretendido serlo durante el procedimiento preparatorio, tendrá las facultades previstos en los arts. 339 y 340; no podrá, sin embargo, agraviarse por la vía elegida o pretender la imposición de una pena superior a la requerida por el ministerio público.

La acción civil no será decidida y se podrá deducir nuevamente ante el tribunal competente. Sin embargo, quienes fueron admitidos como partes civiles podrán interponer el recurso de casación, con las limitaciones del art. 332 y sólo en la medida en que la sentencia influya sobre el resultado de una reclamación civil posterior.[29]

29. **Tradução livre:** "Art. 371. Admissibilidade. Se o Ministério Público estimar suficiente a imposição de uma pena não superior a 2 anos de privação de liberdade, ou de uma pena não privativa de liberdade, mesmo de forma conjunta, poderá solicitar que se proceda segundo este título, especificando seu pedido ao juízo do procedimento intermediário.

Para isso, o Ministério Público deverá contar com a concordância do imputado e de seu defensor, concordância que se estenderá para a admissão do fato descrito na denúncia ou para a participação nele, assim como para a via proposta.

A existência de vários imputados num mesmo procedimento não inibirá a aplicação desta regra a algum deles.

Art. 372. Trâmite posterior. O juízo ouvirá o imputado e proferirá a decisão correspondente, mas sem trâmite. Poderá absolver ou condenar, segundo o caso, fundando sua resolução no fato descrito

Esse projeto influenciou a adoção do *juicio abreviado*, com algumas particularidades, por vários países latino-americanos a partir da década de 90.[30]

No projeto do novo Código de Processo Penal (PLS nº 156/2009), o tema está disciplinado no art. 283, nos seguintes termos:

> **DO PROCEDIMENTO SUMÁRIO**
>
> Art. 283. Até o início da instrução e da audiência a que se refere o art. 276, cumpridas as disposições do rito ordinário, o Ministério Público e o acusado, por seu defensor, poderão requerer a aplicação imediata de pena nos crimes cuja sanção máxima cominada não ultrapasse 8 (oito) anos.
>
> § 1º São requisitos do acordo de que trata o *caput* deste artigo:
>
> I – a confissão, total ou parcial, em relação aos fatos imputados na peça acusatória;
>
> II – o requerimento de que a pena privativa de liberdade seja aplicada no mínimo previsto na cominação legal, independentemente da eventual incidência de circunstâncias agravantes ou causas de aumento da pena, e sem prejuízo do disposto nos §§ 2º e 3º deste artigo;
>
> III – a expressa manifestação das partes no sentido de dispensar a produção das provas por elas indicadas.
>
> § 2º Aplicar-se-á, quando couber, a substituição da pena privativa de liberdade, nos termos do disposto no art. 44 do Código Penal, bem como a suspensão condicional prevista no art. 77 do mesmo Código.

---

na denúncia, admitido pelo imputado. No caso de condenação, a pena nunca poderá ser superior a que foi requerida pelo Ministério Público. Aplicam-se, no que couberem, as regras da sentença.

Se o tribunal não admitir a via solicitada e estimar conveniente o procedimento comum, para um melhor conhecimento dos fatos ou ante a possibilidade de que tais fatos devem ensejar aplicação de pena superior à requerida, rejeitará o requerimento e intimará o Ministério Público para que conclua a investigação e postule o que for correspondente. Neste caso, o requerimento anterior sobre a pena não vincula o Ministério Público.

Art. 373. Efeitos. Contra a sentença somente será admissível o recurso de apelação, interposto pelo Ministério Público ou pelo imputado e seu defensor.

O querelante, ou quem sem êxito, mas com direito, tenha pretendido sê-lo durante o procedimento preparatório, terá as faculdades previstas nos arts. 339 e 340; não poderá, contudo, insurgir-se contra a via eleita ou pretender a imposição de uma pena superior à requerida pelo Ministério Público.

A ação civil não será decidida e o interessado poderá deduzi-la novamente ante o tribunal competente. Entretanto, os que forem admitidos como partes civis poderão interpor o recurso de apelação, com as limitações do art. 332 e apenas na medida em que a sentença influa sobre o resultado de uma reclamação civil posterior."

30. FERNANDES, *op. cit.*, 2005, p. 213.

> § 3º Mediante requerimento das partes, a pena aplicada conforme o procedimento sumário poderá ser, ainda, diminuída em até 1/3 (um terço) do mínimo previsto na cominação legal, se as condições pessoais do agente e a menor gravidade das consequências do crime o indicarem.
>
> § 4º Não se aplica o disposto no § 3º deste artigo se incidir no caso concreto, ressalvada a hipótese de crime tentado, outra causa de diminuição da pena, que será expressamente indicada no acordo.
>
> § 5º Se houver cominação cumulativa de pena de multa, esta também será aplicada no mínimo legal, devendo o valor constar do acordo.
>
> § 6º O acusado ficará isento das despesas e custas processuais.
>
> § 7º Na homologação do acordo e para fins de aplicação da pena na forma do procedimento sumário, o juiz observará o cumprimento formal dos requisitos previstos neste artigo.
>
> § 8º Para todos os efeitos, a homologação do acordo é considerada sentença condenatória.
>
> § 9º Se, por qualquer motivo, o acordo não for homologado, será ele desentranhado dos autos, ficando as partes proibidas de fazer quaisquer referências aos termos e condições então pactuados, tampouco o juiz em qualquer ato decisório.

Sobre esse acordo fundado na admissão de culpa, a Comissão de Juristas[31] teceu as seguintes considerações:

> De outro lado, e atento às exigências de celeridade e efetividade do processo, modifica-se o conteúdo do procedimento sumário, mantendo-se, porém, a sua nomenclatura usual, para dar lugar ao rito de imediata aplicação de pena mínima ou reduzida, quando confessados os fatos e ajustada a sanção entre acusação e defesa. A sumariedade do rito deixa de se localizar no tipo de procedimento para passar a significar a solução final e célere do processo, respeitando-se a pena em perspectiva, balizada pelo seu mínimo, com a possibilidade de ser fixada abaixo dele. A alternativa consensual não desconhece e nem desobedece, contudo, aos padrões de reprovabilidade já consagrados na legislação penal, limitando-se a possibilidade de sua aplicação aos delitos cuja pena máxima não seja superior a oito anos.

Na verdade, não se trata, como se vê, de mero procedimento simplificado ou sumário, com prazos mais exíguos, mas de mecanismo que amplia

31. Composta por Hamilton Carvalhido (coordenador); Eugênio Pacelli de Oliveira (relator); Antonio Correa, Antonio Magalhães Gomes Filho, Fabiano Augusto Martins Silveira, Felix Valois Coelho Júnior, Jacinto Nelson de Miranda Coutinho, Sandro Torres Avelar e Tito Souza do Amaral.

os espaços de consenso no Direito Processual Penal e reforça o modelo brasileiro de justiça criminal consensual ou negociada, já que prevê a possibilidade de a acusação e a defesa entabularem um acordo para a aplicação imediata da pena.

Nota-se que o legislador brasileiro buscou inspiração no modelo de justiça consensual ou negociada estadunidense com o propósito de agilizar o início do cumprimento de pena por réus confessos da prática de crimes cuja pena máxima não supere 08 (oito) anos de prisão. No entanto, como o modelo de justiça penal norte-americano não é perfeito[32], pretendeu-se adotar uma fórmula que torna o sistema mais efetivo e eficiente nos casos em que há confissão[33], buscando-se afastar riscos de violação de direitos dos acusados em nome de uma aplicação mais célere da pena.

No Brasil, um grande número de feitos criminais pode ser resolvido de forma mais rápida e satisfatória por meio de um rito abreviado alicerçado na confissão, mecanismo este que representaria a ampliação dos espaços do consenso no âmbito do Direito Processual Penal. Contudo, apesar das vantagens que o procedimento abreviado pode propiciar ao Estado, à sociedade e ao próprio acusado[34], vários juristas brasileiros, como dito, posicionam-se contrários à adoção de mecanismos de justiça penal negociada por entenderem que atentam contra as garantias processuais do imputado previstas na Constituição Federal[35]. Sustentam a irrenunciabilidade dos direitos fundamentais do réu (direito à presunção de inocência, à não autoincriminação, direito ao contraditório e à

---

32. Conforme críticas de Pedro Soares de Albergaria, há reclamações de coação ou pressão para haver admissão de culpa; notícias de "blefes" de acusação ou acusações infladas; disparidade de penas impostas em situações similares; alegações de concentração de poder em mãos do Ministério Público (*in Plea Bargaining Aproximação à Justiça Negociada dos E.U.A.* Coimbra: Almedina, 2007, p. 109-127).

33. Segundo consta do Parecer nº 1.636, de 7 de dezembro de 2010, elaborado pela Comissão Temporária de Estudo da Reforma do Código de Processo Penal, "na verdade, com o novo rito, o projeto de Código pretende conferir maior valor e consequências práticas à confissão do réu, que está relegada, hoje, à simples condição de circunstância atenuante genérica (art. 65, III, d, do Código Penal)." (Disponível em: <http://www25.senado.leg.br/web/atividade/materias/-/materia/90645>. Acesso em 02/08/2017).

34. As vantagens para o acusado são a celeridade na resolução do caso (com sua participação), o afastamento da estigmatização do processo criminal e a certeza da aplicação da pena mínima, substituída por sanção alternativa à prisão.

35. LOPES JR., AURY, Justiça Negociada: utilitarismo processual e eficiência antigarantista. In: WUNDERLICH, Alexandre; Carvalho, Salo de, (orgs.). *Diálogos sobre a Justiça Dialogal.* Rio de Janeiro: Lumen Juris, 2002, p. 99-128.

produção de provas)[36] e questionam a constitucionalidade do poder negocial sobre a pena[37], combatendo a tendência de expansão das zonas de consenso no âmbito do processo penal brasileiro[38].

4.4. A ANÁLISE DA (IN)COMPATIBILIDADE CONSTITUCIONAL, DAS VANTAGENS, DAS DESVANTAGENS E DOS PERIGOS DO RITO ABREVIADO CALCADO NA CONFISSÃO

Antonio Scarance Fernandes[39] esclarece que os instrumentos de justiça consensual ou negociada são bastante heterogêneos e são adotados para evitar a instauração do processo penal ou para encerrá-lo rapidamente mediante a aplicação consensuada de uma pena mais branda.

O rito abreviado a partir da confissão constitui, portanto, expressão da justiça consensual ou negociada. Trata-se de procedimento simplificado que permite uma rápida solução do caso a partir de um acordo entre o órgão acusador e acusado, assentado no poder dispositivo das partes.

Tal espécie de procedimento está previsto no projeto do novo Código de Processo Penal (PLS nº 156/2009) e, bem disciplinado, pode adequadamente conjugar garantismo penal e celeridade/efetividade. Acredita-se que esse mecanismo de justiça penal negociada, se adotado pelo legislador brasileiro, poderá contribuir decisivamente para o funcionamento mais célere e satisfatória de nosso sistema de justiça criminal, diminuindo o quadro de lentidão e impunidade que gera tanta insatisfação para a sociedade, para o Estado e para o próprio acusado.

Nuno Brandão[40] afirma que, sob o enfoque constitucional, o problema se cruza com uma racionalidade pragmática e utilitarista que permeia todo o

---

36. BETINI, Alexandre. Ainda sobre a condenação sem julgamento prevista no PLS 156/09. *Boletim IBCCRIM*. São Paulo: IBCCRIM, ano 17, nº 209, abr. 2010, p. 11-12.
37. Prado, Geraldo. Poder Negocial (sobre a pena), Common Law e processo penal brasileiro: Meta XXI, em busca de um milhão de presos!? In: BONATO, Gilson (org). *Processo Penal Constituição e crítica. Estudos em homenagem ao Prof. Dr. Jacinto Nelson de Miranda Coutinho.* Rio de Janeiro: Lumen Juris, 2011, p. 299-315.
38. VASCONCELOS, Vinícius Gomes de. *Barganha e Justiça Criminal Negocial.* Análise das tendências de expansão dos espaços de consenso no processo penal brasileiro. São Paulo: IBCCRIM, 2015.
39. FERNANDES, *op. cit.*, p. 192.
40. BRANDÃO, Nuno. Acordos sobre a sentença penal: problemas e vias de solução. *Julgar,* Coimbra, v. 25, 2015, p. 168.

discurso a favor dos acordos penais, os quais permitem soluções mais rápidas, mais simples e mais econômicas. Destaca, porém, que essas práticas não podem ser desconsideradas ou depreciadas porque nelas vão envolvidas exigências essenciais para a própria sobrevivência do sistema de justiça criminal na atualidade, quais sejam, celeridade, simplificação e economia processual, exigências essas que devem ser vistas como condições de legitimação material do processo penal.

Pelo que consta do projeto de lei (art. 283), em juízo, já instaurada a ação penal, as partes (o Ministério Público e a defesa), a partir da confissão do acusado, poderão entabular um acordo para a aplicação imediata da pena mínima ou diminuída até um terço (um terço do mínimo), dispensando-se a fase instrutória em razão do consenso alcançado.

Como se pretende demonstrar a seguir, o novel instituto, em linhas gerais, guarda compatibilidade com a Constituição da República, aparentando não afrontar, os princípios constitucionais que regem o processo penal brasileiro.

A primeira consideração a se fazer a favor dessa modalidade alternativa de resolução de conflitos penais é que a possibilidade de celebração do acordo entre as partes surge depois de iniciada a ação penal, ou seja, no curso do processo, de modo que não há dispensa do devido processo legal. Acaso haja interesse das partes, sobretudo da defesa, a formalização do acordo se dará no bojo de um processo judicial, diante do juiz e das partes (membro do Ministério Público e réu, acompanhado de seu defensor), na forma preconizada em lei.

Note-se que não há – e nem poderia haver - renúncia ao devido processo legal, pois existe o regular oferecimento de denúncia perante o juízo competente para então se abrir a possibilidade de solução consensual ou negocial acaso o réu, devidamente assistido por seu defensor, queira confessar os fatos para obter a resolução antecipada do caso. Há devido processo legal, mas com possibilidade de adoção de um procedimento simplificado e célere alicerçado num acordo firmado a partir da confissão do imputado[41].

Obviamente, se o réu não tiver interesse nesse mecanismo alternativo de solução do conflito, sequer será designada audiência para essa finalidade. A realização da audiência como espaço para o diálogo e o consenso só deve

41. Não prospera, portanto, o questionamento de Alexandre Betini no sentido de que, com a adoção do novo instituto da barganha, "*não se observaria o devido processo legal, já que os acordos retiram dos acusados o direito a um julgamento justo, com as devidas garantias fundamentais (...)*" (BETINI, op. cit., p. 11-12). É que não se retira o direito às garantias processuais e ao julgamento, mas se admite a possibilidade de construção de uma solução negociada, fundada no consenso.

acontecer se o réu pretender confessar e dispor dos direitos ao contraditório e à produção de prova. A confissão[42] é um requisito do acordo, que acarreta a dispensa da fase instrutória. Se o acusado não cogita a admissão de culpa, evidente que lhe fica plenamente assegurado o exercício das garantias constitucionais do contraditório e da ampla defesa, de modo que possa refutar a acusação com suas alegações e mediante a produção de provas. Parece claro que os integrantes da comissão de elaboração da nova codificação jamais pensaram em afrontar ou fragilizar tais garantias do acusado.

Nada impede que o imputado renuncie ao exercício do direito ao contraditório e à produção de prova[43] (*right to evidence*). Não está ele renunciando à titularidade desses direitos constitucionais, mas deles dispondo numa situação específica justamente porque deles é o titular. Essa renúncia deve mesmo ser enxergada como um exercício estratégico de tais direitos fundamentais, até porque a noção de irrenunciabilidade ou indisponibilidade absoluta equivaleria a negar a liberdade ao titular da proteção jurídica. Como bem pontuou Jorge Reis Novais[44]:

> Na medida em que a ordem jurídica do Estado confere ao indivíduo o direito de dispor sobre os seus direitos e de contrair obrigações, em regime de 'autonomia privada', este direito de autodeterminação deve ser largamente respeitado, devendo a tutela dos direitos fundamentais ser reduzida em igual medida. Em situações onde o indivíduo participa livremente na conformação das suas próprias relações jurídicas, é precisamente o respeito da sua autonomia privada e da sua dignidade que obriga a sujeitá-lo, por princípio, às vinculações voluntariamente contraídas por ele. Só o Estado paternalista se empenharia em proteger, em ampla medida, os cidadãos contra eles próprios.

Cabe assinalar que tal procedimento, a ser introduzido por lei[45], encerra uma renúncia parcial, voluntária e expressa do exercício dos direitos

---

42. A confissão, segundo Hélio Tornaghi, "é a declaração pela qual alguém admite ser autor de crime". [...] Confessar é aceitar, como verdadeira, a autoria de um fato ilícito, puro e simples, ou de circunstância exacerbante". Confessar, portanto, é reconhecer a autoria da imputação ou dos fatos objeto da investigação (TORNAGHI, Hélio. *Instituições de Processo Penal.* Vol. 4. 2ª ed. São Paulo: Saraiva, 1978, p. 46).

43. Aliás, isso já ocorre todos os dias nas varas criminais do país e nem por isso se diz que há inválida renúncia ao exercício de garantias constitucionais do acusado.

44. NOVAIS, Jorge Reis. *Direitos fundamentais: trunfos contra a maioria.* Coimbra: Coimbra Editora, 2006, p. 294.

45. Nesse sentido, Marisa Helena D'Arbo Alves de Freitas e Larissa Rosa afirmam: "Tratando-se de previsão legal expressa a respeito de uma possibilidade de solução consensual do conflito penal e

ao contraditório e à produção de prova. Não se trata de renúncia total e definitiva da titularidade de direitos fundamentais do acusado, mas de renúncia de parcela do exercício de tais direitos exatamente porque o réu, aconselhado por seu defensor, pretende confessar os fatos que lhe foram imputados num determinado processo criminal. Esse acordo a partir da confissão naturalmente envolve uma declaração de vontade que deve se dar de forma livre e consciente, diante do juiz, do membro do Ministério Público e do defensor.

Uma objeção comumente suscitada por quem[46] é contrário à medida é que não haveria genuína voluntariedade na declaração de vontade do réu. Essa censura não se justifica, uma vez que o imputado deverá receber esclarecimentos e orientações de seu defensor antes e durante a audiência. Ainda, ao juiz caberá informar ao réu sobre suas garantias constitucionais, averiguando se ele tem noção de que está renunciando parcela de seus direitos processuais e se compreende a natureza do acordo e suas consequências.

Como esclarece Diego Diez[47]:

> [...] la voluntariedade del acto ha de entenderse desde una doble perspectiva: a) la conformidad no puede haber sido inducida mediante coacciones, ameazas e engaños, etc.; y b) el acusado ha de tener pleno conocimiento de las consecuencias de su acto, comprendiendo debidamente la naturaleza de la acusación y los derechos a que puede estar renunciando.[48]

---

sendo uma oportunidade (leia-se o acusado terá liberdade para optar por esta forma de resolução), não há que se falar em violação aos direitos e garantias do acusado. Não se pode falar, em abstrato, que haverá um prejuízo ao acusado por ele estar abrindo mão da produção de provas e da presunção de inocência ao confessar. É preciso analisar que a estratégia de evitar um processo longo e uma pena mais grave pode ser um trunfo para a defesa." (FREITAS, Marisa Helena D'Arbo Alves de; ROSA, Larissa. As oportunidades de consenso entre o Ministério Público e o acusado e a horizontalização da justiça. In: Rômulo Rhemo Paliot Braga e outros - CONPEDI/ UFPB. (Org.). *Livro do XXIII Congresso Nacional do CONPEDI - Criminologias e Política Criminal I.* 1ª ed. Florianópolis/SC: CONPEDI, 2014, p. 161-179).

46. CASARA, Rubens R. R. O Acordo para Aplicação da Pena: Novas Considerações Acerca da Verdade e do Consenso no Processo Penal Brasileiro. In COUTINHO, Jacinto Nelson de Miranda. Carvalho Luis Gustavo Grandinetti Castanho de (org). *O Novo Processo Penal à Luz da Constituição - Análise Crítica do Projeto de Lei nº 156/09, do Senado Federal.* Rio de Janeiro: Lumem Juris, 2011, p. 147-157.

47. DIEGO DÍEZ, Luis Alfredo de. *La conformidad del acusado.* Valencia: Tirant lo Blanch, 1997, p. 180.

48. **Tradução livre:** "[...] a voluntariedade do ato há de entender-se desde uma dupla perspectiva: a) a conformidade não pode ter sido induzida mediante coações, ameaças e enganos, etc.; e b) o acusado

Mostra-se precipitada a crítica[49] no sentido de que não haveria verdadeiro consenso, pois o réu seria coagido ou pressionado a firmar o acordo com medo de receber uma pena mais gravosa. Como pondera Rodrigo da Silva Brandalise[50], sempre haverá "alternativa aos termos do acordo, qual seja, o julgamento. O acusado jamais estará atrelado à vontade do agente responsável pela acusação, pois sempre restará tal alternativa (...)", que poderá significar a condenação à pena adequada (na forma da lei) ou a absolvição.

É preciso ficar claro que a proposta de rito abreviado em debate, conquanto tenha sido inspirada no modelo norteamericano, muito se diferencia das ferramentas de justiça criminal negociada dos E.U.A. (*plea bargaining, guilty plea, nolo contendere*), não havendo aqui margem para ampla consensualidade, com negociação da(s) imputação(ões) e da(s) pena(s) na fase pré-processual, longe dos olhos do juiz, com total discricionariedade na atuação do promotor, que dispõe de poderes quase irrestritos, de modo a praticamente obrigar o acusado ao "acordo". O instituto em estudo, como visto, é mais tímido, justamente porque almeja conciliar garantismo com eficientismo, buscando extrair parte das vantagens do modelo estadunidense, mas fazendo as adaptações necessárias para preservar as garantias constitucionais do réu, mediante controle judicial e aconselhamento da defesa técnica.

Naturalmente, é impensável que o próprio juiz, que tem a função de garantidor, venha a coagir o arguido a aceitar os termos do acordo ou permitir que o membro do Ministério Público, diante do defensor, force o réu a aceitar a aplicação imediata da pena, em flagrante violação da lei e das garantias constitucionais do imputado. A resistência[51] à inovação fundada nesse tipo de argumento parte de uma compreensão equivocada de que as autoridades

---

há de ter pleno conhecimento das consequências de seu ato, compreendendo devidamente a natureza da acusação e os direitos a que pode estar renunciando."

49. MALAN, Diogo. Sobre a condenação sem julgamento prevista no PLS 156/09. *Boletim IBCCRIM*. São Paulo: IBCCRIM, ano 17, nº 207, fev. 2010, p. 02-03.

50. BRANDALISE, Rodrigo da Silva. *Justiça Penal Negociada: Negociação de Sentença Criminal e Princípios Processuais Relevantes (Origens, Modelos, Aplicações e Sugestões)*. Curitiba: Juruá, 2016, p. 49.

51. Diogo Malan questiona a adoção do novo instituto inspirado no *plea bargain* norte-americano, afirmando que no modelo daquele país não há liberdade para um verdadeiro consenso, pois, na prática, "o acusado é coagido a se *autoincriminar* e *renunciar* ao julgamento perante o Tribunal do Júri, pela *ameaça*, explícita ou velada, de aplicação de sanção penal mais gravosa ao final do julgamento. Afirma temer que, em nome da eficiência e da celeridade, o modelo estadunidense ganhe corpo na legislação pátria." (MALAN, *op. cit.*, p. 02-03). Essa crítica olvida que, embora tenha buscado inspiração no modelo estadunidense, a Comissão de Juristas que elaborou o projeto de lei do novo CPP fez as devidas adaptações buscando resguardar as garantias constitucionais do réu. O

seriam irresponsáveis[52] e estariam dispostas a afrontar a lei e os preceitos constitucionais para tornar o funcionamento do sistema de justiça criminal mais eficiente e funcional.

Nesse ponto, Daniel Guerra Alves[53] argumenta:

> (...) Nem nosso Ministério Público, nem nossa magistratura de primeiro grau têm qualquer compromisso que não seja com a lei e com sua consciência. Não há eleições para tais cargos. O preenchimento dos cargos é baseado no mérito. A única paga da injustiça consciente é a consciência pesada. Noutro giro, desconfiar da capacidade de nossos advogados de uma maneira genérica e leviana, intuindo que seriam levados a acordos injustos, ignora muita coisa de nosso atual desenvolvimento social, e por que não mencionar, do aparato ético e técnico das nossas resplandecentes defensorias públicas.

Não deve ser desprezada, porém, a preocupação no sentido de que o arguido pode se sentir pressionado pelas circunstâncias, optando logo pelo acordo por receio de receber uma pena mais elevada ou por medo de vir a ser preso. Ora, mas é justamente com o propósito de evitar uma manifestação de vontade viciada do réu que o legislador reformador propõe uma disciplina normativa que busca resguardar seus direitos, de maneira que possa decidir de forma livre e consciente, sob orientação da defesa técnica e mediante esclarecimentos do juiz.

A introdução de um mecanismo novo sempre gera preocupações e receios, porém a celebração de acordo criminal não é algo inédito em nosso meio. Os acordos informais já são realidade em muitas unidades judiciárias. É comum nas varas criminais do país o promotor de justiça e o defensor pedirem a dispensa das testemunhas porque o réu é confesso, passando-se logo a seu interrogatório e à aplicação da pena no mínimo legal, quando primário e ausentes circunstâncias que justifiquem a imposição da reprimenda acima de tal limite.

Como bem assinala Rosimeire Ventura Leite[54], é certo que:

---

rito abreviado que aqui se debate não se confunde com o *plea bargaining* norteamericano, já que possui características próprias delineadas pelo legislador brasileiro, podendo ser ainda aperfeiçoado.

52. "Não se pode supor que os agentes estatais tenham interesse abstrato de piorar a situação de alguém, o que equivaleria a presumir a má-fé." (ALVES, Daniel Guerra. Justiça Penal Consensual. *Revista da Escola de Magistratura Federal da 1ª Região.* III Jornada de Direito Processual Penal. Brasília: ESMAF, 2013, p. 69).

53. ALVES, *op. cit.*, p. 65-66.

54. LEITE, *op. cit.*, p. 35.

> O confronto entre os acordos no processo penal e os direitos fundamentais tem desdobramentos bastante polêmicos. Entretanto, ao invés de negar ao imputado os benefícios que podem advir da solução consensual, retirando-lhe por completo a autonomia da vontade e o poder de disposição, é mais adequado aprimorar os institutos consensuais, pautando-os pela boa-fé, pela defesa técnica efetiva, pela clareza das consequências da manifestação volitiva e por um controle jurisdicional que não seja mera ficção. Além disso, há de se estabelecer critérios legais que tornem a limitação voluntária de direitos fundamentais instrumento compatível com o Estado de direito e a dignidade da pessoa humana.

O procedimento abreviado para aplicação antecipada de pena também não resvala no direito do réu ao silêncio ou na garantia constitucional contra a autoincriminação. Se o acusado, assistido por seu defensor, almeja confessar os fatos a si imputados e admitir a culpa, deve lhe ser permitido falar, exatamente porque goza de liberdade, havendo de ser respeitada a autonomia da vontade e o direito de autodeterminação do indivíduo.

O princípio da proteção contra a increpação própria visa a preservar a liberdade de autodeterminação do acusado, afastando o perigo de incriminar-se contra sua vontade. "Assemelha-se a um direito de não colaboração do acusado com as autoridades perseguidoras"[55]. Não se pode obstar, porém, que o acusado, a partir de sua liberdade de autodeterminação, opte pela autoincrimanção voluntária. "Defender-se não é só evitar a condenação"[56]. O réu pode optar por buscar a minoração da pena, o abrandamento do regime de cumprimento ou outro benefício processual, estratégia que também representa o exercício do direito de defesa.

Não se discorda dos que entendem[57] que a confissão é insuficiente para amparar a imposição antecipada da pena. Todavia, a confissão será submetida à avaliação judicial e deverá estar em harmonia com os demais elementos fáticos nos quais se embasa a acusação, de modo que goze de credibilidade e venha a ser aceita pelo Juízo para fundamentar o acordo criminal. O juiz deve tomar cuidados no sentido de evitar o risco de autoacusação falsa engendrada para acomodar uma solução antecipada[58].

---

55. HADDAD, Carlos Henrique Borlido. *Conteúdo e Contornos do Princípio Contra a Auto-Incriminação.* Campinas: Bookseller, 2005, p. 255-256.
56. HADDAD, *op. cit.*, p. 361.
57. FREITAS, *op. cit.*, 2012, p. 07-26.
58. Segundo o artigo 197 do Código de Processo Penal, "o valor da confissão se aferirá pelos critérios adotados para os outros elementos de prova, e para a sua apreciação o juiz deverá confrontá-la com as

Inexistindo elementos que infirmem a confissão, mas, pelo contrário, havendo evidências que a confirmem, o que deverá ser verificado em cada caso pelo juiz, e estando a defesa técnica em concordância com a solução pactuada ou negocial, deve ela ser construída entre as partes sob a fiscalização do magistrado. Nessas circunstâncias, essa solução pactuada e abreviada, ancorada na confissão, é válida, não atentando contra as garantias do acusado, daí porque descabe invocá-las para obstar o emprego do novel mecanismo de justiça penal consensual.

O mecanismo alternativo em comento não atenta contra o princípio da presunção de inocência. Ora, se inexistir interesse do réu no acordo, não haverá rito abreviado nem condenação antecipada. Ainda que haja interesse da defesa e em audiência ocorra a confissão, mas não venha a ser entabulado o acordo por um desajuste quanto à pena adequada, o acusado continuará presumivelmente inocente e deverá ser julgado na forma da lei (por magistrado diverso), após o regular trâmite do feito.

De outro lado, se for celebrado o acordo entre as partes, a avença será submetida à homologação judicial, conforme previsto no projeto. Estando preenchidos os requisitos legais e havendo a homologação pelo juiz, por sentença, ao réu será imposta a sanção acordada. Somente quando transitar em julgado a referida sentença homologatória é que o acusado será considerado culpado. Não há margem, portanto, para se objetar o instrumento em estudo sob a alegação de que viola o princípio da não culpabilidade.

Soa exagerada e alarmista a afirmação[59] de que os instrumentos de justiça penal consensuada ou negocial acarretam a "privatização" ou "mercantilização" do processo penal. Isso pode até acontecer em modelos que adotam uma concepção de consensualidade ampla e sem controle judicial. No caso do mecanismo em comento, haverá um processo conduzido pelo Estado, mas simplificado devido ao acordo firmado entre o órgão de acusação e a defesa a partir da confissão (total ou parcial). Não haverá *negociata* ou condenação sem

---

demais provas do processo, verificando se entre ela e estas existe compatibilidade ou concordância". A finalidade desse comando é justamente evitar confissões falsas.

59. Aury Lopes Jr. assevera que "os modelos de justiça negociada (e consensuada) representam importante violação à garantia da inderrogabilidade do juízo. A lógica da *plea negotiation* conduz a um afastamento do Estado-juiz das relações sociais, não atuando mais como interventor necessário, mas apenas assistindo de camarote o conflito. (...) A lógica negocial transforma o processo penal num mercado persa, no seu sentido mais depreciativo." (in *Direito Processual Penal e sua Conformidade Constitucional.* Vol. II. 3ª ed. Rio de Janeiro: Lumen Juris, 2010, p. 267-268).

provas, mas aplicação de pena mínima ou reduzida em até 1/3 (um terço) do mínimo previsto na cominação legal, a partir de um consenso entre as partes amparado na confissão (livre e espontânea) do réu.

Como dito, tal confissão deverá ser confirmada diante do magistrado, mostrando-se em conformidade com os demais elementos indiciários contidos no procedimento investigatório policial. Caberá à defesa técnica e também ao juiz prestarem ao réu os esclarecimentos e informações necessários e suficientes para a tomada da decisão. Ressalte-se que a negociação da pena ou barganha não ocorrerá em segredo, mas em audiência pública, diante do juiz. Ainda, como argumenta Queirós Campos[60]:

> Trata-se de medida benéfica ao acusado, por redundar na aplicação da sanção no mínimo legal ou até mesmo abaixo de tal patamar. Inexiste violação ao *due process of law*, desde que se tenha em mente que, por opção legislativa, o processo sumário seja uma nova modalidade de devido processo legal condenatório. E não se alegue significar a imposição de pena privativa de liberdade sem formação de culpa, pois esta será confessada pelo próprio acusado, em um ambiente – espera-se – propício a que ele compreenda as consequências de sua decisão, o que, aliás, aumenta a importância, nesse *iter* dialogal, da figura do advogado.

Compreendem-se, em parte, as críticas de quem[61] entende que a dispensa da produção de provas pode comprometer o alcance da verdade. Todavia, nem no processo tradicional é possível a reconstituição plena dos fatos, havendo de se admitir a noção de verdade consensuada nos casos de confissão e de acordo de vontades para uma imediata aplicação da pena. Uma condenação amparada no consenso pode trazer um maior juízo de certeza do que na hipótese de decorrer de um julgamento.

Não se discute que o processo é instrumento de garantia e de reconstrução da verdade. Mas por que a fase instrutória não pode ser suprimida em determinados casos, quando já satisfatoriamente esclarecidos os fatos e o réu for confesso?[62] Poderia aqui ser mencionada uma infinidade de exemplos,

---

60. CAMPOS, Gabriel Silveira de Queirós. Plea Bargaining e Justiça Criminal Consensual: entre os ideais de funcionalidade e garantismo. In: *Temas aprofundados Ministério Público Federal* (org. Edilson Vitorelli). Salvador: JusPodivm, 2013, p. 750.
61. CASARA, *op. cit.*, 2011, p. 147-157.
62. ANDRADE, Flávio da Silva. A confissão e o julgamento antecipado da lide no processo penal. *Revista do Tribunal Regional Federal da 1ª Região,* Brasília, nº 4, abr/2004, p. 44.

não só de casos flagranciais, em que há evidências probatórias robustas que, associadas à confissão, dispensam por completo a dilação probatória em juízo. Por que deve o imputado, mesmo nessas hipóteses, ser submetido às cerimônias aflitivas e vexatórias do processo penal, se se mostrar disposto à resolução antecipada e consensuada do caso, com obtenção de vantagens que pela via conflitiva não alcançaria?[63]

O fato confessado e não contestado pode, mediante controle judicial e da defesa, ser considerado verdadeiro; pode servir de base à decisão quando o juiz e as próprias partes já tenham a convicção da veracidade do enunciado que o descreve[64].

Na realidade, diferentemente do que ocorre num cenário de confronto, num espaço de diálogo a condenação amparada no consenso pode trazer um maior juízo de certeza do que na hipótese de decorrer de um julgamento, havendo de se admitir a noção de verdade pactuada nos casos de confissão e de acordo de vontades para uma antecipada aplicação da pena. A solução antecipada alicerçada na assunção de culpa pelo arguido não significa um recuo inadmissível da verdade[65]. Embora o consenso pertença ao *império da vontade* e a verdade esteja ligada a um ímpeto *gnoseológico*, nem por isso devem ser vistos a partir de uma cortante e impregnada separação[66].

Como visto, da maneira como consta do projeto, o rito abreviado para fins de acordo será cabível apenas nos casos em que houver imputação de crime cuja sanção máxima cominada não ultrapasse 8 (oito) anos de prisão. Por conseguinte, ensejará a aplicação de pena substitutiva à prisão, quando cabível a conversão da pena privativa de liberdade em restritiva de direitos, na forma do art. 44 e seguintes do Código Penal, e também, quando for o caso, a aplicação do benefício da suspensão condicional da pena, nos termos do art.

---

63. "Nessa perspectiva, a função do consenso é a de retirar dos atos processuais, no máximo em que possível, tudo aquilo que dê causa à estigmatização social do delinquente e que influencie negativamente na imagem que cria de si mesmo após a submissão à justiça penal [...]" (OLIVEIRA, *op. cit.*, p. 116).

64. TARUFFO, Michele. Verdade negociada? Trad. de Pedro Gomes de Queiroz. In: *Revista Eletrônica de Direito Processual – REDP*, vol. XIII, Rio de Janeiro, 2014, p. 657.

65. RODRIGUES, Anabela Miranda. Os processos sumário e sumaríssimo ou a celeridade e o consenso no Código de Processo Penal. *Revista Portuguesa de Ciência Criminal*, Coimbra, v. 6, nº 4, out-dez/1996, p. 535.

66. COSTA, José de Faria. Consenso, verdade e direito. *Boletim da Faculdade de Direito*, Coimbra, v. 77, 2001, p. 427 e 430.

77 do CP. Ensejará ainda a aplicação de pena privativa de liberdade de curta duração aos réus reincidentes que não tiverem direito a tais benefícios.

Em verdade, como se vê, há respeito aos limites de validade da renúncia ao exercício de direitos fundamentais, pois o réu, no plano negocial, não está dispondo de sua liberdade, bem jurídico esse que não poderia ser objeto de renúncia, mas acordando quanto ao cumprimento de penas alternativas à privação de liberdade, o que é bem razoável diante dos interesses em jogo e dos propósitos do instituto. Mesmo que o descumprimento injustificado do acordo possa redundar em prisão, isso não macula o mecanismo em estudo, pois, como alertado por Reis Novais[67], "a medida concreta da disponibilidade não é pré-determinável em termos absolutos, dependendo não apenas da natureza do bem jurídico tutelado, como das circunstâncias do caso concreto e do peso relativo das razões e interesses em conflito."

Portanto, a proposição do rito abreviado, como mecanismo de expansão dos espaços de consenso e de resolução antecipada do processo penal, mostra-se, em linhas gerais, em conformidade com os princípios constitucionais que regem a matéria. Seria introduzido por lei, sendo pautado pela renúncia parcial, voluntária e expressa do exercício de parcela dos direitos fundamentais do acusado, guardando conformidade com os princípios e garantias processuais penais expressos na Constituição da República[68]. A disponibilidade das posições jurídicas tuteladas do réu aconteceria com respeito absoluto à dignidade da pessoa humana, com preservação do conteúdo essencial dos direitos fundamentais do acusado e com atenção ao princípio da proporcionalidade (em sentido estrito), na esteira das ideias do constitucionalista português Jorge Reis Novais.

Há, todavia, pontos falhos na proposição do rito abreviado sob enfoque. Exemplo disso é o § 9º do art. 283 do projeto, que enuncia o seguinte: "Se, por qualquer motivo, o acordo não for homologado, será ele desentranhado dos autos, ficando as partes proibidas de fazer quaisquer referências aos termos e condições então pactuados, tampouco o juiz em qualquer ato decisório." Nessa hipótese, o juiz ficará "claramente contaminado e será imenso o prejuízo

67. NOVAIS, *op. cit.*, p. 270.

68. A propósito, Gilmar Ferreira Mendes e Paulo Gustavo Gonet Branco salientam: "A respeito da indisponibilidade dos direitos fundamentais, é de assinalar que, se é inviável que se abra mão irrevogavelmente dos direitos fundamentais, nada impede que o exercício de certos direitos fundamentais seja restringido, em prol de uma finalidade acolhida ou tolerada pela ordem constitucional." (*Curso de Direito Constitucional.* 11ª ed. São Paulo: Saraiva, 2016, p. 144)

causado pelo *pré-juízo*", pois "não há como controlar a imagem negativa que se formará no (in)consciente do julgador (...)."[69]

A inovação, portanto, pode: a) favorecer o descongestionamento de unidades judiciárias[70]; b) propiciar mais rapidez na resolução de casos relativos a uma criminalidade que não é alcançada pela transação penal nem pela suspensão condicional do processo; c) diminuir a estigmatização do acusado, que não ficará sujeito a um longo processo, além de poder participar da construção da decisão quanto a seu destino, o que favorece a reabilitação; d) reduzir significativamente o número de recursos; e) diminuir o grande número de prescrição nos feitos criminais; f) permitir que as autoridades competentes possam dedicar maior atenção a casos mais complexos e de maior relevância social, que não podem ser resolvidos de maneira simplificada pela via do consenso.

De outro lado, existem também desvantagens: a) a solução do caso não será erguida a partir de uma verdade processual, (re)construída em juízo, mas com amparo numa verdade consensuada[71]; b) ocorrerá uma maior valorização da confissão inculpatória[72]; c) os acusados que rejeitarem a via consensual poderão, ao final, ser apenados com sanções superiores às daqueles que tiverem celebrado o acordo para aplicação de pena reduzida, o que dá a ideia de desigualdade na repressão penal[73]; e d) haverá uma atenuação do rigor sancionatório, pois

69. LOPES JR., Aury. *Fundamentos do Processo Penal. Introdução Crítica.* São Paulo: Saraiva, 2015, p. 177.

70. O Relatório Justiça em Números 2019 revela que, no final de 2018, no Poder Judiciário brasileiro havia 7 milhões de processos criminais. Na fase de conhecimento de 1° grau, o tempo médio de duração do processo criminal é 3 anos e 10 meses, maior que o do não-criminal em todos os ramos de Justiça. Ainda, a taxa de congestionamento criminal (73,3%) supera a não-criminal (59,2%) (CONSELHO NACIONAL DE JUSTIÇA. *Relatório Justiça em Números 2019*, p. 159-163. Disponível em: <https://www.cnj.jus.br/wp-content/uploads/conteudo/arquivo/2019/08/justica_em_numeros20190919.pdf>. Acesso em: 07/10/2019).

71. Rubens Casara teme que o rito abreviado signifique abrir mão do valor "verdade" na solução do caso penal. Recorda que "a tradição do direito brasileiro aponta para o 'consenso' como uma categoria do processo democrático de criação de textos legais, enquanto a 'verdade' é tida como uma noção operatória necessária à aplicação do direito". Coloca a verdade processual como condição de legitimidade à declaração do direito penal (CASARA, *op. cit.*, 2011, p. 148).

72. Casara afirma que "não se pode descartar que a aposta no consenso penal estimula a permanência de vários vícios do sistema inquisitivo, tais como a busca da confissão, como a 'rainha das provas', a pressão sobre o imputado, o desprezo ao juízo oral e público" (CASARA, *op. cit.*, 2015, p. 193). A intenção de apoiar-se em demasia na confissão pode importar "na coadjuvação das técnicas investigativas" (HADDAD, *op. cit.*, p. 63).

73. Não faltam autores a alegar que a declaração de culpa gera um prêmio ao acusado confesso, que tem sua pena atenuada em relação àquele que recusa o acordo, o qual acaba punido mais severamente

o projeto prevê a desconsideração das agravantes e das causas de diminuição de pena, o que pode prejudicar a exigência de prevenção geral e também de prevenção especial.

Além de tais aspectos tidos por desvantajosos, a solução consensual em comento apresenta alguns riscos[74]. Entre a certeza de uma condenação atenuada e a incerteza de uma condenação mais severa, pode um acusado, sem o devido amparo defensivo, vir a confessar falsamente a prática do delito. A autoincriminação falsa pode acontecer por vários motivos apontados na doutrina[75], daí que é imprescindível a existência de base factual em que se alicerce.

O advogado pode sentir-se tentado a estimular o acordo por receio de depois a seu cliente ser imposta uma pena mais agravada, maior que a oferecida em sede de acordo, o que viria a depor contra sua reputação profissional[76]. O defensor pode ainda optar pelo caminho do menor esforço ou pode imaginar que o acordo lhe permitirá logo receber os honorários combinados com o réu[77], comprometendo a mais importante de todas as garantias: a de um processo penal justo. Flávia Hill assinala que em alguns estados norte-americanos a escassez de tempo e de recursos contribui para que os defensores públicos estimulem a

---

apenas porque fez uso dos seus direitos. Jorge de Figueiredo Dias argumenta que não é bem assim: "Nem a falta de disponibilidade para participar de um acordo representa uma *agravação* da responsabilidade do arguido: este deverá ser punido, com acordo ou sem ele, segundo o processo legal de determinação da pena, em conformidade com as existências da culpa e da prevenção. Nem, por outro lado, o conferir valor de atenuação à confissão representa uma violação das finalidades gerais preventivas da pena, por isso que aquele valor deve ser justificado, no caso, pela menor *necessidade de pena* (e por conseguinte de prevenção) que no caso se faz sentir" (DIAS, Jorge de Figueiredo. *Acordos sobre a sentença em processo penal.* O "fim" do Estado de Direito ou um novo "princípio"? Porto: Conselho Distrital do Porto da Ordem dos Advogados, 2011, p. 56-57).

74. FERNANDES, *op. cit.*, 2005, p. 267-268.

75. Guilherme Nucci ensina que existem várias justificativas para que um indivíduo confesse uma prática delitiva. A confissão pode acontecer por remorso, por arrependimento, para o alívio interior, pela necessidade de se explicar, por lógica (sabendo-se impossível negar o fato), mas pode também ocorrer por algum interesse, por orgulho ou vaidade, por medo, por expiação ou masoquismo, por altruísmo, por coação, por instinto de proteção, por ódio e até por fatores religiosos (NUCCI, Guilherme de Souza. *O valor da confissão como meio de prova no processo penal.* 2ª ed. São Paulo: Editora Revista dos Tribunais, 1999, p. 89-92).

76. Na visão crítica de Casara, "o acordo para aplicação imediata da pena conta com elementos de coação e sedução (de um lado, a ameaça de uma sanção penal mais severa; do outro, a promessa do abrandamento da pena em meio ao sempre imprevisível jogo processual) que acabam por potencializar o desequilíbrio já existente entre o Estado-Administração e o acusado" (CASARA, *op. cit.*, 2011, p. 153-154).

77. DIEGO DÍEZ, *op. cit*,, 1999, p. 59.

prática do *plea bargaining*, como forma de se vencer ou controlar o excesso de trabalho. Afirma que a busca pela solução rápida do caso, "sem o necessário exame das circunstâncias fáticas e jurídicas que o envolvem, torna criticável a postura adotada pelos profissionais que se deixam guiar precipuamente por tais fatores, desvirtuando os propósitos do instituto em tela e prejudicando o acusado."[78]

Essas desvantagens e riscos, no entanto, se confrontadas com as vantagens acima mencionadas, não têm o condão de inibir a proposta em debate, pois a atuação da defesa técnica e o exercício do controle judicial, como acima destacado, têm justamente o propósito de garantir a composição de uma solução acordada que se revele adequada à luz da verdade e da justiça.[79]

Assim, não obstante o avanço que representa, é preciso aperfeiçoar a proposta neste e noutros pontos, como no relativo à eventual recusa injustificada de acordo por parte do membro ministerial que oficia no feito. Antonio Scarance Fernandes[80], malgrado entenda que há perigos nas soluções assentadas no consenso, o que reclama uma disciplina legal que estabeleça um equilíbrio entre os ideais de garantismo e de eficiência do sistema de justiça criminal, afirma, com razão, que:

> Há, entre nós, excessiva e injustificável resistência em assentar a solução do processo com base em pena concreta ou provável extraída de dados constantes da denúncia e do inquérito, o que, além de impedir importante simplificação com o julgamento antecipado em virtude de prescrição, impede mudanças importantes no sistema consensual.

Enfim, apesar de o projeto ainda estar em discussão no Parlamento brasileiro, é possível concluir pela admissibilidade da disposição de direitos fundamentais pelo acusado no âmbito do processo penal, mediante a adoção do supracitado rito abreviado fundado na admissão de culpa. Noutras palavras, o procedimento abreviado amparado na confissão pode, sim, ser compatibilizado com as garantias constitucionais do acusado, ou seja, pode ser normatizado

78. HILL, Flávia Pereira. Plea Bargaining – Uma incursão no Sistema Processual Penal Norte-Americano. In: PINHO, Humberto Dalla Bernardina de (Org.). *Temas Contemporâneos de Direito Processual.* Rio de Janeiro: Lumen Juris, 2004, p. 515.

79. Já se comentou suficientemente sobre os tantos casos flagranciais e de evidências probatórias robustas que, com a confissão cabal, permitem tranquilamente soluções simplificadas pela via da consensualidade.

80. FERNANDES, *op. cit*, 2005, p. 281.

de modo que não atente contra o princípio constitucional do devido processo penal (*nulla poena sine judicio*) e seus corolários lógicos (princípios da presunção de inocência, da ampla defesa e do contraditório).

Sem embargo das críticas de juristas hipergarantistas, como Aury Lopes Jr.[81], no sentido de que a justiça consensual penal é inconstitucional e transforma o processo penal numa "negociata", a verdade é que a ampliação de espaços de consenso no Direito Processual Penal brasileiro é o caminho adequado para se acelerar a solução de conflitos penais e tornar mais efetiva a resposta do Estado sem se desrespeitar as garantias constitucionais dos acusados.

O modelo de processo penal de um país deve pautar-se pelo equilíbrio entre o garantismo penal e a funcionalidade ou eficiência do sistema criminal[82]. Acredita-se que um rito abreviado fundado na confissão pode contribuir decisivamente para tornar mais eficiente e efetivo o sistema de justiça criminal brasileiro, uma vez que elevado percentual dos casos passaria a ser resolvido por meio desse mecanismo, com vantagens para o acusado[83], para o Estado e para a sociedade.

Corroborando o ponto de vista aqui exposto, Jorge de Figueiredo Dias[84], apesar de defender um modelo de processo penal basicamente acusatório, sustenta, com toda razão e pertinência, que tal modelo:

> [...] tem agora, se quiser adequar-se à transformação ideológica, cultural e social dos tempos ditos pós-modernos e às exigências acrescidas de eficácia processual, de ser integrado num paradigma assaz diferente do que até há pouco presidiu a toda a concepção europeia continental. Num paradigma

81. LOPES JR., Aury, Justiça Negociada: utilitarismo processual e eficiência antigarantista. In: WUNDERLICH, Alexandre; Carvalho, Salo de, (orgs.). *Diálogos sobre a Justiça Dialogal.* Rio de Janeiro: Lumen Juris, 2002, p. 99-128.

82. Neste ponto, Nicolás Rodríguez García advertiu: "[...] parece que el proceso penal solo podrá salir de la crisis en que se encuentra si concilia equilibrada y coordinadamente los princípios de garantia y eficácia, puesto que la primacía de cualquiera de ellos supondría alargar todavia más la agonia en la que nos encontramos" (GARCÍA, Nicolás Rodríguez. *El consenso en el proceso penal español.* Barcelona: José Maria Bosch Editor, 1997, p. 17-18). **Tradução livre:** "[...] parece que o processo penal só poderá sair da crise em que se encontra se conciliar equilibrada e coordenadamente os princípios de garantia e eficiência, posto que a primazia de qualquer deles faria alargar ainda mais a agonia em que nos encontramos".

83. As vantagens para o acusado são a celeridade na resolução do caso (com sua participação), o afastamento da estigmatização do processo criminal e a certeza da aplicação da pena mínima, substituída por sanção alternativa à prisão.

84. DIAS, *op. cit.*, p. 16.

que, não deixando de assinalar ao processo uma característica *adversarial*, deve dar passos decisivos na *incrementação, em toda a medida possível, de estruturas de consenso em detrimento de estruturas de conflito entre os sujeitos processuais*; como forma de oferecer futuro a um processo penal dotado de =eficiência funcionalmente orientada= indispensável à ultrapassagem da actual sobrecarga da justiça penal, sem menoscabo dos princípios constitucionais adequados ao Estado de Direito.

Ainda nessa mesma linha de raciocínio, Luiz Flávio Gomes[85] afirmou que, levando em conta a enorme quantidade de processos em andamento no Brasil[86], não se vê outra saída para o descongestionamento da máquina judiciária brasileira que não seja a via do consenso. É por esse caminho que temos que trilhar, conciliando sua eficiência com as garantias do Estado constitucional e democrático de Direito".

4.5. CONSIDERAÇÕES FINAIS

Os instrumentos de consenso, sobretudo num Estado de Direito e de perfil democrático, tendem a favorecer a construção de um modelo de processo penal comunicacional ou dialógico, com mecanismos que viabilizem, quando possível, uma solução mais rápida e satisfatória pela via da negociação e do acordo.

A abertura de espaços para o diálogo e para o entendimento na fase inicial do processo criminal, como previsto no art. 283 e seguintes do projeto de lei do novo Código de Processo Penal (Projeto de Lei do Senado nº 156/2009), vocaciona-se a propiciar a resolução consensual mais célere e menos custosa dos casos em que o réu é confesso, sendo admissível a substituição da pena privativa de liberdade por restritivas de direitos ou a concessão da suspensão condicional da pena.

---

85. GOMES, Luiz Flávio. Consenso: essa é a saída para a justiça criminal brasileira. *Jus Navigandi*, Teresina, ano 14, nº 2172, 12 jun. 2009. Disponível em: <http://jus.com.br/artigos/12952>. Acesso em: 01/07/2017.

86. "Em 2018, ingressaram no Poder Judiciário 2,7 milhões de casos novos criminais, sendo 1,6 milhão (60%) na fase de conhecimento de 1º grau, 343,3 mil (12,8%) na fase de execução de 1º grau, 18,6 mil (0,7%) nas turmas recursais, 604,8 mil (22,6%) no 2º grau e 103,9 mil (3,9%) nos Tribunais Superiores" (CONSELHO NACIONAL DE JUSTIÇA. *Relatório Justiça em Números 2019*, p. 159. Disponível em: <https://www.cnj.jus.br/wp-content/uploads/conteudo/arquivo/2019/08/justica_em_numeros20190919.pdf>. Acesso em: 07/10/2019).

A ausência de um procedimento simplificado ou abreviado pelo consenso gera, em muitos casos, instruções judiciais desnecessárias e elevados gastos ao erário. Ora, na hipótese de confissão cabal, livre, espontânea e em harmonia com os demais elementos carreados ao procedimento de investigação, deve haver um mecanismo que permita que o caso seja resolvido de maneira mais simples, pela via da convergência de vontades, o que seria vantajoso para o acusado, para a sociedade e para o Estado.

O alcance de maior celeridade e eficiência no campo do Direito Processual Penal exige a adoção de ferramentas que, inspiradas no pragmatismo do modelo de justiça negociada dos Estados Unidos da América, permitam uma rápida solução consensuada do caso quando houver admissão de culpa e possibilidade de aplicação de pena não privativa de liberdade. Daí que se revela acertada a introdução, no projeto do novo Código de Processo Penal, de um rito abreviado a partir da admissão da culpa pelo acusado (confissão), dispensando-se a fase instrutória quando já exista uma base probatória suficiente e haja consenso quanto à pena adequada.

É imenso o número de ações penais que tramitam nas unidades judiciárias federais e estaduais, havendo, em regra, enorme demora até o desfecho de cada caso, mesmo quando o réu é confesso e primário, o que acaba frustrando as expectativas da sociedade e gerando grande sensação de impunidade. O modelo brasileiro de justiça criminal consensual ou negociada não pode ficar restrito aos institutos trazidos pela Lei nº 9.099/1995. Um elevado percentual de casos penais pode ser satisfatoriamente resolvido por meio de um rito abreviado, permitindo-se que os recursos humanos e materiais do Poder Judiciário sejam melhor empregados naqueles casos em que há real conflito quanto à culpa do réu.

A despeito das controvérsias que o tema possa suscitar, tem-se que os integrantes da comissão de elaboração da nova legislação codificada agiram corretamente, não se limitando a importar acriticamente instituto alienígena de justiça criminal consensual. Criaram um instituto próprio, que, em linhas gerais, harmoniza-se com nosso modelo constitucional de processo penal, estabelecendo mecanismos de controle que resguardam os direitos fundamentais do acusado e garantem uma resposta mais rápida do Estado nos casos em que o acusado é confesso e aceita a imediata imposição da pena mínima ou reduzida aquém disso. No entanto, apesar das vantagens, há alguns riscos no emprego da ferramenta, assim como existem aspectos redacionais que podem ser aperfeiçoados.

De todo modo, ao contrário de ficar apegada a uma mentalidade do passado, de absoluta irrenunciabilidade de direitos pelo acusado, para logo tachar de inconstitucional o mecanismo em estudo, a doutrina brasileira deve se abrir mais ao paradigma do consenso no âmbito do processo penal, colaborando para aperfeiçoar tal instituto de forma que venha a guardar total compatibilidade com o Texto Constitucional e para que dele se possam extrair todas as vantagens possíveis.

Enfim, urge que se dê um passo à frente em busca de superar o descrédito de nosso sistema de justiça criminal, que ainda é um dos mais atrasados e morosos do mundo, adotando-se um rito abreviado amparado na confissão, conforme delineado no projeto da nova codificação. O modelo de processo penal de um país deve pautar-se pelo equilíbrio entre os ideais de garantismo penal e funcionalidade ou eficiência na resposta do Estado-Juiz.

4.6. REFERÊNCIAS

ALBERGARIA, Pedro Soares. *Plea Bargaining Aproximação à Justiça Negociada dos E.U.A.* Coimbra: Almedina, 2007.

ALVES, Daniel Guerra. Justiça Penal Consensual. *Revista da Escola de Magistratura Federal da 1ª Região.* III Jornada de Direito Processual Penal, Brasília: ESMAF, 2013, p. 63-69.

AMBOS, Kai. As reformas processuais penais na América Latina. In: AMBOS, Kai; CHOUKR, Fauzi Hassan. *A reforma do processo penal no Brasil e na América Latina.* São Paulo: Método, 2001, p. 223-272.

ANDRADE, Flávio da Silva. A confissão e o julgamento antecipado da lide no processo penal. *Revista do Tribunal Regional Federal da 1ª Região,* Brasília, nº 4, abr/2004, p. 42-44.

__________. *Justiça Penal Consensual:* controvérsias e desafios. Salvador: JusPodivm, 2018.

ANDRADE, Manuel da Costa. Consenso e Oportunidade – Reflexões a propósito da Suspensão Provisória do Processo e do Processo Sumaríssimo. *Jornadas de Direito Processual Penal - O Novo Código de Processo Penal.* Coimbra: Almedina, 1995, p. 319-358.

BEDÊ JÚNIOR, Américo; SENNA, Gustavo. *Princípios do Processo Penal.* Entre o garantismo e a efetividade da sanção. São Paulo: Revista dos Tribunais, 2009.

BETINI, Alexandre. Ainda sobre a condenação sem julgamento prevista no PLS 156/09. *Boletim IBCCRIM.* São Paulo: IBCCRIM, ano 17, nº 209, abr/2010, p. 11-12.

BRANCO, Paulo Gustavo Gonet; MENDES, Gilmar Ferreira. *Curso de Direito Constitucional.* 11ª ed. São Paulo: Saraiva, 2016.

BRANDALISE, Rodrigo da Silva. *Justiça Penal Negociada:* Negociação de Sentença Criminal e Princípios Processuais Relevantes (Origens, Modelos, Aplicações e Sugestões). Curitiba: Juruá Editora, 2016.

BRANDÃO, Nuno. Acordos sobre a sentença penal: problemas e vias de solução. *Julgar,* Coimbra, v. 25, 2015.

BRITO, Cláudia Aguiar Silva. *Processo Penal Comunicativo.* Comunicação Processual à Luz da Filosofia de Jürgen Habermas. Curitiba: Juruá, 2014

CAMPOS, Gabriel Silveira de Queirós. Plea Bargaining e Justiça Criminal Consensual: entre os ideais de funcionalidade e garantismo. In: VITORELLI, Edilson (Org). *Temas aprofundados Ministério Público Federal.* Salvador: JusPodivm, 2013.

CASARA, Rubens R. R. O Acordo para Aplicação da Pena: Novas Considerações Acerca da Verdade e do Consenso no Processo Penal Brasileiro. In: COUTINHO, Jacinto Nelson de Miranda. CARVALHO, Luis Gustavo Grandinetti Castanho de (Org). *O Novo Processo Penal à Luz da Constituição - Análise Crítica do Projeto de Lei nº 156/09, do Senado Federal.* Rio de Janeiro: Lumem Juris, 2011.

______. *Mitologia Processual Penal.* São Paulo: Saraiva, 2015.

CHILE. *Código Modelo de Processo Penal para Ibero-América.* Disponível em: <http://w1.cejamericas.org/index.php/biblioteca/biblioteca-virtual/doc_view/1941-c%-C3%B3digo-procesal-penal-modelo-para-iberoam%C3%A9rica-textos.html>. Acesso em: 10/10/2016.

CONSELHO NACIONAL DE JUSTIÇA. *Relatório Justiça em Números 2019.* Disponível em: <https://www.cnj.jus.br/wp-content/uploads/conteudo/arquivo/2019/08/justica_em_numeros20190919.pdf>. Acesso em: 07/10/2019.

CORRAL, Diego Del. *Juicio Abreviado.* Buenos Aires: Astrea, 2016.

COSTA, José de Faria. Consenso, verdade e direito. *Boletim da Faculdade de Direito,* Coimbra, v. 77, 2001, p. 421-432.

COSTA, Rafael Paula Parreira. A barganha no projeto do novo Código de Processo Penal. *Jus Navigandi,* Teresina, ano 18, nº 3796, 22 nov. 2013. Disponível em: <http://jus.com.br/artigos/25927>. Acesso em: 19 abr. 2017.

DIAS, Jorge de Figueiredo. *Acordos sobre a sentença em processo penal. O "fim" do Estado de Direito ou um novo "princípio"?* Porto: Conselho Distrital do Porto da Ordem dos Advogados, 2011.

DIEGO DÍEZ, Luis Alfredo de. *Justicia Criminal Consensuada (Algunos modelos del derecho comparado en los E.E.U.U., Italia y Portugal).* Valencia: Tirant lo Blanch, 1999.

______. *La conformidad del acusado.* Valencia: Tirant lo Blanch, 1997.

FERNANDES, Antonio Scarance. *Teoria Geral do Procedimento e o Procedimento no Processo Penal.* São Paulo: Revista dos Tribunais, 2005.

______. Reflexões sobre as noções de eficiência e de garantismo no Processo Penal. In: *Sigilo no Processo Penal: eficiência e garantismo.* Coordenação: Antonio Scarance Fernandes, José Raul Gavião de Almeida, Maurício Zanoide de Maraes. São Paulo: Revista dos Tribunais, 2008, p. 9-28.

FISHER, George. *Plea Bargaining's Triumph.* Stanford, Calif., Stanford University Press, 2003.

FREITAS, Jéssica Oníria Ferreira de. PLS 159/2009 e o acordo para aplicação de pena: avanço ou retrocesso?. In: PINTO, Felipe Martins; GONÇALVES, Gláucio Ferreira Maciel (Coord). *Processo e Efetividade.* Série Direitos Humanos e Estado Democrático de Direito. vol. 3. Belo Horizonte: Initia Via, 2012, p. 07-26.

FREITAS, Marisa Helena D'Arbo Alves de; ROSA, Larissa. As oportunidades de consenso entre o Ministério Público e o acusado e a horizontalização da justiça. In: BRAGA, Rômulo Rhemo Paliot, e outros - CONPEDI/ UFPB (Org.). *Livro do XXIII Congresso Nacional do CONPEDI* - Criminologias e Política Criminal I. 1ª ed. Florianópolis/SC: CONPEDI, 2014, p. 161-179.

GARCÍA, Nicolás Rodríguez. *El consenso en el proceso penal español.* Barcelona: José Maria Bosch Editor, 1997.

GIACOMOLLI, Nereu José. *Legalidade, oportunidade e consenso no processo penal na perspectiva das garantias constitucionais: Alemanha, Espanha, Itália, Portugal, Brasil.* Porto Alegre: Livraria do Advogado, 2006.

GOMES, Luiz Flávio. Consenso: essa é a saída para a justiça criminal brasileira. *Jus Navigandi,* Teresina, ano 14, nº 2172, 12 jun. 2009. Disponível em: <http://jus.com.br/artigos/12952>. Acesso em: 01/07/2017.

GRINOVER, Ada Pellegrini. O código modelo de processo penal para Ibero-América 10 anos depois. *Revista Brasileira de Ciências Criminais,* vol. 30, abr-jun/2000, p. 41-50.

HABERMAS, Jürgen. *Teoria do Agir Comunicativo. Racionalidade da ação e racionalização social.* Vol. 1. Trad. de Paulo Astor Soethe. São Paulo: Editora WMF Martins Fontes, 2012.

HADDAD, Carlos Henrique Borlido. *Conteúdo e Contornos do Princípio Contra a Auto-Incriminação.* Campinas: Bookseller, 2005.

HILL, Flávia Pereira. Plea Bargaining – Uma incursão no Sistema Processual Penal Norte-Americano. In: PINHO, Humberto Dalla Bernardina de (Org.). *Temas Contemporâneos de Direito Processual.* Rio de Janeiro: Lumen Juris, 2004, p. 489-541.

KANT DE LIMA, Roberto. Sensibilidades jurídicas, saber e poder: bases culturais de alguns aspectos do direito brasileiro em uma perspectiva comparada. *Anuário Antropológico,* v. 2, 2011, p. 25-51. Disponível em: <http://www.ineac.uff.br/sites/default/files/library/files/02-anuarioantropologico-robertokant.pdf>. Acesso em: 20/10/2016.

LEITE, Rosimeire Ventura. *Justiça Consensual e Efetividade no Processo Penal.* Belo Horizonte: Del Rey, 2013.

LOPES JR., Aury. *Fundamentos do Processo Penal.* Introdução crítica. São Paulo: Saraiva, 2015a.

______. Justiça Negociada: utilitarismo processual e eficiência antigarantista. In: WUNDERLICH, Alexandre; CARVALHO, Salo de (Orgs.). *Diálogos sobre a Justiça Dialogal.* Rio de Janeiro: Lumen Juris, 2002, p. 99-128.

______. *Direito Processual Penal e sua Conformidade Constitucional.* Vol. II. 3ª ed. Rio de Janeiro: Lumen Juris, 2010.

MALAN, Diogo. Sobre a condenação sem julgamento prevista no PLS 156/09. *Boletim IBCCRIM.* São Paulo: IBCCRIM, ano 17, nº. 207, fev/2010, p. 02-03.

NOVAIS, Jorge Reis. *Direitos fundamentais:* trunfos contra a maioria. Coimbra: Coimbra Editora, 2006.

NUCCI, Guilherme de Souza. *O valor da confissão como meio de prova no processo penal.* 2ª ed. São Paulo: Editora Revista dos Tribunais, 1999.

OLIVEIRA, Rafael Serra. *Consenso no Processo Penal: uma alternativa para a crise do sistema penal.* São Paulo: Almedina Brasil, 2015.

PRADO, Geraldo. Poder Negocial (sobre a pena), Common Law e processo penal brasileiro: Meta XXI, em busca de um milhão de presos!? In: BONATO, Gilson (Org). *Processo Penal Constituição e crítica. Estudos em homenagem ao Prof. Dr. Jacinto Nelson de Miranda Coutinho.* Rio de Janeiro: Lumen Juris, 2011.

RODRIGUES, Anabela Miranda. Os processos sumário e sumaríssimo ou a celeridade e o consenso no Código de Processo Penal. *Revista Portuguesa de Ciência Criminal,* Coimbra, v. 6, nº 4, out-dez/1996, p. 525-544.

SELAMÉ. Jorge Danilo Correa. *Procedimiento abreviado y salidas alternativas.* Santiago do Chile: Puntolex, 2007.

SCHÜNEMANN, Bernd. ¿Crisis del procedimiento penal? ¿Marcha triunfal del procedimiento penal americano en el mundo? In: SCHÜNEMANN, Bernd. *Temas actuales y permanentes del derecho penal después del milenio.* Madrid: Tecnos, 2002, p. 288-302.

______. Um olhar crítico ao modelo processual penal norte-americano. In: GRECO, Luís (coord.). *Estudos de direito penal, direito processual penal e filosofia do direito.* Madri/Barcelona/Buenos Aires/São Paulo: Marcial Pons, 2013, p. 240-261.

STRECK, Lenio Luiz. Crise(s) Paradigmática(s) no Direito e na Dogmática Jurídica: dos conflitos interindividuais aos conflitos transindividuais. A encruzilhada do direito penal e as possibilidades da justiça consensual. *Revista Brasileira de Ciências Criminais,* vol. 28, out-dez/1999, p. 108–115.

TARUFFO, Michele. Verdade negociada? Trad. de Pedro Gomes de Queiroz. *Revista Eletrônica de Direito Processual – REDP,* vol. XIII, Rio de Janeiro, 2014, p. 634-657.

TORNAGHI, Hélio. *Instituições de Processo Penal.* Vol. 4. 2ª ed. São Paulo: Saraiva, 1978.

TULKENS, Françoise. Justiça negociada. In: DELMAS-MARTY, Mireille (Org.). *Processos penais da Europa.* Trad. de Fauzi Hassan Choukr. Rio de Janeiro: Lumen Juris, 2005, p. 673-717.

VASCONCELOS, Vinícius Gomes de. *Barganha e Justiça Criminal Negocial.* Análise das tendências de expansão dos espaços de consenso no processo penal brasileiro. São Paulo: IBCCRIM, 2015.

VOGLER, Richard. Justiça consensual e processo penal. In: AMBOS, Kai; CHOUKR, Fauzi Hassam (Org.). *Processo Penal e Estado de Direito.* Trad. de Fauzi Hassan Choukr. Campinas: Edicampi, 2002, p. 281-307.

5

A INCIDÊNCIA DE IMPOSTO DE RENDA SOBRE RENDIMENTOS RECEBIDOS ACUMULADAMENTE (RRA), EM CUMPRIMENTO DE DECISÃO JUDICIAL

5.1. INTRODUÇÃO

Neste trabalho será estudado o regramento atinente à incidência do imposto de renda (IR) sobre rendimentos recebidos acumuladamente (RRA), em cumprimento de decisão do Poder Judiciário.

Será abortado o mecanismo de retenção do IR na fonte pela pessoa física ou jurídica obrigada ao pagamento. Ver-se-á que há uma distorção na forma de materialização da retenção do IR na fonte quando a Fazenda Pública tem a obrigação de pagar.

Também será demonstrado que, atualmente, há 04 regras legais de tributação que disciplinam a forma de incidência do IR sobre rendimentos recebidos acumuladamente (RRA) e em atraso pelo contribuinte: a) o artigo 12 da Lei nº 7.713/88; b) o artigo 12-A da referida lei, incluído pela Lei nº 12.350, de 20 de dezembro 2010 (na qual foi convertida a Medida Provisória nº 497, de 28 de julho de 2010); c) o artigo 27 Lei nº 10.833/2003, que trata da retenção de IR sobre rendimentos pagos em cumprimento de decisão da Justiça Federal; e d) o art. 28 dessa mesma lei, que disciplina a retenção de IR incidente sobre rendimentos pagos em cumprimento de decisão da Justiça do Trabalho.

Este estudo abordará a controvérsia judicial que existe (já que ainda se aguarda um pronunciamento do Supremo Tribunal Federal) em torno da aplicação da regra geral do art. 12 da Lei nº 7.713/88 (adota o regime de caixa ou o regime de competência?). Será demonstrado que o entendimento jurisprudencial que se consolidou nas instâncias inferiores prestigia os princípios constitucionais da isonomia tributária (art. 150, II, da CF/88) e da capacidade contributiva (art. 145, § 1º, da CF/88), afastando um flagrante quadro de injustiça fiscal que marcava a tributação dos rendimentos recebidos acumuladamente, sobretudo no que diz respeito com os trabalhadores assalariados das camadas sociais mais baixas.

Serão tecidas considerações sobre o alcance da novel regra do art. 12-A na Lei nº 7.713/88, que veio a ser regulamentada pela Instrução Normativa 1.127, em 08/02/2011, da Receita Federal do Brasil, de modo que, hoje, nesse campo, o Sistema Tributário Nacional tornou-se mais racional e justo, havendo ainda, todavia, espaço para ser aperfeiçoado.

5.2. O IMPOSTO DE RENDA NA CONSTITUIÇÃO FEDERAL

Ricardo Lobo Torres[1] ensina que:

> O imposto de renda e proventos de qualquer natureza adquiriu *status* constitucional em 1934, embora já fosse cobrado anteriormente. Sempre pertenceu à competência da União". Esclarece que tal tributo "é criação do Estado Fiscal" e que "as primeiras tentativas de implantá-lo datam do final do séc. XVIII, na Inglaterra. Mas só vingou no séc. XIX. Nos Estados Unidos, retardou-se a adoção do tributo sobre a renda, sendo necessária a elaboração de emenda constitucional – a 16ª, de 1913 – que a autorizasse, modificando a orientação jurisprudencial.

Marcelo Magalhães Peixoto[2], por seu turno, diz que o surgimento do IR no mundo não tem um período exato de registro, havendo quem sustente que

1. TORRES, Ricardo Lobo. *Curso de Direito Financeiro e Tributário.* 3ª ed. atual. e ampl. Rio de Janeiro: Renovar, 1996. p. 325.
2. PEIXOTO, Marcelo Magalhães. *O Surgimento Mundial do IR – Breve histórico no Brasil.* Disponível em: http://jus2.uol.com.br/doutrina/texto.asp?id=2578. Material da 6ª aula da Disciplina Sistema

já em Roma e Atenas existia o IR, enquanto "outros afirmam que o referido tributo surgiu em Florença sob o nome de Décima Scalata". O referido autor pondera que:

> De toda sorte, há um consenso com relação à história moderna do Imposto de Renda que teve início na Grã – Bretanha. Henry Tilbery nos ensina que esse imposto, surgido no século XVIII, teve diversas formas de imposição sobre a renda consumida, ou seja, sobre a posse de carruagens, cavalos, imóveis e relógios.

A Constituição Federal de 1988, no seu art. 153, III, manteve a outorga de competência à União para instituir o imposto sobre a renda. Eduardo de Moraes Sabbag[3] afirma que esse imposto "deve ser utilizado como meio hábil a promover a adequada redistribuição de renda. É a principal fonte de receita tributária da União, quanto aos impostos, possuindo nítida função fiscal."

Julia de Menezes Nogueira[4] realça, por outro lado, que:

> A competência da União, quanto ao imposto de renda, limita-se pelas normas e princípios dirigidos, pela Constituição, à instituição de todos os tributos, tais como os princípios da legalidade, da isonomia tributária, da irretroatividade e do não confisco, além do princípio da retroatividade. Restringem também seu âmbito de atuação as normas limitadoras da imposição de impostos, como o princípio da capacidade contributiva e as imunidades previstas pelo art. 150, VI, e suas alíneas.

Note-se que o IR está sujeito à anterioridade do exercício financeiro, mas é exceção à noventena, conforme determina o art. 150, § 1º, da Constituição da República.

O art. 153, § 2º, I, da CF, ainda submete o imposto sobre a renda aos princípios da generalidade, da universalidade e da progressividade, que são subprincípios da capacidade contributiva[5].

Constitucional Tributário: Impostos em Espécie, ministrada no Curso de Especialização Telepresencial e Virtual de Direito Tributário - UNISUL - REDE LFG. p. 2.

3. SABBAG, Eduardo de Moraes. *Elementos do Direito Tributário.* 8ª ed. São Paulo: Premier Máxima, 2007. p.413.
4. NOGUEIRA, Julia de Menezes. *Imposto sobre a Renda na Fonte.* São Paulo: Quartier Latin, 2007. p. 45.
5. TORRES, *op. cit.*, p. 326.

O princípio da generalidade estabelece que todos devem pagar o tributo, ou seja, a tributação deverá alcançar todas as pessoas que revelem capacidade contributiva, em função dos patamares de renda fixados pelo legislador. Roque Antonio Carrazza[6], a propósito, diz que:

> O imposto deve alcançar todas as pessoas que realizam seu fato imponível. E isto independentemente de raça, sexo, convicções políticas, credo religioso, cargos ocupados etc. Eventuais isenções somente são admitidas quando rendem homenagens ao princípio da igualdade e, por extensão, ao da capacidade contributiva. Melhor explicando, elas somente podem ser concedidas quando levam em conta objetivos constitucionalmente consagrados (proteção à velhice, à família, à cultura, aos deficientes mentais, aos doentes incuráveis, aos economicamente mais fracos, isto é, que revelam incapacidade econômica para suportar o encargo fiscal sem se privarem do mínimo vital –, e assim por diante).

Já o princípio da universalidade preconiza que o IR deve incidir sobre todas as rendas e proventos, ou seja, devem ser alcançados todos os fatos que podem estar subsumidos na hipótese de incidência. Mary Elbe Queiroz[7], citada por Carrazza, bem resume o significado desse postulado:

> Relativamente ao imposto de renda, a universalidade impõe que a incidência do imposto deverá alcançar todas as 'rendas' e 'proventos', de qualquer espécie, independentemente de denominação ou fonte, que deverão ser considerados no seu conjunto. O sentido mais adequado é que a apuração da base de cálculo do imposto, que deverá ocorrer em um dado instante, abranja o total de rendimentos que for percebido em determinado período de tempo fixado na lei (periodicidade) como necessário para que se possa aferir a real capacidade contributiva dos sujeitos".

O princípio da progressividade significa que a incidência aumenta na medida em que cresce a quantidade da matéria imponível detida pelo contribuinte. Noutras palavras, o IR deve ter alíquotas progressivas porque, quanto maior a base de cálculo, maiores serão as alíquotas. Marcelo Alexandrino e Vicente Paulo[8] afirmam que "se trata de instrumento de pessoalização do imposto

6. CARRAZZA, Roque Antonio. *Imposto sobre a Renda (perfil constitucional e temas específicos)*. 2ª ed. rev. e atual. São Paulo: Malheiros, 2006. p. 67.
7. QUEIROZ *apud* CARRAZZA, 2006, p. 67.
8. ALEXANDRINO, Marcelo, PAULO, Vicente. *Direito Tributário na Constituição e no STF*. 6ª ed. Niterói/RJ: Impetus, 2006. p. 152.

e de sua graduação segundo a capacidade econômica dos contribuintes". Por meio da progressividade, diz Luiz Emygdio F. da Rosa Jr[9], "alcança-se a meta tão desejada pelos financistas, correspondente à igualdade de todos os cidadãos diante da carga tributária, de modo que haja um sacrifício igual para todos na medida de sua capacidade econômica".

Passando adiante, tem-se que a Constituição Federal não adotou qualquer conceito de renda nem definiu o fato gerador do imposto, deixando tais tarefas ao legislador infraconstitucional. Nesse sentido é a lição de Ricardo Lobo Torres[10]:

> A renda e proventos são conceitos constitucionais abertos, que devem ser trabalhados pela doutrina e pela legislação. A CF não opta por qualquer das teorias elaboradas sobre a noção de renda, nem define o fato gerador do tributo. O legislador tem, portanto, liberdade para a concretização normativa, respeitados os limites do sentido possível do conceito de renda, acrescido da noção residual de proventos, como acréscimo de patrimônio em determinando lapso de tempo. [11]

O Constituinte de 1988, em resumo, fixou a competência da União para instituir o imposto, definindo o título do tributo e a matéria passível de ser captada como materialidade de incidência, remetendo, todavia, à lei complementar a conformação de seus elementos fundamentais (art. 146, III, "a", CF).

5.3. O REGRAMENTO DO IMPOSTO DE RENDA NO CÓDIGO TRIBUTÁRIO NACIONAL

5.3.1. Noções preliminares

O IR teve suas balizas definidas pelo Código Tributário Nacional (Lei nº 5.172/66), que nasceu como lei ordinária, adquirindo, posteriormente, força

---

9. JÚNIOR, Luiz Emygdio F. da Rosa. *Manual de Direito Financeiro & Direito Tributário.* 17ª ed. Rio de Janeiro: Renovar, 2003. p. 899.

10. TORRES, *op. cit.*, p. 325.

11. Há autores que buscam um conceito constitucional de renda. José Artur Lima Gonçalves, por exemplo, diz que "a Constituição pressupõe conceito de renda consistente em um acréscimo decorrente do confronto de entradas e saídas relevantes, ao longo de um período de tempo. O conteúdo do conceito de renda não está à disposição do legislador ordinário, pressuposto que foi pela Constituição para outorga de competência impositiva ao próprio legislador ordinário". (*in* "Imposto sobre a Renda – Pressupostos Constitucionais (Malheiros Editores. 1ª edição. Pág. 215)

de lei complementar. Assim, quando promulgada a Carta Magna de 1988, o perfil do IR já estava delineado nos artigos 43, 44 e 45 do CTN:

> Art. 43. O imposto, de competência da União, sobre a renda e proventos de qualquer natureza tem como fato gerador a aquisição da disponibilidade econômica ou jurídica:
>
> I - de renda, assim entendido o produto do capital, do trabalho ou da combinação de ambos;
>
> II - de proventos de qualquer natureza, assim entendidos os acréscimos patrimoniais não compreendidos no inciso anterior.
>
> § 1º A incidência do imposto independe da denominação da receita ou do rendimento, da localização, condição jurídica ou nacionalidade da fonte, da origem e da forma de percepção. (Incluído pela Lcp nº 104, de 10.1.2001)
>
> § 2º Na hipótese de receita ou de rendimento oriundos do exterior, a lei estabelecerá as condições e o momento em que se dará sua disponibilidade, para fins de incidência do imposto referido neste artigo. (Incluído pela Lcp nº 104, de 10.1.2001)
>
> Art. 44. A base de cálculo do imposto é o montante, real, arbitrado ou presumido, da renda ou dos proventos tributáveis.
>
> Art. 45. Contribuinte do imposto é o titular da disponibilidade a que se refere o artigo 43, sem prejuízo de atribuir a lei essa condição ao possuidor, a qualquer título, dos bens produtores de renda ou dos proventos tributáveis.
>
> Parágrafo único. A lei pode atribuir à fonte pagadora da renda ou dos proventos tributáveis a condição de responsável pelo imposto cuja retenção e recolhimento lhe caibam.

Portanto, constata-se, pelos artigos acima transcritos, que o CTN já disciplinava todos os aspectos a que o Constituinte de 1988 fez referência e que relegou à disciplina por lei complementar. O codificador de 1966 já tinha traçado as notas determinantes do IR, como se verá a seguir.

5.3.2. Fato gerador

O artigo 43 do CTN define o fato gerador do IR, que é a aquisição de disponibilidade jurídica ou econômica de renda (decorrente de capital, do trabalho ou da conjugação de ambos) e de proventos de qualquer natureza, assim entendidos todos os acréscimos não compreendidos de renda.

José Minatel[12] ensina que:

> Na linguagem do CTN, a **disponibilidade** pode ser econômica ou jurídica, caracterizando-se a primeira pela existência física dos recursos financeiros no patrimônio do seu titular, enquanto que a disponibilidade jurídica pressupõe, no mínimo, a existência de direito líquido certo que assegura a exigibilidade da renda, por estarem cumpridas as condições que viabilizam a sua percepção. É o caso da remuneração recebida em títulos de crédito (disponibilidade jurídica), e não em dinheiro (disponibilidade econômica), em que a marca da disponibilidade reside na possibilidade de transferir referidos títulos a terceiros, viabilizando até mesmo a liquidação de obrigações. A despeito das críticas que se faz ao art. 43 do CTN, é inegável que a lei complementar avançou para fixar outra diretriz determinante para a definição do conteúdo do conceito de renda, qual seja, a idéia de que renda é produto, renda é resultado proveniente "do capital, do trabalho ou da combinação de ambos". O recebimento de juros pode ser mencionado como o melhor exemplo de acréscimo de riqueza (renda) como produto do capital, assim também o valor do aluguel que remunera a cessão temporária e onerosa de bens ou direitos, a título de locação. Esses exemplos já são suficientes para demonstrar que renda (valor dos juros, valor do aluguel) e capital (valor do investimento, valor do imóvel locado) não se confundem, na medida em que renda é produto gerado pelo capital. Por sua vez, os salários, honorários e comissões são exemplos que permitem atrelar a idéia de renda como produto do trabalho, na medida em que propiciem acréscimo de riqueza nova que permita a realização de novos gastos, sejam para consumo ou para investimentos. Atendidos esses pressupostos, perde relevância a controvérsia acerca da indagação se salário é renda, pois, juridicamente, será renda toda vez que o valor do salário for suficiente para, além do atendimento das necessidades vitais do ser humano, assegurar disponibilidade de riqueza que permita realizar novos investimentos. De outra parte, os lucros e dividendos são exemplos que se encaixam no conceito de renda como produto da combinação entre capital e trabalho, na medida em que aparecem não só como resultado, como fruto do investimento (capital) aportado pelos sócios e acionistas, mas também são gerados pela contribuição do esforço da massa trabalhadora, seja físico ou intelectual, na busca do resultado positivo para a empresa. (grifo do autor)

Luiz Emygdio F. da Rosa Jr alerta para o fato de que o CTN adotou expressamente o conceito de renda como acréscimo patrimonial. Diz que[13]:

---

12. MINATEL, José. Imposto de Renda (IRPF e IRPJ). Material da 5ª aula da Disciplina Sistema Constitucional Tributário: Impostos em Espécie, ministrada no Curso de Especialização Telepresencial e Virtual de Direito Tributário - UNISUL - REDE LFG. p. 4.

13. ROSA JR, *op. cit.*, p. 901.

A identificação do fato gerador do imposto de renda deve ser feita pela existência de acréscimo patrimonial e, desse modo, não é a percepção de qualquer renda ou proventos que pode gerar a incidência do imposto, e, por isso, as indenizações, em geral, não caracterizam o fato gerador do imposto, por traduzirem mera reposição patrimonial decorrente de uma perda.

E, mais adiante, o referido autor arremata[14]: "(...) o pressuposto de renda ou de proventos é a existência de acréscimo patrimonial, sob pena de se tributar, a título de imposto de renda, o patrimônio ou o faturamento."

Roque Carrazza[15], por sua vez, ensina que:

> Para que haja *renda e proventos de qualquer natureza* é imprescindível que o capital, o trabalho ou a conjugação de ambos produzam, entre dois momentos temporais, *riqueza nova*, destacada daquela que lhe deu origem e capaz de gerar outra. (...) O imposto não pode incidir quando ausente o ganho real do contribuinte (v.g., no reembolso de despesas), ou diante de meras recomposições patrimoniais (caso da indenização). Em suma, renda e proventos de qualquer natureza, para fins de tributação específica, é a mutação patrimonial positiva apurada num determinado espaço de tempo.

Assim, existindo acréscimo patrimonial[16], estará satisfeita a regra de incidência do IR, porquanto disponível ao contribuinte a riqueza, isto é, a faculdade de usar, gozar ou dispor do dinheiro (disponibilidade econômica). Idêntico tratamento é dado em se tratando de disponibilidade jurídica, consubstancia esta na obtenção da titularidade jurídica da renda ou dos proventos de modo a aumentar seu patrimônio.

Neste tópico, não se pode deixar de registrar que há uma periodicidade para a apuração do fato gerador do IR. A natureza desse imposto leva a que a renda tributável deva ser medida em períodos de tempo, dentro dos quais se possa apurar o montante do acréscimo patrimonial tributável, para cuja formação são considerados os ingressos brutos, subtraídos dos dispêndios necessários à percepção da renda e de certas despesas que, embora não ligadas diretamente à produção de renda, prestam-se à personalização do tributo.

---

14. Ibidem, p. 902.
15. CARRAZZA, *op. cit.*, p. 39 e 42.
16. Em relação às indenizações em geral, não se deve admitir a incidência do IR, pois se destinam a recompor um patrimônio lesado, possibilitando o retorno ao *status quo ante.*

José Minatel[17] lembra que:

> Não é possível imaginar a apuração de acréscimo patrimonial sem período determinado de tempo para quantificá-lo. É preciso mensurar a variação patrimonial ocorrida num período de tempo, tomando em consideração o valor do patrimônio existente em determinada data anterior, que deve ser comparado com o valor do patrimônio em momento posterior. Assim o é para as pessoas físicas, cuja legislação hoje vigente elege o ano calendário (1ºde janeiro a 31 de dezembro) como periodicidade adequada para se medir a renda tributável no ano, mediante a apresentação da declaração anual de ajustes.

A Constituição Federal pressupõe, em relação ao IR, uma periodicidade anual[18], isso porque o planejamento e o funcionamento do Estado observam tal lapso de tempo de 12 meses. Nesse sentido preleciona José Artur Lima Gonçalves[19]:

> Toda a amarração organizacional do funcionamento do Estado Brasileiro é, de acordo com a sistemática constitucional, calcada na idéia de período anual. Dentre as inúmeras referências à noção de período anual, saliente-se que a organização e funcionamento dos aspectos e das questões financeiras (orçamentos, previsões, gastos, investimentos etc.) de que trata a Constituição são todos eles baseados em períodos de 12 meses (...).

Aliomar Baleeiro[20], sobre o assunto, pondera que "nada impede que o legislador complementar institua exercício financeiro não coincidente com o ano civil, embora essa coincidência seja tradição entre nós, mas não poderá instituir exercício financeiro que não tenha duração anual."

Ainda, discorrendo sobre o aspecto temporal do IR, Leandro Paulsen[21] diz que:

> No IRPF, considera-se ocorrido o fato gerador em 31 de dezembro do ano-calendário. Até 30 de abril do subseqüente, verifica-se o imposto

17. MINATEL, *op. cit.*, p. 5.

18. Ano-calendário ou ano-base é o ano em que percebidos rendas e proventos tributados. Exercício é o ano seguinte, em que é apresentada a declaração e efetuado o ajuste.

19. GONÇALVES, José Artur Lima. Imposto sobre a Renda. Pressupostos Constitucionais. 1ª ed. São Paulo: Malheiros Editores, 2002. p. 185.

20. BALEEIRO, Aliomar. *Direito Tributário Brasileiro.* 11ª ed. Rio de Janeiro: Forense, 1999. p. 327.

21. PAULSEN, Leandro. *Direito Tributário. Constituição e Código Tributário à Luz da Doutrina e da Jurisprudência.* 9ª ed. Porto Alegre: Livraria do Advogado, 2007. p. 728.

> sobre a renda e proventos efetivamente devido, compensando-se o montante que já foi objeto de adiantamentos mensais (carnê-leão ou retenção), apurando-se, então, o saldo a restituir (em caso de pagamento antecipado a maior) ou a pagar (em caso de pagamento antecipado a menor), efetuando-se o recolhimento, se for o caso, à vista ou parceladamente. (...) No IRPJ, tem-se período de apuração trimestral, podendo a pessoa jurídica que pagar com base no lucro real, optar pelo período anual, com antecipações mensais, conforme os arts. 1/2 e 5/6 da Lei 9.430/96 e 220/221 do RIR 99. No imposto trimestral, considera-se ocorrido o fato gerador ao final de cada trimestre civil; no anual, em 31 de dezembro do ano-calendário.

Enfim, em razão de sua periodicidade anual, classifica-se o fato gerador do IR como periódico composto ou complexivo, uma vez que é formado por um conjunto de fatos considerados de maneira geral, dentro de um determinado período de tempo legalmente definido.

5.3.3. *Base de cálculo*

A base de cálculo consiste na medida ou expressão de grandeza da materialidade do fato gerador.

O artigo 44 do CTN preceitua que a base de cálculo do IR é o montante real, arbitrado ou presumido, da renda e do provento de qualquer natureza. Esse dispositivo legal, em verdade, indica mais a base de cálculo do imposto de renda da pessoa jurídica (IRPJ), que é o lucro real, arbitrado ou presumido, conforme o regime de tributação adotado pela empresa.

Em relação ao imposto de renda da pessoa física (IRPF), a base de cálculo é o total líquido da renda ou dos proventos auferidos pelo contribuinte durante o exercício financeiro. Eduardo de Moraes Sabbag[22] bem explica que:

> Adota-se, no Brasil, um critério de aferição de base de cálculo pelo montante absoluto da renda ou provento (= critério global ou unitário), segundo o qual as alíquotas incidem sobre o total dos rendimentos, independentemente de sua origem ou razão. Assim, a incidência ocorre sobre o crédito líquido do contribuinte, ou seja, a diferença entre a renda ou provento bruto auferido e os encargos admitidos em lei, tais como gastos com dependentes, planos de saúde etc. Devem-se somar todos os rendimentos e lucros de capital da

22. SABBAG, *op. cit.*, p. 415-416.

pessoa física e seus dependentes (rendimento bruto) e subtrair os encargos (reais ou presumidos) autorizados pela legislação (= rendimento líquido).

Ainda, alertando para o fato de que a base de cálculo de tributo deve estar afinada com sua hipótese de incidência, Roque Antonio Carrazza[23] adverte que:

> A base de cálculo possível do IRPF não é a renda bruta do contribuinte; tampouco o seu rendimento alcançado num dado instante, como, por exemplo, uma única operação financeira. É, sim, o valor dos rendimentos ou proventos líquidos por ele obtidos ao longo do período de apuração, e estes se definem no momento em que é feito o ajuste anual (Declaração de Rendimentos). Incontroverso, portanto, que, nos termos da Constituição Federal, a União está longe de possuir ampla liberdade para eleger a base de cálculo in abstrato do IRPF.

5.3.4. Alíquotas

A Constituição Federal e o CTN não trazem as alíquotas do IR, de modo que devem ser fixadas pelo legislador ordinário, atentando-se para os princípios constitucionais que limitam o poder de tributar, especialmente, no caso do IR, os princípios da capacidade contributiva e da progressividade.

No Brasil, a atual tabela de incidência do IRPF se apresenta com 04 (quatro) alíquotas (7,5%, 15%, 22,5% e 27,5%)[24], conforme modificação feita pela Lei n 11.945, de 04 de junho de 2009. Apenas duas alíquotas (15% e 27,5%), não atendiam aos ideais de justiça preconizados pelo constituinte originário. No ponto, com propriedade, Eduardo Sabbag[25] asseverava que duas alíquotas não eram suficientes "para se alcançar a verdadeira realização da capacidade contributiva, conforme os dizeres insertos no art. 145, § 1º, da CF/88".

Carrazza[26] destaca que, "de outra parte, para as pessoas jurídicas foram instituídas duas alíquotas: uma de 15%, aplicável à totalidade do lucro obtido e outra, de 10%, a título de adicional de IR, aplicável à parcela do lucro que

23. CARRAZZA, *op. cit.* p. 75.
24. De acordo com a tabela atual, quem teve ganhos anuais de R$ 15.764,28 a R$ 31.501,44 sujeita-se à alíquota 15%. Para os que ganharam mais de R$ 31.501,44, a alíquota é de 27,5%. Já quem ganhou menos de R$ 15.764,28 é isento do imposto.
25. SABBAG, *op. cit.*, p. 416.
26. Ibidem, p. 69.

superar o valor de R$ 240.000,00, no ano. Não há progressividade sobre este adicional – que nos leva a concluir por sua inconstitucionalidade."

5.3.5. Sujeito Passivo

O CTN, além de instituir normas de direito tributário sobre a sujeição passiva dos tributos em geral, dispôs, em diversas passagens, sobre os sujeitos passivos dos tributos em particular, visando à delimitação da competência do legislador ordinário quando de sua instituição.

O art. 45 do CTN estabelece que "contribuinte do imposto é o titular da disponibilidade a que se refere o art. 43, sem prejuízo de atribuir a lei essa condição ao possuidor, a qualquer título, dos bens produtores de renda ou de proventos tributáveis". No parágrafo único, o codificador consignou que "a lei pode atribuir à fonte pagadora da renda ou dos proventos tributáveis a condição de responsável pelo imposto cuja retenção e recolhimento lhe caibam".

Vê-se que o legislador produziu regras o mais abrangentes possível ao definir o campo de sujeição passiva do IR. Contribuinte do imposto será qualquer pessoa física ou jurídica, desde que obtenha disponibilidade de renda ou proventos acima de certos limites estabelecidos por lei. O CTN também estabeleceu que lei pode atribuir à fonte pagadora da renda a responsabilidade pela retenção e recolhimento do imposto, mecanismo de sujeição passiva indireta que visa à comodidade, praticidade e garantia da arrecadação.

Portanto, é natural e justificável, especialmente em relação ao IR, tributo que constitui o carro-chefe da arrecadação federal, que o legislador tenha autorizado que se opere com a técnica da substituição tributária, mediante a eleição de outra pessoa (agente de retenção) para compor a relação jurídica tributária em lugar do contribuinte, hipótese em que o sujeito passivo assume a condição de substituto tributário, denominado como responsável, na linguagem do CTN.

Vale destacar a lição José Minatel[27] sobre o assunto em foco, quando adverte:

> O mecanismo da substituição tributária só será legítimo se estiverem presentes os seguintes pressupostos: a) a pessoa colhida pela lei para figurar como "substituto" não pode ser alheia ao fato tributável, ou melhor, deve ser partícipe do fato tributável com o "substituído", ou, na linguagem do

27. MINATEL, *op. cit.*, p. 9.

art. 128 do CTN, "*vinculada ao fato gerador*"; b) a lei que cria a substituição deve permitir ao "substituto" ressarcir-se, perante o "substituído", do encargo econômico da obrigação tributária que lhe é atribuída, assegurando que o "substituto" não seja onerado com recursos próprios no cumprimento da obrigação. O cumprimento desse requisito viabiliza-se, via de regra, pela sistemática de retenção na fonte; c) a regra da substituição deve ser idealizada e calibrada levando em conta as características do "substituído" (que é o verdadeiro "contribuinte") e do fato que lhe diz respeito, mirando inclusive para as suas particularidades e qualidades subjetivas se o tributo incidente é do tipo direto e pessoal. Só depois dessa inteira subsunção é pertinente a troca da pessoa do "substituído" pela do "substituto", unicamente para compor o pólo passivo da relação jurídica tributária; d) portanto, "substituto" e "substituído" devem estar ao alcance da mesma autoridade administrativa que vai figurar no pólo ativo da relação jurídica tributária, ou seja, ambos devem estar submetidos ao império da lei que cria o tributo e implementa a técnica da substituição tributária.

Não obstante seja minoritária, há uma corrente doutrinária que entende ser equivocado qualificar a retenção do imposto como substituição tributária, sustentando que[28] "a retenção na fonte não produz alteração do pólo passivo da relação exacional, ao contrário da substituição tributária", de modo que sua natureza é de verdadeira obrigação instrumental.

Acontece que a concepção de que a fonte pagadora é sujeito passivo da obrigação tributária está reforçada pelo disposto no parágrafo único do art. 45 do CTN, que permite que a ela (fonte pagadora) seja atribuída a condição de responsável pelo imposto, na medida em que deve fazer sua retenção e recolhimento. Assim, havendo previsão em lei que obrigue a fonte pagadora a reter e a recolher o imposto incidente sobre tal renda ou provento, inegável que há uma situação de sujeição tributária passiva (indireta), restando configurada uma hipótese de substituição tributária. Trilhando essa linha de raciocínio, Julia de Menezes Nogueira[29] afirma que:

> No momento da retenção não há adimplemento de obrigação tributária alguma pelo beneficiário dos rendimentos. Comprova isso a circunstância de que a declaração pelos contribuintes, como devedor do imposto sobre a renda na fonte – DIRF, que representa a norma individual e concreta do

28. IBRAHIM, Fábio Zambitte. *A Retenção na Fonte como Obrigação Instrumental. Aplicações no Custeio Previdenciário*. Niterói: Impetus, 2008. p. 57.
29. NOGUEIRA, *op. cit.*, p. 118-119.

imposto, quanto o respectivo documento de arrecadação de receitas federais – DARF são preenchidos em nome da fonte pagadora, como autêntico sujeito passivo da obrigação tributária.

Ademais, na hipótese da fonte pagadora não efetivar a retenção do imposto, fica ela obrigada a proceder ao recolhimento, conforme estabelece o art. 722 do RIR/99 (Decreto nº 3.000/99).

5.4. A DISCIPLINA DO IMPOSTO DE RENDA NA LEGISLAÇÃO ORDINÁRIA

De acordo com Marcelo Magalhães Peixoto[30], o IR foi instituído no Brasil em 1922, por meio da Lei nº 4.625, de 31/12/22, conhecida como "Lei de Orçamento", sendo que o lançamento e arrecadação do então novo tributo deveriam começar no ano de 1924. Entretanto, 01 (um) ano antes de sua efetiva instituição, aprovou-se a Lei nº 4.783, de 31/12/1923, efetivando-se uma emenda na Lei nº 4.625/22 para se fixar a incidência do imposto sobre os "rendimentos" cuja classificação trazia.

Em 1934, já na chamada Era Vargas, o IR passou a ter previsão constitucional e sua competência impositiva ficou a cargo da União, tendo-se tornado, ao longo dos anos, o imposto mais importante e o mais rentável do Sistema Tributário Nacional.

Atualmente, na legislação tributária brasileira, o IR está disciplinado de maneira específica no que toca às pessoas físicas, às pessoas jurídicas e nos casos em que há incidência na fonte. Embora seja um imposto de base constitucional única, as regras atinentes ao imposto de renda das pessoas físicas (IRPF) são muito diferentes das relativas ao imposto de rendas das pessoas jurídicas (IRPJ). Ricardo Lobo Torres[31] salienta que:

> A distinção entre imposto de renda das pessoas físicas e das pessoas jurídicas, assunto da maior relevância para a cobrança do tributo, foi deixada à legislação ordinária, o que permite os periódicos ajustamentos entre aquelas incidências sem a necessidade de reforma da CF ou da lei complementar.

O IRPF está disciplinado basicamente pela Lei nº 7.713/88 e pela Lei nº 9.250/95. A primeira instituiu o imposto após a publicação da Carta da República de 1988, estabelecendo o seguinte:

30. PEIXOTO, *op. cit.*, p. 2.
31. TORRES, *op. cit.*, p. 325.

Art. 1º Os rendimentos e ganhos de capital percebidos a partir de 1º de janeiro de 1989, por pessoas físicas residentes ou domiciliados no Brasil, serão tributados pelo imposto de renda na forma da legislação vigente, com as modificações introduzidas por esta Lei.

Art. 2º O imposto de renda das pessoas físicas será devido, mensalmente, à medida em que os rendimentos e ganhos de capital forem percebidos.

Art. 3º O imposto incidirá sobre o rendimento bruto, sem qualquer dedução, ressalvado o disposto nos arts. 9º a 14 desta Lei.

§ 1º Constituem rendimento bruto todo o produto do capital, do trabalho ou da combinação de ambos, os alimentos e pensões percebidos em dinheiro, e ainda os proventos de qualquer natureza, assim também entendidos os acréscimos patrimoniais não correspondentes aos rendimentos declarados.

§ 2º Integrará o rendimento bruto, como ganho de capital, o resultado da soma dos ganhos auferidos no mês, decorrentes de alienação de bens ou direitos de qualquer natureza, considerando-se como ganho a diferença positiva entre o valor de transmissão do bem ou direito e o respectivo custo de aquisição corrigido monetariamente, observado o disposto nos arts. 15 a 22 desta Lei.

§ 3º Na apuração do ganho de capital serão consideradas as operações que importem alienação, a qualquer título, de bens ou direitos ou cessão ou promessa de cessão de direitos à sua aquisição, tais como as realizadas por compra e venda, permuta, adjudicação, desapropriação, dação em pagamento, doação, procuração em causa própria, promessa de compra e venda, cessão de direitos ou promessa de cessão de direitos e contratos afins.

§ 4º A tributação independe da denominação dos rendimentos, títulos ou direitos, da localização, condição jurídica ou nacionalidade da fonte, da origem dos bens produtores da renda, e da forma de percepção das rendas ou proventos, bastando, para a incidência do imposto, o benefício do contribuinte por qualquer forma e a qualquer título.

§ 5º Ficam revogados todos os dispositivos legais concessivos de isenção ou exclusão, da base de cálculo do imposto de renda das pessoas físicas, de rendimentos e proventos de qualquer natureza, bem como os que autorizam redução do imposto por investimento de interesse econômico ou social.

§ 6º Ficam revogados todos os dispositivos legais que autorizam deduções cedulares ou abatimentos da renda bruta do contribuinte, para efeito de incidência do imposto de renda.

Art. 4º Fica suprimida a classificação por cédulas dos rendimentos e ganhos de capital percebidos pelas pessoas físicas.

Art. 5º Salvo disposição em contrário, o imposto retido na fonte sobre rendimentos e ganhos de capital percebidos por pessoas físicas será considerado redução do apurado na forma dos arts. 23 e 24 desta Lei.

No seu artigo 6º, a Lei 7.713/88 trouxe várias hipóteses de isenção do IRPF. Vale transcrever o dispositivo legal:

> Art. 6º Ficam isentos do imposto de renda os seguintes rendimentos percebidos por pessoas físicas:
>
> I - a alimentação, o transporte e os uniformes ou vestimentas especiais de trabalho, fornecidos gratuitamente pelo empregador a seus empregados, ou a diferença entre o preço cobrado e o valor de mercado;
>
> II - as diárias destinadas, exclusivamente, ao pagamento de despesas de alimentação e pousada, por serviço eventual realizado em município diferente do da sede de trabalho;
>
> III - o valor locativo do prédio construído, quando ocupado por seu proprietário ou cedido gratuitamente para uso do cônjuge ou de parentes de primeiro grau;
>
> IV - as indenizações por acidentes de trabalho;
>
> V - a indenização e o aviso prévio pagos por despedida ou rescisão de contrato de trabalho, até o limite garantido por lei, bem como o montante recebido pelos empregados e diretores, ou respectivos beneficiários, referente aos depósitos, juros e correção monetária creditados em contas vinculadas, nos termos da legislação do Fundo de Garantia do Tempo de Serviço;
>
> VI - o montante dos depósitos, juros, correção monetária e quotas-partes creditados em contas individuais pelo Programa de Integração Social e pelo Programa de Formação do Patrimônio do Servidor Público;
>
> VII - os seguros recebidos de entidades de previdência privada decorrentes de morte ou invalidez permanente do participante. (Redação dada pela Lei nº 9.250, de 1995)
>
> VIII - as contribuições pagas pelos empregadores relativas a programas de previdência privada em favor de seus empregados e dirigentes;
>
> IX - os valores resgatados dos Planos de Poupança e Investimento - PAIT, de que trata o Decreto-Lei nº 2.292, de 21 de novembro de 1986, relativamente à parcela correspondente às contribuições efetuadas pelo participante;
>
> X - as contribuições empresariais a Plano de Poupança e Investimento - PAIT, a que se refere o art. 5º, § 2º, do Decreto-Lei nº 2.292, de 21 de novembro de 1986;
>
> XI - o pecúlio recebido pelos aposentados que voltam a trabalhar em atividade sujeita ao regime previdenciário, quando dela se afastarem, e pelos trabalhadores que ingressarem nesse regime após completarem sessenta anos de idade, pago pelo Instituto Nacional de Previdência Social ao segurado ou a seus dependentes, após sua morte, nos termos do art. 1º da Lei nº 6.243, de 24 de setembro de 1975;

XII - as pensões e os proventos concedidos de acordo com os Decretos-Leis, nºs 8.794 e 8.795, de 23 de janeiro de 1946, e Lei nº 2.579, de 23 de agosto de 1955, e art. 30 da Lei nº 4.242, de 17 de julho de 1963, em decorrência de reforma ou falecimento de ex-combatente da Força Expedicionária Brasileira;

XIII - capital das apólices de seguro ou pecúlio pago por morte do segurado, bem como os prêmios de seguro restituídos em qualquer caso, inclusive no de renúncia do contrato;

XIV – os proventos de aposentadoria ou reforma motivada por acidente em serviço e os percebidos pelos portadores de moléstia profissional, tuberculose ativa, alienação mental, esclerose múltipla, neoplasia maligna, cegueira, hanseníase, paralisia irreversível e incapacitante, cardiopatia grave, doença de Parkinson, espondiloartrose anquilosante, nefropatia grave, hepatopatia grave, estados avançados da doença de Paget (osteíte deformante), contaminação por radiação, síndrome da imunodeficiência adquirida, com base em conclusão da medicina especializada, mesmo que a doença tenha sido contraída depois da aposentadoria ou reforma; (Redação dada pela Lei nº 11.052, de 2004)

XV - os rendimentos provenientes de aposentadoria e pensão, de transferência para a reserva remunerada ou de reforma pagos pela Previdência Social da União, dos Estados, do Distrito Federal e dos Municípios, por qualquer pessoa jurídica de direito público interno ou por entidade de previdência privada, a partir do mês em que o contribuinte completar 65 (sessenta e cinco) anos de idade, sem prejuízo da parcela isenta prevista na tabela de incidência mensal do imposto, até o valor de: (Redação dada pela Lei nº 11.482, de 2007)

a) R$ 1.313,69 (mil, trezentos e treze reais e sessenta e nove centavos), por mês, para o ano-calendário de 2007; (Incluído pela Lei nº 11.482, de 2007)

b) R$ 1.372,81 (mil, trezentos e setenta e dois reais e oitenta e um centavos), por mês, para o ano-calendário de 2008; (Incluído pela Lei nº 11.482, de 2007)

c) R$ 1.434,59 (mil, quatrocentos e trinta e quatro reais e cinqüenta e nove centavos), por mês, para o ano-calendário de 2009; (Incluído pela Lei nº 11.482, de 2007)

d) R$ 1.499,15 (mil, quatrocentos e noventa e nove reais e quinze centavos), por mês, para o ano-calendário de 2010; (Redação dada pela Lei nº 12.469, de 2011)

e) R$ 1.566,61 (mil, quinhentos e sessenta e seis reais e sessenta e um centavos), por mês, para o ano-calendário de 2011; (Incluída pela Lei nº 12.469, de 2011)

f) R$ 1.637,11 (mil, seiscentos e trinta e sete reais e onze centavos), por mês, para o ano-calendário de 2012; (Incluída pela Lei nº 12.469, de 2011)

g) R$ 1.710,78 (mil, setecentos e dez reais e setenta e oito centavos), por mês, para o ano-calendário de 2013; (Incluída pela Lei nº 12.469, de 2011)

h) R$ 1.787,77 (mil, setecentos e oitenta e sete reais e setenta e sete centavos), por mês, a partir do ano-calendário de 2014. (Incluída pela Lei nº 12.469, de 2011)

XVI - o valor dos bens adquiridos por doação ou herança;

XVII - os valores decorrentes de aumento de capital:

a) mediante a incorporação de reservas ou lucros que tenham sido tributados na forma do art. 36 desta Lei;

b) efetuado com observância do disposto no art. 63 do Decreto-Lei nº 1.598, de 26 de dezembro de 1977, relativamente aos lucros apurados em períodos-base encerrados anteriormente à vigência desta Lei;

XVIII - a correção monetária de investimentos, calculada aos mesmos índices aprovados para os Bônus do Tesouro Nacional - BTN, e desde que seu pagamento ou crédito ocorra em intervalos não inferiores a trinta dias; (Redação dada pela Lei nº 7.799, de 1989)

XIX - a diferença entre o valor de aplicação e o de resgate de quotas de fundos de aplicações de curto prazo;

XX - ajuda de custo destinada a atender às despesas com transporte, frete e locomoção do beneficiado e seus familiares, em caso de remoção de um município para outro, sujeita à comprovação posterior pelo contribuinte.

XXI - os valores recebidos a título de pensão quando o beneficiário desse rendimento for portador das doenças relacionadas no inciso XIV deste artigo, exceto as decorrentes de moléstia profissional, com base em conclusão da medicina especializada, mesmo que a doença tenha sido contraída após a concessão da pensão. (Incluído pela Lei nº 8.541, de 1992) (Vide Lei 9.250, de 1995)

XXII - os valores pagos em espécie pelos Estados, Distrito Federal e Municípios, relativos ao Imposto sobre Operações relativas à Circulação de Mercadorias e sobre Prestações de Serviços de Transporte Interestadual e Intermunicipal e de Comunicação - ICMS e ao Imposto sobre Serviços de Qualquer Natureza - ISS, no âmbito de programas de concessão de crédito voltados ao estímulo à solicitação de documento fiscal na aquisição de mercadorias e serviços. (Incluído pela Lei nº 11.945, de 2009).(Produção de efeitos).

Parágrafo único. O disposto no inciso XXII do *caput* deste artigo não se aplica aos prêmios recebidos por meio de sorteios, em espécie, bens ou serviços, no âmbito dos referidos programas. (Incluído pela Lei nº 11.945, de 2009) (Produção de efeitos)

A Lei nº 9.250/95, no seu artigo 3º, estabeleceu que o IRPF será calculado de acordo com uma tabela progressiva em Reais. A Lei nº 11.482, de 31 de maio de 2007, estabeleceu as tabelas progressivas mensais para o IRPJ para os anos-calendários de 2007, 2008 e 2009.

O art. 4º da Lei nº 9.250/95 ainda elenca que parcelas poderão ser deduzidas para determinação da base de cálculo sujeita à incidência mensal do IR, conforme segue:

> Art. 4º. Na determinação da base de cálculo sujeita à incidência mensal do imposto de renda poderão ser deduzidas: (Vide Lei nº 11.311, de 2006)
>
> I - a soma dos valores referidos no art. 6º da Lei nº 8.134, de 27 de dezembro de 1990;
>
> II – as importâncias pagas a título de pensão alimentícia em face das normas do Direito de Família, quando em cumprimento de decisão judicial, inclusive a prestação de alimentos provisionais, de acordo homologado judicialmente, ou de escritura pública a que se refere o art. 1.124-A da Lei nº 5.869, de 11 de janeiro de 1973 - Código de Processo Civil; (Redação dada pela Lei nº 11.727, de 2008)
>
> III - a quantia, por dependente, de: (Redação dada pela Lei nº 11.482, de 2007)
>
> a) R$ 132,05 (cento e trinta e dois reais e cinco centavos), para o ano-calendário de 2007; (Incluído pela Lei nº 11.482, de 2007)
>
> b) R$ 137,99 (cento e trinta e sete reais e noventa e nove centavos), para o ano-calendário de 2008; (Incluído pela Lei nº 11.482, de 2007)
>
> c) R$ 144,20 (cento e quarenta e quatro reais e vinte centavos), para o ano-calendário de 2009; (Incluído pela Lei nº 11.482, de 2007)
>
> d) R$ 150,69 (cento e cinquenta reais e sessenta e nove centavos), para o ano-calendário de 2010; (Redação dada pela Lei nº 12.469, de 2011)
>
> e) R$ 157,47 (cento e cinquenta e sete reais e quarenta e sete centavos), para o ano-calendário de 2011; (Incluído pela Lei nº 12.469, de 2011)
>
> f) R$ 164,56 (cento e sessenta e quatro reais e cinquenta e seis centavos), para o ano-calendário de 2012; (Incluído pela Lei nº 12.469, de 2011)
>
> g) R$ 171,97 (cento e setenta e um reais e noventa e sete centavos), para o ano-calendário de 2013; (Incluído pela Lei nº 12.469, de 2011)
>
> h) R$ 179,71 (cento e setenta e nove reais e setenta e um centavos), a partir do ano-calendário de 2014; (Incluído pela Lei nº 12.469, de 2011)
>
> IV - as contribuições para a Previdência Social da União, dos Estados, do Distrito Federal e dos Municípios;

V - as contribuições para as entidades de previdência privada domiciliadas no País, cujo ônus tenha sido do contribuinte, destinadas a custear benefícios complementares assemelhados aos da Previdência Social;

VI - a quantia, correspondente à parcela isenta dos rendimentos provenientes de aposentadoria e pensão, transferência para a reserva remunerada ou reforma, pagos pela Previdência Social da União, dos Estados, do Distrito Federal e dos Municípios, por qualquer pessoa jurídica de direito público interno ou por entidade de previdência privada, a partir do mês em que o contribuinte completar 65 (sessenta e cinco) anos de idade, de: (Redação dada pela Lei nº 11.482, de 2007)

a) R$ 1.313,69 (mil, trezentos e treze reais e sessenta e nove centavos), por mês, para o ano-calendário de 2007; (Incluído pela Lei nº 11.482, de 2007)

b) R$ 1.372,81 (mil, trezentos e setenta e dois reais e oitenta e um centavos), por mês, para o ano-calendário de 2008; (Incluído pela Lei nº 11.482, de 2007)

c) R$ 1.434,59 (mil, quatrocentos e trinta e quatro reais e cinqüenta e nove centavos), por mês, para o ano-calendário de 2009; (Incluído pela Lei nº 11.482, de 2007)

d) R$ 1.499,15 (mil, quatrocentos e noventa e nove reais e quinze centavos), por mês, para o ano-calendário de 2010; (Redação dada pela Lei nº 12.469, de 2011)

e) R$ 1.566,61 (mil, quinhentos e sessenta e seis reais e sessenta e um centavos), por mês, para o ano-calendário de 2011; (Incluído pela Lei nº 12.469, de 2011)

f) R$ 1.637,11 (mil, seiscentos e trinta e sete reais e onze centavos), por mês, para o ano-calendário de 2012; (Incluído pela Lei nº 12.469, de 2011)

g) R$ 1.710,78 (mil, setecentos e dez reais e setenta e oito centavos), por mês, para o ano-calendário de 2013; (Incluído pela Lei nº 12.469, de 2011)

h) R$ 1.787,77 (mil, setecentos e oitenta e sete reais e setenta e sete centavos), por mês, a partir do ano-calendário de 2014.(Incluído pela Lei nº 12.469, de 2011)

Parágrafo único. A dedução permitida pelo inciso V aplica-se exclusivamente à base de cálculo relativa a rendimentos do trabalho com vínculo empregatício ou de administradores, assegurada, nos demais casos, a dedução dos valores pagos a esse título, por ocasião da apuração da base de cálculo do imposto devido no ano-calendário, conforme disposto na alínea e do inciso II do art. 8º desta Lei.

A lei em comento ainda fixou, no seu art. 6º, que "os rendimentos recebidos de fontes situadas no exterior, sujeitos à tributação no Brasil, bem como o imposto pago no exterior, serão convertidos em Reais mediante utilização do valor do dólar dos Estados Unidos da América fixado para compra pelo Banco Central do Brasil para o último dia útil da primeira quinzena do mês anterior ao do recebimento do rendimento".

O artigo 7º cuidou da declaração anual de rendimentos, fixando que:

> Art. 7º A pessoa física deverá apurar o saldo em Reais do imposto a pagar ou o valor a ser restituído, relativamente aos rendimentos percebidos no ano-calendário, e apresentar anualmente, até o último dia útil do mês de abril do ano-calendário subseqüente, declaração de rendimentos em modelo aprovado pela Secretaria da Receita Federal.

Como se vê, essas leis, alteradas e acrescidas por várias outras, delineiam o regime jurídico do IRPF, inclusive no que toca à chamada tributação instantânea ou por antecipação, que será mais adiante estudada, tendo em conta o objeto deste trabalho. Aliás, em relação ao imposto de renda retido na fonte (IRRF) há uma série de normas próprias aplicáveis, sobretudo porque a retenção na fonte consiste em mecanismo de garantia de arrecadação. Esse mecanismo nos últimos tempos tem sido bastante empregado pelo legislador ordinário, pois, além de eficaz instrumento de arrecadação, gera praticidade e comodidade ao fisco.

Fabio Zambitte Ibrahim[32] esclarece que a retenção do IR foi trazida pelo Decreto nº 17.390/1926, mas ficou restrita às hipóteses de pagamento a residentes fora do país. O Decreto nº 4.178/1942 estendeu a possibilidade retenção para algumas outras situações, mas a generalização da retenção do IR pela fonte pagadora ocorreu com o advento da Lei nº 7.713/88. Veja-se o que dispõe seu art. 7º:

> Art. 7º Ficam sujeito à incidência do imposto de renda na fonte, calculado de acordo com o disposto no art. 25 desta Lei:
>
> I - os rendimentos do trabalho assalariado, pagos ou creditados por pessoas físicas ou jurídicas;
>
> II - os demais rendimentos percebidos por pessoas físicas, que não estejam sujeitos à tributação exclusiva na fonte, pagos ou creditados por pessoas jurídicas.
>
> § 1º O imposto a que se refere este artigo será retido por ocasião de cada pagamento ou crédito e, se houver mais de um pagamento ou crédito, pela

32. IBRAHIM, *op. cit.*, p. 56.

> mesma fonte pagadora, aplicar-se-á a alíquota correspondente à soma dos rendimentos pagos ou creditados à pessoa física no mês, a qualquer título.

Sobre o assunto, tratar-se-á mais adiante de modo mais detalhado.

Já o imposto de renda de pessoa jurídica (IRPJ) tem suas balizas definidas nas Leis de nº 8.981/95, 9.249/95 e de nº 9.430/96. Esses diplomas legais traçam todo o regramento atinente à apuração e ao pagamento do IR devido pelas pessoas jurídicas que atuam no país. O já citado professor Lobo Torres[33], em relação ao IRPJ, destaca que, "depois das Leis nº 8.383/91 e 8.541/92, passou também a ser mensal, apurando-se a cada mês a base de cálculo e o valor do imposto, compensando-se os prejuízos de um mês com os lucros dos meses seguintes e consolidando-se os resultados mensais auferidos de janeiro a dezembro na declaração anual de ajuste."

Vale registrar que o Decreto nº 3.000, de 26 de março de 1999, regulamenta a tributação, fiscalização, arrecadação e administração, tanto do IRPF como do IRPJ.

5.5. A TRIBUTAÇÃO DA RENDA SEGUNDO A CAPACIDADE CONTRIBUTIVA DE CADA SUJEITO PASSIVO

Desde sua criação em 1922 e depois que ingressou no rol constitucional de tributos em 1934, o imposto sobre a renda passou a ser expandido a cada ano. Com as modificações e aperfeiçoamento na legislação, foi-se consolidando como o tributo mais importante do sistema fiscal brasileiro, tornando-se a principal fonte de receita tributária do país.

Sacha Calmon Navarro Coêlho[34] leciona que:

> O imposto de renda no Brasil, em sua primeira fase, incidiu sobre os salários. Na segunda fase, sobre outras rendas. Na terceira fase avançou para os proventos de qualquer natureza, que não possuem definição própria e são conceituados por derivação do conceito de renda, que o produto do capital, do trabalho e da combinação de ambos.

Nas últimas décadas, à medida que se consolidaram pelo mundo os modelos de Estados de Direito, as reformas tributárias começaram a denotar

---

33. TORRES, *op. cit.*, p. 325.

34. COÊLHO, Sacha Calmon Navarro. *Curso de Direito Tributário Brasileiro.* 9ª ed. rev. e atual. Rio de Janeiro: Forense, 2006. p. 498.

a preocupação de ajustar os respectivos sistemas tributários ao princípio da capacidade contributiva. Ricardo Lobo Torres[35] ensina:

> A capacidade contributiva se subordina à idéia de justiça distributiva. Manda que cada qual pague o imposto de acordo com a sua riqueza, atribuindo conteúdo ao vetusto critério de que a justiça consiste em dar a cada um o que é seu (*suum cuique tribuere*) e que se tornou uma das "regras de ouro" para se obter a verdadeira justiça distributiva. Existe igualdade no tributar cada qual de acordo com a sua capacidade contributiva, mas essa tributação produz resultados desiguais por se desigualarem as capacidades contributivas individuais.

Luciano Amaro[36], na mesma linha de entendimento, afirma que:

> O princípio da capacidade contributiva inspira-se na ordem natural das coisas: onde não houver riqueza é inútil instituir imposto, do mesmo modo que em terra seca não adianta abrir poço à busca de água. Porém, na formulação jurídica do princípio, não se quer apenas preservar a eficácia da lei de incidência (no sentido de que esta não caia no vazio, por falta de riqueza que suporte o imposto); além disso, quer-se preservar o contribuinte, buscando evitar que uma tributação excessiva (inadequada à sua capacidade contributiva) comprometa os seus meios de subsistência, ou o livre exercício de sua profissão, ou a livre exploração de sua empresa, ou o exercício de outros direitos fundamentais, já que tudo isso relativiza sua capacidade econômica. (...) O postulado em exame avizinha-se do princípio da igualdade, na medida em que, ao adequar-se o tributo à capacidade dos contribuintes, deve-se buscar um modelo de incidência que não ignore as diferenças (de riqueza) evidenciadas nas diversas situações eleitas como suporte de imposição. E isso corresponde a um dos aspectos da igualdade, que é o tratamento desigual para os desiguais.

Destarte, para exercer seu poder de tributar, o Estado deve observar as limitações impostas no Texto Constitucional, dentre as quais está o princípio da capacidade contributiva, previsto no art. 145, § 1º, da Constituição Federal de 1988, que estabelece:

> Sempre que possível, os impostos terão caráter pessoal e serão graduados segundo a capacidade econômica do contribuinte, facultado à administração

35. TORRES, *op. cit.*, p. 83.
36. AMARO, Luciano. *Direito Tributário Brasileiro*. 13ª ed. rev. São Paulo: Saraiva, 2007. p. 138-139.

> tributária, especialmente para conferir efetividade a esses objetivos, identificar, respeitados os direitos individuais e nos termos da lei, o patrimônio, os rendimentos e as atividades econômicas do contribuinte.

Ainda, a fim de dar maior concretude ao princípio em comento no que toca ao IR, o legislador constitucional originário determinou que tal tributo "será informado pelos critérios da generalidade, da universalidade e da *progressividade*, na forma da lei" (art. 153, § 2º, I, CF/88). Portanto, como realça José Minatel[37], "a estipulação de alíquotas progressivas para o imposto sobre a renda é exigência constitucional, graduação que procura dar efetividade ao princípio da capacidade contributiva, no sentido de que quanto maior o volume de renda, maior deverá ser a alíquota utilizada para cálculo do respectivo imposto".

O imposto sobre a renda é o tributo em que mais fica destacado o princípio da capacidade contributiva (art. 145, § 1º, CF/88). E é exatamente na apuração da renda tributável do sujeito passivo que o aplicador da lei deve ter bem presente o aludido princípio constitucional, interpretando as normas de modo que não se permita uma maior oneração daqueles que têm menor capacidade econômica.

José Afonso da Silva[38], de modo preciso, assevera:

> O IR, graças à flexibilidade de sua incidência, é capaz de promover a expansão econômica e corrigir as desigualdades da distribuição da renda social entre os indivíduos e entre as regiões do país, mas isso não tem sido assim entre nós, pois sua administração fá-lo incidir mais onerosamente sobre as classes média-baixa e média-alta do que sobre as classes de rendas mais elevadas.

Urge, enfim, que o legislador e o operador do direito ajam de modo a dar efetividade ao princípio constitucional da capacidade contributiva do contribuinte, fazendo valer o propósito do constituinte originário de que "aquele que ganha mais deve pagar mais". Não se pode olvidar que o IR, a par de sua função fiscal, também tem a missão de realizar os ideais de justiça distributiva, de sorte que os cidadãos contribuam para as despesas públicas na proporção de sua capacidade econômica.

Os contribuintes assalariados vêm sofrendo com a insuficiente correção da tabela progressiva do imposto de renda, bem assim, como se verá, em função

---

37. MINATEL, *op. cit.*, p. 6.

38. SILVA, José Afonso da. *Curso de Direito Constitucional Positivo*. 22 ed. São Paulo: Malheiros, 2003.

da tributação indevida ou excessiva ocorrida nas hipóteses de pagamentos de rendimentos acumulados por força de decisão judicial, isso por força de comandos legais que às vezes são aplicados de maneira dissociada dos relevantes princípios constitucionais consagrados na Carta da República de 1988.

5.6. O REGIME DE TRIBUTAÇÃO NA FONTE. O SISTEMA DE ANTECIPAÇÃO DO IMPOSTO

O regime de tributação do IR na fonte foi instituído no Brasil pelo Decreto nº 17.390/1926, mas ficou restrito às hipóteses de pagamento a residentes fora do país. Aliomar Baleeiro[39] esclarece que o IRRF ou IR/Fonte surgiu "por razões de praticidade ou pelas limitações territoriais da lei brasileira, como incidência única e exclusiva, cabendo às fontes pagadoras reter e recolher o tributo à repartição competente."

O Código Tributário Nacional (Lei nº 5.172/1966) previu no parágrafo único do seu art. 45 que "a lei pode atribuir à fonte pagadora da renda ou dos proventos tributáveis a condição de responsável pelo imposto cuja retenção e recolhimento lhe caibam". Ao comentar esse comando legal, Baleeiro[40] asseverou:

> Por simples facilidade ou comodidade de arrecadação e controle, a lei poderá determinar que a fonte pagadora da renda ou dos proventos assuma a posição de responsável pelo tributo, calculando-o, descontando-o do pagamento ao titular, e recolhendo-o, nos prazos, à repartição arrecadadora. É a técnica da retenção ou desconto na fonte (*stoppage at source; pay as you go*, ou *pay as you earn*), que imprime eficiência maior à máquina de arrecadação do imposto sobre a renda, já porque previne a sonegação ou a displicência do titular dos créditos, já porque funciona com mais rapidez, comodidade, simplicidade e economia.

A atual Constituição Brasileira fez duas referências à incidência do IR na fonte[41], *verbis*:

39. BALEEIRO, *op. cit.*, p. 314.
40. ibidem, p. 313.
41. Nessas duas hipóteses constitucionais, a própria titularidade do IR é repassada aos entes políticos ali referidos. Por conseguinte, devem ser travadas na Justiça Estadual as discussões sobre a retenção de valores a título de IR dos servidores públicos estaduais e municipais. Não há aqui interesse da União, de modo que a Justiça Estadual é competente para processar e julgar a ações referentes a tais retenções.

> Art. 157. Pertencem aos Estados e ao Distrito Federal:
>
> I - o produto da arrecadação do imposto da União sobre renda e proventos de qualquer natureza, incidente na fonte, sobre rendimentos pagos, a qualquer título[42], por eles, suas autarquias e pelas fundações que instituírem e mantiverem;
>
> Art. 158. Pertencem aos Municípios:
>
> I - o produto da arrecadação do imposto da União sobre renda e proventos de qualquer natureza, incidente na fonte, sobre rendimentos pagos, a qualquer título, por eles, suas autarquias e pelas fundações que instituírem e mantiverem;

Destarte, se há previsão no Texto Constitucional, deve ser afastada a idéia de inconstitucionalidade de tal técnica de arrecadação do IR. Roque Antonio Carrazza[43], nesse contexto, afirma que "é aceitável a exigência de imposto sobre a renda na fonte, desde que ajustado aos grandes princípios tributários, mormente o da capacidade contributiva e da não-confiscalidade."

No sistema tributário brasileiro, a generalização da retenção do IR pela fonte pagadora ocorreu com a edição da Lei nº 7.713/88, que assim estabeleceu:

> Art. 2º O imposto de renda das pessoas físicas será devido, mensalmente, à medida em que os rendimentos e ganhos de capital forem percebidos.
>
> Art. 7º Ficam sujeito à incidência do imposto de renda na fonte, calculado de acordo com o disposto no art. 25 desta Lei:
>
> I - os rendimentos do trabalho assalariado, pagos ou creditados por pessoas físicas ou jurídicas;
>
> II - os demais rendimentos percebidos por pessoas físicas, que não estejam sujeitos à tributação exclusiva na fonte, pagos ou creditados por pessoas jurídicas.
>
> § 1º O imposto a que se refere este artigo será retido por ocasião de cada pagamento ou crédito e, se houver mais de um pagamento ou crédito, pela mesma fonte pagadora, aplicar-se-á a alíquota correspondente à soma dos rendimentos pagos ou creditados à pessoa física no mês, a qualquer título.

O legislador ordinário, autorizado pelo constituinte originário e pelo CTN, expandiu totalmente a mecanismo de retenção da fonte, que antes

42. Inclusive por força de decisão judicial.
43. CARRAZZA, *op. cit.*, p. 43.

ficava restrito a poucas situações, tudo com o propósito de tornar mais eficaz e fácil a arrecadação.

Lecionando sobre o instituto da retenção do imposto de renda na fonte, o já citado Aliomar Baleeiro[44], saudoso professor e Ministro aposentado do STF, disse:

> Não configura, em nenhum caso, tributo diferente do imposto de renda, mas, antes, deve ser analisado como mera antecipação de imposto que se presume devido. Se, ao final do ano-base em que está periodizado, o imposto não for devido, em decorrência de saídas-despesas elevadas, deverá ser devolvido ao contribuinte. O que importa é que, ao final do período, a hipótese do imposto tem de ocorrer – excedente dos rendimentos auferidos em relação aos gastos necessários, ou existência de acréscimos patrimoniais – sob pena de haver pagamento de tributo indevido, sem causa, sujeito à repetição. A regra é sempre de que imposto de renda-fonte é antecipação do imposto de renda, que se presume devido, no momento da retenção.

Portanto, o contribuinte que perceber rendimentos de pessoa jurídica terá o imposto de renda retido por ocasião do pagamento, nos termos da lei. O imposto retido nessa sistemática ao longo do ano-base tem natureza de antecipação e será deduzido do apurado por ocasião do ajuste anual, ou seja, os valores retidos pela fonte pagadora são abatidos, evitando-se dupla tributação dos mesmos rendimentos. Na declaração anual de ajuste, a ser entregue ao fisco até o final de mês de abril do ano seguinte (ano do exercício), será apurado se o contribuinte ainda deve recolher IR ou se tem direito à restituição de valor que eventualmente tenha sido retido a maior.

Leandro Paulsen[45], cuidando do tema, lembra que o IR é um tributo de periodicidade anual, mas que:

> (...) a legislação impõe ao contribuinte que, durante o próprio curso do ano-calendário, faça antecipações mensais de pagamento conforme a renda e proventos verificados. Encerrado o ano-calendário, o contribuinte deve apurar as rendas e proventos cuja disponibilidade tenha adquirido e calcular o saldo a pagar a ter restituído, se pagou a maio, prestando declaração de rendimentos/de ajuste (obrigação acessória) até 30 de abril posterior ao encerramento do ano-calendário. No mesmo prazo, deve efetuar o pagamento

44. BALEEIRO, *op. cit.*, p. 314.
45. PAULSEN, *op. cit.*, p. 702.

do saldo a pagar (se os recolhimentos antecipados não cobriram todo o montante devido com relação à renda e aos proventos do ano-calendário), podendo optar por um parcelamento".

Para viabilizar o controle do fisco, a fonte pagadora ou a instituição bancária, conforme o caso, deve, na forma, prazo e condições estabelecidas pela Receita Federal do Brasil, fornecer à pessoa física ou jurídica beneficiária o Comprovante de Rendimentos Pagos e de Retenção do Imposto de Renda na Fonte e apresentar à repartição fiscal a Declaração do Imposto de Renda Retido na Fonte (DIRF).

Por conta de expansão assustadora da tributação na fonte[46], Ricardo Lobo Torres[47] assinala que, nos últimos anos, o IR/Fonte chegou ao sistema de bases correntes, ou seja, a sua cobrança se faz por retenção na fonte (salários e ganhos de capital) e por pagamento mensal, de modo que a declaração anual, em verdade, passou refletir insignificante ajustamento, para mais ou para menos, do que se pagou antecipadamente no ano-base.

Desse modo, tem-se como justa e pertinente a crítica daqueles que dizem que o IR de certo modo se transformou num imposto sobre "rendimentos". De fato, a rigor, a tributação antecipada ou instantânea não se dá sobre o fato gerador da exação, que supõe renda, mas sobre os rendimentos brutos do trabalhador assalariado. Embora a doutrina e os tribunais brasileiros reputem essa técnica válida e em harmonia com os princípios constitucionais tributários, pode-se entender que esse mecanismo de alguma forma ofende os princípios constitucionais que orientam a tributação da renda (pessoalidade, generalidade, universalidade e progressividade)[48]. Assim, como forma de contrabalancear essa situação desfavorável ao contribuinte, Roque Antonio Carrazza[49] assinala que:

---

46. No ano passado, o IR - incluindo o pago por empresas-- respondeu por uma arrecadação de R$ 160,137 bilhões. Deste valor, mais R$ 42,347 bilhões foram obtidos através da retenção na fonte do trabalho assalariado. Fonte: Receita Federal do Brasil.
47. TORRES, *op. cit.*, p. 325.
48. Nesse sentido é a sustentação de Ricardo Marins Oliveira, para quem "a seletividade da tributação em separado de determinadas rendas, contraria a norma constitucional ora discutida, além de violar os critérios da generalidade e da progressividade, assim como o da universalidade por distinguir pessoas em decorrência das atividades de onde extraem seus ganhos." (*apud* PEIXOTO, Marcelo Magalhães. *Imposto sobre renda ou rendimentos?* Disponível em: <http://jus2.uol.com.br/doutrina/texto.asp?id=2347>. Acesso em: 06 ago. 2008).
49. CARRAZZA, *op. cit.*, p. 45.

> O ideal seria, pois, que na própria retenção na fonte já fossem autorizados abatimentos e deduções, de modo a antecipar, o quanto possível, a restituição de montantes indevidos. Esta técnica (...) escopa evitar que o contribuinte seja compelido a aguardar, no mínimo, até o próximo exercício financeiro para só então ter a expectativa de reaver o indébito tributário, que o leigo empiricamente denomina "restituição de imposto de renda".

Vale registrar que no Parlamento Brasileiro já tramita um projeto de lei[50] que estabelece prazo de 90 (noventa) dias para a Receita Federal restitua ao contribuinte o IRRF cobrado a mais ao longo do ano-base. É um alento ao contribuinte, pois se ele deve pagar o tributo devido no prazo determinado, sob pena de multa e incidência de juros, deve também ter o direito de ver restituído dentro de certo prazo o valor a que tem direito, não sendo razoável que seja obrigado a aguardar por vários meses a repetição do indébito tributário.

5.7. A INCIDÊNCIA DO IR SOBRE RENDIMENTOS RECEBIDOS ACUMULADAMENTE (RRA) E EM CUMPRIMENTO DE DECISÃO DO PODER JUDICIÁRIO

5.7.1. O mecanismo de retenção do IR na fonte pela pessoa física ou jurídica obrigada ao pagamento

Na linha dos sistemas tributários mais avançados, o legislador brasileiro, como visto, tem frequentemente se utilizado do mecanismo da retenção na fonte. A chamada "tributação na fonte", na lição de Roque Antonio Carrazza[51], é uma oportuna e eficiente técnica de arrecadação, "porque permite que o IR alcance contribuintes que, não sendo sediados ou domiciliados no Brasil, aqui auferem rendimentos. Além disso, evita, o quanto possível, a sonegação fiscal, a evasão e a inadimplência, bem como antecipa recursos à União, permitindo-lhe acuda, com maior presteza, a seus encargos."

No tocante aos rendimentos recebidos em cumprimento de decisão judicial, a retenção na fonte era inicialmente regulada pela Lei nº 8.218/91, no seu art. 27. Esse dispositivo foi revogado pela Lei nº 8.541/92, que passou a disciplinar a matéria, estabelecendo, no seu art. 46, o seguinte:

---

50. PL 58/06, de autoria do senador Álvaro Dias (PSDB/PR).

51. CARRAZZA, *op. cit.*, p. 44.

> Art. 46. O imposto sobre a renda incidente sobre os rendimentos pagos em cumprimento de decisão judicial será retido na fonte pela pessoa física ou jurídica obrigada ao pagamento, no momento em que, por qualquer forma, o rendimento se torne disponível para o beneficiário.
>
> § 1° Fica dispensada a soma dos rendimentos pagos no mês, para aplicação da alíquota correspondente, nos casos de:
>
> I - juros e indenizações por lucros cessantes;
>
> II - honorários advocatícios;
>
> III - remuneração pela prestação de serviços de engenheiro, médico, contador, leiloeiro, perito, assistente técnico, avaliador, síndico, testamenteiro e liquidante.
>
> § 2° Quando se tratar de rendimento sujeito à aplicação da tabela progressiva, deverá ser utilizada a tabela vigente no mês de pagamento.

Valentino Aparecido de Andrade[52], ao discorrer sobre o assunto, esclarece que a técnica da retenção na fonte:

> (...) é eficazmente utilizada quando o imposto de renda incide sobre rendimentos pagos em cumprimento de decisão judicial, como forma de tornar mais fácil, cômoda e efetiva a sua arrecadação, submetida a controle do Fisco, segundo expressamente estabelece o art. 46 da Lei federal de número 8.541/1992. A parte pagadora é, por força desse dispositivo legal, erigida à condição de agente de retenção, cabendo-lhe deduzir o valor do tributo e recolhê-lo ao Fisco, tornando-se responsável pelo débito, se não cumprir o encargo legal. Ao beneficiário do pagamento (e verdadeiro contribuinte do tributo), por sua vez, caberá, mesmo se a retenção não tiver sido efetuada, incluir, em sua declaração anual de ajuste, dentre os rendimentos tributáveis, o valor recebido por força da decisão judicial.

5.7.2. A distorção na forma de materialização da retenção do IR na fonte quando a Fazenda Pública tem a obrigação de pagar

Entretanto, nos casos de rendimentos pagos por entes públicos por força de decisão judicial há uma particularidade: a posição de agente de retenção

52. ANDRADE, Valentino Aparecido. O Agente de Retenção no Imposto de Renda Incidente sobre Rendimentos Pagos em Cumprimento de Decisão Judicial. Revista Dialética de Direito Tributário, São Paulo, n. 106, p. 101-111, jul. 2004.

deve ser assumida pelo próprio sujeito ativo do tributo[53]. Diante da condenação judicial e da obrigação de pagar, cabe ao poder público disponibilizar o numerário, fazendo a retenção na fonte do valor devido, conforme determina o art. 46 da Lei nº 8.541/92, acima transcrito e em pleno vigor.

Acontece que tropeços têm havido na forma de materialização da retenção na fonte, especialmente quando a Fazenda Pública tem a obrigação de efetivar um pagamento em cumprimento de decisão judicial. Embora a Lei nº 8.541/92 estabeleça que a retenção na fonte deva ser feita "pela pessoa física ou jurídica obrigada ao pagamento", tem-se procedido como se o obrigado a efetivar retenção fosse o banco depositário. Explicando esse fenômeno, Valentino Aparecido de Andrade pontua:

> (...) Ocorre, entrementes, que alicerçado em uma equivocada interpretação do art. 46 da Lei federal de número 8.541/1992 e do artigo 718 do Regulamento do Imposto de Renda, sob color de que nos casos de depósito judicial a disponibilidade dos rendimentos só se dá no momento em que o valor é efetivamente levantado pela parte contrária (movimentação bancária), quando o valor depositado suportou a incidência do rendimento abonado pela instituição financeira beneficiária (artigo 718, § 3º), é que se entende que a fonte pagadora responsável pela retenção do valor do imposto de renda é o banco depositário. Subjaz a essa interpretação um equívoco que radica na compreensão do fato gerador desse imposto, que por isso acaba indevidamente transmudado, não apenas quanto aspecto objetivo de seu pressuposto do fato imponível – que deixa de ser a aquisição de disponibilidade jurídica dos rendimentos percebidos por força de decisão judicial, para firmar-se na movimentação financeira de valores (fato econômico que não corresponde necessariamente a um acréscimo patrimonial ou à aquisição de disponibilidade jurídica dos rendimentos) -, senão também quanto ao aspecto subjetivo que o estrutura (...). No caso do imposto de renda sobre rendimentos decorrentes de decisão judicial, cabe considerar que o fato gerador se dá no momento em que o beneficiado possua título hábil para recebê-lo, porque é nesse momento que se caracteriza a disponibilidade jurídica do rendimento. Esse título hábil é a decisão judicial que lhe confere a titularidade do valor que, pago, configura o fato de exteriorização, do qual nasce o fato gerador (instantâneo) do imposto de renda. (...) À vista do exposto, torna-se fácil compreender o motivo de o artigo 46 da Lei federal de número 8.541/1992 ter erigido a parte pagadora como agente de

53. É mais comum que o agente de retenção seja o devedor do tributo, na condição de responsável tributário. É o que ocorre, por exemplo, com o empregador, que paga o salário do empregado fazendo a retenção do IR para repassar ao fisco.

> retenção do tributo. É que a disponibilidade jurídica decorre de título hábil (sentença), do qual sobrevém o acréscimo patrimonial. Por conseqüência, ao fixar o banco depositário como agente de retenção do imposto de renda incidente sobre rendimentos pagos em cumprimento de decisão judicial, sobre lhe atribuir a responsabilidade tributária em face de um pressuposto de fato com o qual não mantém relação (esteado na decisão judicial que dá gênese ao acréscimo patrimonial), provoca-se ainda uma confusão entre os conceitos de movimentação financeira e de aquisição de riqueza.

Exceto em relação ao Juízo Trabalhista, por conta das peculiaridades das relações ali apreciadas e julgadas, também se revela equivocada a tentativa de atribuir ao Juízo da causa ou ao cartório judicial a responsabilidade pela retenção do IR nos casos de rendimentos pagos em cumprimento de decisão judicial. Essa obrigação, como restou assentado, é da parte condenada ao pagamento, que assume, por disposição de lei, a condição de agente de retenção. Nesse sentido se posiciona Leandro Paulsen[54]: "O Juízo não é fonte pagadora. Ao se determinar o pagamento de diferença salarial, caberá à fonte, condenada ao pagamento, efetuar a retenção e depositar em Juízo o montante líquido (...)".

Nesse contexto, urge que o legislador brasileiro aperfeiçoe o procedimento de cobrança do IR no que toca aos rendimentos pagos em cumprimento de decisão judicial, especialmente em relação aos casos em que a Fazenda Pública é a parte obrigada ao pagamento. Se a técnica de retenção não for corrigida, ou seja, se não for feita realmente pelo poder público condenado ao pagamento, restarão frustrados os fins que levaram à criação do mecanismo legal de retenção, já que, em vez de reter desde o logo o numerário, é depositado em conta de uma instituição bancária, em prejuízo do erário.

Todavia, na contramão da constatação acima, o Poder Executivo Federal editou a Medida Provisória nº 135/03, que depois foi convertida na Lei nº 10.833/2003. Essa lei instituiu a retenção do IR na fonte pela instituição financeira nos casos de pagamentos efetivados, por precatórios ou requisições de pequeno valor, em cumprimento de decisões da Justiça Federal e da Justiça do Trabalho. Quer-se dizer: para essas hipóteses, a lei desprezou os fins maiores da tributação na fonte, que consistem na antecipação de recursos para que o poder público possa acudir com mais presteza a seus encargos. Optou erigir a instituição financeira responsável pelo pagamento à condição de agente de retenção, de modo que, nas palavras

54. PAULSEN, *op. cit.*, p. 758.

de Valentino Andrade[55], "produziu uma das mais kafkianas aplicações da técnica da retenção do imposto de renda, não destinada a imprimir maior eficiência à arrecadação, mas sim para diretamente beneficiar a instituição financeira em que o depósito é efetuado, com evidente prejuízo ao Erário Público."

5.7.3. As regras de incidência do IR sobre rendimentos recebidos acumuladamente (RRA) por força de decisão judicial

Atualmente, há 04 (quatro) regras de tributação que disciplinam a forma de incidência do IR sobre RRA e em atraso pelo contribuinte.

O artigo 12 da Lei nº 7.713/88 traz uma regra geral nos seguintes termos:

> Art. 12. No caso de rendimentos recebidos acumuladamente, o imposto incidirá, no mês do recebimento ou crédito, sobre o total dos rendimentos, diminuídos do valor das despesas com ação judicial necessárias ao seu recebimento, inclusive de advogados, se tiverem sido pagas pelo contribuinte, sem indenização.

Por sua vez, o artigo 12-A da referida Lei nº 7.713/88, incluído pela Lei nº 12.350, de 20 de dezembro 2010, fruto de conversão da Medida Provisória nº 497, de 28 de julho de 2010, traz uma regra específica:

> Art. 12-A. Os rendimentos do trabalho e os provenientes de aposentadoria, pensão, transferência para a reserva remunerada ou reforma, pagos pela Previdência Social da União, dos Estados, do Distrito Federal e dos Municípios, quando correspondentes a anos-calendários anteriores ao do recebimento, serão tributados exclusivamente na fonte, no mês do recebimento ou crédito, em separado dos demais rendimentos recebidos no mês. (Incluído pela Lei nº 12.350, de 2010)

Da mesma forma, os artigos 27 e 28 da Lei nº 10.833/2003 também trazem regras específicas, pois disciplinam, respectivamente, a retenção de imposto de renda incidente sobre rendimentos pagos em cumprimento de decisão da Justiça Federal e da Justiça do Trabalho. Veja-se:

> Art. 27. O imposto de renda sobre os rendimentos pagos, em cumprimento de decisão da Justiça Federal, mediante precatório ou requisição de peque-

55. ANDRADE, *op. cit.*, p. 103.

no valor, será retido na fonte pela instituição financeira responsável pelo pagamento e incidirá à alíquota de 3% (três por cento) sobre o montante pago, sem quaisquer deduções, no momento do pagamento ao beneficiário ou seu representante legal.

§ 1º Fica dispensada a retenção do imposto quando o beneficiário declarar à instituição financeira responsável pelo pagamento que os rendimentos recebidos são isentos ou não tributáveis, ou que, em se tratando de pessoa jurídica, esteja inscrita no SIMPLES.

§ 2º O imposto retido na fonte de acordo com o *caput* será:

I - considerado antecipação do imposto apurado na declaração de ajuste anual das pessoas físicas; ou

II - deduzido do apurado no encerramento do período de apuração ou na data da extinção, no caso de beneficiário pessoa jurídica.

§ 3º A instituição financeira deverá, na forma, prazo e condições estabelecidas pela Secretaria da Receita Federal, fornecer à pessoa física ou jurídica beneficiária o Comprovante de Rendimentos Pagos e de Retenção do Imposto de Renda na Fonte, bem como apresentar à Secretaria da Receita Federal declaração contendo informações sobre: (Redação dada pela Lei nº 10.865, de 2004)

I - os pagamentos efetuados à pessoa física ou jurídica beneficiária e o respectivo imposto de renda retido na fonte; (Incluído pela Lei nº 10.865, de 2004)

II - os honorários pagos a perito e o respectivo imposto de renda retido na fonte; (Incluído pela Lei nº 10.865, de 2004)

III - a indicação do advogado da pessoa física ou jurídica beneficiária. (Incluído pela Lei nº 10.865, de 2004)

§ 4º O disposto neste artigo não se aplica aos depósitos efetuados pelos Tribunais Regionais Federais antes de 1º de fevereiro de 2004 (Redação dada pela Lei nº 10.865, de 2004)

Art. 28. Cabe à fonte pagadora, no prazo de 15 (quinze) dias da data da retenção de que trata o *caput* do art. 46 da Lei nº 8.541, de 23 de dezembro de 1992, comprovar, nos respectivos autos, o recolhimento do imposto de renda na fonte incidente sobre os rendimentos pagos em cumprimento de decisões da Justiça do Trabalho.

§ 1º Na hipótese de omissão da fonte pagadora relativamente à comprovação de que trata o *caput,* e nos pagamentos de honorários periciais, competirá ao Juízo do Trabalho calcular o imposto de renda na fonte e determinar o seu recolhimento à instituição financeira depositária do crédito.

§ 2º A não indicação pela fonte pagadora da natureza jurídica das parcelas objeto de acordo homologado perante a Justiça do Trabalho acarretará a incidência do imposto de renda na fonte sobre o valor total da avença.

§ 3º A instituição financeira deverá, na forma, prazo e condições estabelecidas pela Secretaria da Receita Federal, fornecer à pessoa física beneficiária o Comprovante de Rendimentos Pagos e de Retenção do Imposto de Renda na Fonte, bem como apresentar à Secretaria da Receita Federal declaração contendo informações sobre:

I - os pagamentos efetuados à reclamante e o respectivo imposto de renda retido na fonte, na hipótese do § 1o;

II - os honorários pagos a perito e o respectivo imposto de renda retido na fonte;

III - as importâncias pagas a título de honorários assistenciais de que trata o art. 16 da Lei no 5.584, de 26 de junho de 1970;

IV - a indicação do advogado da reclamante.

A regra geral do artigo 12 da Lei nº 7.713/88, acima transcrita, adota o chamado regime de caixa[56], ou seja, pauta-se pelo critério temporal, determinando que o IR deve incidir, no mês do recebimento, sobre o valor total dos rendimentos a serem recebidos acumuladamente. A aplicação dessa regra suscitou muita discussão na doutrina e também nos tribunais brasileiros. Na linha da tese sustentada pelo fisco, as Cortes de Justiça inicialmente entenderam que o fato gerador do IR, na hipótese de rendimentos pagos em decorrência de decisão judicial, ocorria quando da disponibilidade econômica do numerário.

A partir do ano de 2003, a jurisprudência pátria[57], de modo acertado, passou a entender que, no cálculo do IR incidente sobre rendimentos pagos

56. O regime de caixa estabelece que as receitas devem ser contabilizadas somente quando de seu efetivo recebimento; já as despesas, quando do seu efetivo pagamento.

57. TRIBUTÁRIO. IMPOSTO DE RENDA. PRECATÓRIO JUDICIAL. REAJUSTE DE VENCIMENTOS. PARCELAS DEVIDAS MENSALMENTE, PORÉM, PAGAS, DE MODO ACUMULADO. NÃO EFETIVAÇÃO DO PAGAMENTO NO SEU DEVIDO TEMPO. ALÍQUOTA VIGENTE À ÉPOCA EM QUE O PAGAMENTO ERA DEVIDO. INTERPRETAÇÃO DO ART. 46 DA LEI Nº 8.541/92. PRECEDENTES. 1. Caso a obrigação de que decorram os rendimentos advindos de decisão judicial se adimplida na época própria dessa causa, são os mesmos tributáveis e ensejam a retenção do imposto de renda na fonte. 2. A regra acima referida não se aplica quando, em face de descumprimento do Estado em pagar vencimentos atrasados ao servidor, acumula as parcelas que, se tivessem sido pagas, na época própria, no final de cada mês, estariam isentos de retenção do tributo. 3. Ocorrendo de maneira diferente, o credor estaria sob dupla penalização: por não receber o que lhe era devido na época própria em que tais valores não eram suscetíveis de tributação e por recebê-los, posteriormente, ocasião em que, por acumulação, formam então, montante tributável. 4. O art. 46 da Lei nº 8.541/92 deve ser interpretado nos seguintes moldes: só haverá retenção na fonte de rendimentos pagos em cumprimento à decisão judicial quando, isoladamente, tais valores ensejarem o desconto do imposto, caso contrário, ter-se-ia hipótese condenável: sobre valores isoladamente isentos de imposto de renda, o ente público moroso retiraria

acumuladamente e em atraso por força de decisão judicial, deve o fisco aplicar as tabelas e alíquotas das épocas próprias, adotando-se o regime de competência[58]. Essa nova orientação está em plena harmonia com os princípios constitucionais da capacidade contributiva (§ 1º do art. 145 da CF/88[59]) e da isonomia tributária (art. 150, II, da CF/88[60]), uma vez que impede que o contribuinte seja penalizado com uma tributação originariamente indevida ou excessivamente mais gravosa, mormente quando não deu causa ao pagamento realizado de maneira acumulada e a destempo.

Roque Carrazza[61], a propósito, ensina que, "na hipótese de haver vencimentos ou salários atrasados e sendo eles pagos acumuladamente, haverá, ou não, incidência do IR/Fonte, tomando-se como parâmetro o valor de cada parcela isoladamente considerada, e não o valor global creditado ao contribuinte."

---

benefício caracterizadamente indevido. 5. O ordenamento jurídico tributário deve ser interpretado de modo que entre fisco e contribuinte sejam instaurados comportamentos regidos pela lealdade e obediência rigorosa ao princípio da legalidade. 6. Não é admissível que o servidor seja chamado a aceitar retenção de imposto de renda na fonte, em benefício do Estado, em face de ato ilegal praticado pelo próprio Poder Público, ao atrasar o pagamento de suas vantagens salariais. 7. Precedentes desta Corte Superior: REsps nºs 719.774/SC, Rel. Min. Teori Albino Zavascki; 617.081/PR, Rel. Min. Luiz Fux; 492.247/RS, Rel. Min. Luiz Fux, 424.225/SC, Rel. Min. Teori Albino Zavascki; 538.137/RS, deste Relator e 719.774/SC, Rel. Min. Teori Albino Zavascki. 8. Recurso especial não-provido. (Superior Tribunal de Justiça. REsp 923.711/PE,. Relator: Ministro José Delgado. Brasília, 24 de maio de 2007). Esse entendimento foi consolidado quando do julgamento do REsp nº 1.118.429/SP, Rel. Min. HERMAN BENJAMIN, DJe 14.05.2010.

58. O regime de competência determina que as receitas, as despesas e os custos devem ser incluídos na apuração do resultado do período em que ocorrerem, sempre simultaneamente quando se correlacionarem, independentemente de recebimento ou pagamento. Noutras palavras: as receitas e as despesas devem ser contabilizadas no período a que competem, independentemente do seu recebimento (receitas) ou pagamento (despesas e custos) em moeda corrente. Trata-se de um princípio fundamental da Contabilidade e está disciplinado no art. 9º da Resolução nº 750/93 do Conselho Federal de Contabilidade.

59. O princípio da capacidade contributiva está previsto no art. 145, § 1º, da CF/88, que estabelece: "Sempre que possível, os impostos terão caráter pessoal e serão graduados segundo a capacidade econômica do contribuinte, facultado à administração tributária, especialmente para conferir efetividade a esses objetivos, identificar, respeitados os direitos individuais e nos termos da lei, o patrimônio, os rendimentos e as atividades econômicas do contribuinte".

60. Este princípio está inserto no artigo 150, inciso II, da Constituição Federal, que transcrevo a seguir: "Sem prejuízo de outras garantias asseguradas ao contribuinte, é vedado à União, aos Estados, ao Distrito Federal e aos Municípios:; II - instituir tratamento desigual entre contribuintes que se encontrem em situação equivalente, proibida qualquer distinção em razão de ocupação profissional ou função por eles exercida, independentemente da denominação jurídica dos rendimentos, títulos ou direitos;"

61. CARRAZZA, *op. cit.* p. 93.

Sobre o tema, Hugo de Brito Machado[62] tece os seguintes comentários:

> Aquele que não recebe seus rendimentos mensais, e vem depois a recebê-los porque buscou proteção a seu Direito junto ao Poder Judiciário, evidentemente não teve aumentada sua capacidade contributiva. Não se justifica, portanto, venha a sofrer maior ônus tributário. Assim, o princípio da capacidade contributiva, que é perfeitamente possível adotar-se no caso, sugere seja a norma interpretada de sorte a que não ocorra aumento do imposto de renda na fonte.
>
> Por outro lado, não é razoável admitir-se que o beneficiário do rendimento acumulado, já tendo sofrido o detrimento decorrente ao atraso no pagamento dos seus rendimentos, venha a ser mais uma vez vítima do detrimento consubstanciado na incidência ou no agravamento do imposto que implica redução do valor do que tem a receber. Assim, o principio da razoabilidade também sugere seja a norma interpretada de sorte a que não ocorra esse novo detrimento ao beneficiário do rendimento acumulado.
>
> (...) O beneficiário do pagamento feito de uma só vez, de rendimentos mensais que se acumularam contra a sua vontade, em decorrência de ato ilícito praticado pela fonte pagadora, evidentemente não tem capacidade contributiva maior do que aquela que teria se houvesse recebido, mês a mês, os seus rendimentos. Nada justifica, portanto, o agravamento do ônus.

Assim, não se deve permitir que o IR incida sobre o valor total recebido em atraso, acumuladamente, por força de uma decisão judicial, isso porque, dependendo do caso, se cada parcela mensal tivesse sido paga ao contribuinte na época própria, estaria isento do IRPF ou se enquadraria numa faixa de tributação mais suave.

Vale destacar que a posição firmada nos tribunais pátrios não afastou o direito de o fisco exigir o imposto, mas, por força da interpretação de princípios constitucionais limitadores do poder de tributar, obrigando-o a, no cálculo do IR, diluir os valores recebidos nos meses a que se referem, considerando o principal tributável mensalmente percebido, segundo as tabelas das épocas próprias, respeitadas as faixas de isenção e deduções legalmente previstas.

Cedendo ao entendimento prevalente sobre o tema, o Procurador-Geral da Fazenda Nacional editou o Ato Declaratório nº 01, de 27/03/2009, publicado no D.O.U de 14/05/2009, nos seguintes termos:

62. MACHADO, Hugo de Brito. Imposto de renda na fonte e rendimentos mensais acumulados. 2004. Disponível em: <http://www.hugomachado.adv.br>. Acesso em: 06.ago. 2008.

> Fica autorizada a dispensa de interposição de recursos e a desistência dos já interpostos, de que inexista outro fundamento relevante: nas ações judiciais que visem obter a declaração de que, no cálculo do imposto de renda incidente sobre rendimentos pagos acumuladamente, devem ser levadas em consideração as tabelas e alíquotas das épocas próprias a que se referem tais rendimentos, devendo o cálculo ser mensal e não global.

Todavia, apesar do claro acerto do ato, em setembro de 2010, ele teve seus efeitos suspensos em razão do PARECER PGFN/CRJ/Nº 2331/2010, uma vez que a Fazenda Nacional conseguiu fazer chegar ao Supremo Tribunal Federal dois recursos extraordinários (RE 614232 e RE 614406) sobre a antiga discussão acima exposta, tendo a Corte Suprema entendido que a controvérsia oferece repercussão geral, nos termos do art. 1.036 do Código de Processo Civil. Tudo leva a crer que o STF não vá chancelar a flagrante injustiça de tributar mais gravosamente os ganhos de quem não recebeu nas épocas próprias o que lhe era devido.

De qualquer modo, nesse cenário, para a Receita Federal do Brasil e para a Procuradoria-Geral da Fazenda Nacional, em relação aos RRA até o dia 31 de dezembro de 2009, por força de decisão judicial, deve a tributação ocorrer na forma da regra geral do art. 12 da Lei nº 7.713/88. Acaso o contribuinte pretenda questionar a aplicação daquela regra geral, terá de recorrer ao Poder Judiciário.

Já a regra específica do artigo 12-A da referida Lei nº 7.713/88, incluído pela Lei nº 12.350, de 20 de dezembro de 2010, adotou o regime de caixa para os RRA a partir de 1º de janeiro de 2010 (§ 7º do art. 12-A), relativos a anos-calendários anteriores ao do recebimento, incorporando o entendimento jurisprudencial antes explicitado.

O novo regramento aplica-se aos rendimentos do trabalho e os provenientes de aposentadoria, pensão, transferência para a reserva remunerada ou reforma, pagos pela Previdência Social da União, dos Estados, do Distrito Federal e dos Municípios, quando correspondentes a anos-calendários anteriores ao do recebimento, os quais serão tributados exclusivamente na fonte, no mês do recebimento ou crédito, em separado dos demais rendimentos recebidos no mês.

O legislador determinou a aplicação de uma tabela progressiva que afasta o quadro de injustiça fiscal que marcava a tributação dos RRA e em atraso. Assim dispõe o § 1º do artigo 12-A da Lei nº 7.713/88:

> § 1º O imposto será retido pela pessoa física ou jurídica obrigada ao pagamento ou pela instituição financeira depositária do crédito e calculado sobre o montante dos rendimentos pagos, mediante a utilização de tabela progressiva resultante da multiplicação da quantidade de meses a que se refiram os rendimentos pelos valores constantes da tabela progressiva mensal correspondente ao mês do recebimento ou crédito. (Incluído pela Lei nº 12.350, de 2010)

O magistrado trabalhista Cesar Zucatti Pritsch[63] fez a seguinte observação:

> A nova sistemática de cálculo do Imposto de Renda retido nas demandas judiciais relativas a rendimentos do trabalho e os provenientes de aposentadoria, pensão, reserva remunerada ou reforma, apesar de vigorar desde julho de 2010 (MP 497/2010, que criou o art. 12-A na Lei 7.713/88, posteriormente convertida na Lei 12.350/2010), ainda não está amplamente divulgada, o que surpreende, já que se trata de questão de suma importância, podendo alterar drasticamente o valor líquido a ser recebido, muitas vezes após anos de espera.
>
> Trata-se de uma alteração da legislação introduzindo critérios que já vinham sendo aceitos pelos Tribunais Superiores, pelos quais, por isonomia, se determinava que o autor, quando do recebimento do valor da ação acumuladamente em uma só oportunidade, não deveria pagar mais imposto de renda do que teria pago caso tivesse recebido tais rendimentos na época própria, mês-a-mês, ocasião em que seria o imposto retido apenas sobre o rendimento daquele mês que estivesse acima do limite de isenção.
>
> A nova regra do art. 12-A, entretanto, é ainda mais benéfica do que aquilo que os Tribunais vinham reconhecendo, já que tal recolhimento agora é exclusivo na fonte, ou seja, concedendo novo limite de isenção, porque não considera os valores já recebidos mês-a-mês na época correta.

Tendo sido editada em 1988 a Lei nº 7.713, vê-se que o Poder Executivo Federal demorou muito para tomar uma atitude tendente a sanar a situação de injustiça fiscal acima retratada. Nos últimos anos, já havia se tornado comum servidores públicos, empregados regidos pela CLT[64] e segurados da Previdência

---

63. PRITSCH, Cesar Zucatti. Imposto de Renda retido nas ações judiciais. Jus Navigandi, Teresina, ano 16, n. 3018, 6 out. 2011 . Disponível em: <http://jus.com.br/revista/texto/20150>. Acesso em: 23 ago. 2012.

64. TRIBUTÁRIO. IMPOSTO DE RENDA RETIDO NA FONTE. IMPORTÂNCIAS PAGAS EM DECORRÊNCIA DE SENTENÇA TRABALHISTA. NATUREZA REMUNERATÓRIA. RESPONSABILIDADE PELA RETENÇÃO E RECOLHIMENTO DO IMPOSTO. FONTE PAGADORA. ALÍQUOTA APLICÁVEL. EXCLUSÃO DA MULTA. 1 a 2. (Omissis). 3. No

Social (aposentados, pensionistas etc.)[65] manejarem ações judiciais para verem afastada a aludida tributação excessiva a título de imposto de renda.

Não se podia mais admitir que o servidor público, o empregado e o segurado continuassem a ser duplamente penalizados. Primeiro, por não receberem o que lhes era devido nas épocas próprias e, depois, por recebê-lo em atraso, em parcela única, sujeita à tributação claramente mais gravosa.

Assim, nota-se claramente que a nova lei trouxe mais racionalidade ao sistema de tributação dos RRA e tende a evitar a constante busca ao Poder Judiciário para decidir sobre o assunto. Para disciplinar e facilitar a aplicação do novo regramento legal, a Receita Federal do Brasil publicou a Instrução Normativa 1.127, em 08/02/2011, regulamentando a apuração do IRPF incidente sobre os rendimentos recebidos acumuladamente.

Entretanto, um aspecto que chama a atenção e merece censura é a diretriz legal (§ 7º do art. 12-A) e regulamentar (arts. 2º e 13 da IN nº 1.127/2011) no sentido de só se admitir a nova sistemática de tributação, pela tabela progressiva, para RRA a partir de 1º de janeiro de 2010, forçando os contribuintes que receberam rendimentos acumulados em anos anteriores a continuarem

---

cálculo do imposto incidente sobre os rendimentos pagos acumuladamente em decorrência de decisão judicial, devem ser aplicadas às alíquotas vigentes à época em que eram devidos referidos rendimentos. 4 a 5. (Omissis) (STJ. REsp 383.309/SC. Relator: Ministro João Otávio Noronha. Brasília, DJe: 07 de abril de 2006).

65. TRIBUTÁRIO – IMPOSTO DE RENDA – AÇÃO REVISIONAL DE BENEFÍCIO PREVIDENCIÁRIO – PARCELAS ATRASADAS RECEBIDAS DE FORMA ACUMULADA – VALOR MENSAL DO BENEFÍCIO ISENTO DE IMPOSTO DE RENDA – NÃO-INCIDÊNCIA DA EXAÇÃO. 1. Inexistente a alegada violação do art. 535 do CPC, pois a prestação jurisdicional foi dada na medida da pretensão deduzida, conforme se depreende da análise do acórdão recorrido. 2. Insurge-se a FAZENDA NACIONAL contra a incidência de imposto de renda sobre diferenças atrasadas, pagas de forma acumulada mediante precatório, decorrente de ação revisional de benefício. 3. Trata-se de ato ilegal praticado pela Administração, que se omitiu em aplicar os índices legais de reajuste do benefício e que, por decisão judicial, foi instada a pagar acumuladamente de uma só vez, lançando sobre o quantum total, o imposto de renda. Isto resultou em que os aposentados fossem apenados pelo atraso da autarquia. 4. Nos casos de valores recebidos, decorrentes da procedência de ação judicial de revisão de aposentadoria, a interpretação literal da legislação tributária implica afronta aos princípios constitucionais da isonomia e da capacidade contributiva, pois a renda que deve ser tributada deve ser aquela auferida mês a mês pelo contribuinte, sendo descabido "puni-lo" com a retenção a título de IR sobre o valor dos benefícios percebidos de forma acumulada por mora da Autarquia Previdenciária. 5. Precedente: REsp 617.081/PR, Rel. Min. LUIZ FUX, PRIMEIRA TURMA, julgado em 20.4.2006, DJ 29.5.2006. 6.Recurso especial improvido. (Superior Tribunal de Justiça. REsp 897.314/PR. Relator: Ministro Humberto Martins. Brasília, DJe: 28 de fevereiro de 2007).

litigando com a Fazenda Nacional para verem afastada a tributação indevida ou mais gravosa.

Essa distinção por critério temporal revela-se descabida e ofensiva ao princípio constitucional da isonomia fiscal (art. 150, II, da CF/88). É que o contribuinte que recebeu seus rendimentos de forma acumulada e em atraso, no ano de 2010, encontra-se na mesma situação do que recebeu nos anos anteriores. Não há base fática ou jurídica que justifique tratamento diferenciado, de maneira que, por medida de equidade e justiça fiscal, também o contribuinte que recebeu RRA em anos anteriores pode valer-se da tabela progressiva de que trata o § 1º do artigo 12-A da Lei nº 7.713/88 para apurar o montante de IR a ser pago. Ora, o Estado deveria ter disciplinado a matéria de modo a buscar resolver o problema de todos os contribuintes que receberam rendimentos acumuladamente e em atraso e que sofreram uma tributação abusiva e inconstitucional.

Oportuno registrar que a regra de tributação exclusiva do novel art. 12-A da Lei nº 7.713/88 aplica-se também aos rendimentos decorrentes de decisões das Justiças do Trabalho, Federal, Estaduais e do Distrito Federal. Esse esclarecimento não constou explicitamente da lei, mas foi feito no § 1º do artigo 2º da Instrução Normativa acima citada[66].

Essa compreensão é de extrema importância, pois, até então, imperava uma questionável distinção no mecanismo de retenção de IR sobre os rendimentos pagos em decorrência de decisão da Justiça Federal e de decisão das Justiças Trabalhista e Estadual. E cabe registrar que essa distinção ainda persistirá quando os rendimentos recebidos forem de natureza diversa dos que foram eleitos pelo art. 12-A da Lei nº 7.713/88 (rendimentos de aposentadoria, pensão, transferência para a reserva remunerada ou reforma, pagos pela Previdência Social da União, dos Estados, do Distrito Federal e dos municípios; e rendimentos do trabalho).

No caso de rendimentos (decorrentes de aposentadoria, pensão ou trabalho) pagos por força de decisão da Justiça Federal, a retenção na fonte era de apenas 3%, havendo a possibilidade de ser dispensada a retenção do imposto quando o beneficiário declarar, à instituição financeira responsável pelo pagamento, que os rendimentos recebidos são isentos ou não-tributáveis, ou que, em se tratando de pessoa jurídica, que seja optante pelo Simples Nacional. Já no caso

---

66. "§ 1º Aplica-se o disposto no *caput*, inclusive, aos rendimentos decorrentes de decisões das Justiças do Trabalho, Federal, Estaduais e do Distrito Federal."

de rendimentos pagos em cumprimento de decisão da Justiça do Trabalho, o beneficiário sujeitava-se à incidência do imposto de renda na fonte sobre o valor total alcançado, conforme tabela progressiva do imposto. Do mesmo modo, por força do disposto no art. 46 da Lei nº 8.541/1992, os rendimentos pagos em decorrência de decisão da Justiça Estadual ensejavam tributação na fonte conforme a tabela progressiva do IR. Não havia a possibilidade de o beneficiário declarar que os rendimentos eram isentos ou não-tributáveis.

Não havia razão plausível a justificar tal tratamento diferenciado quanto à sistemática de retenção de IR na fonte, no que diz respeito a rendimentos (decorrentes de aposentadoria, pensão ou trabalho) pagos por força de decisão de órgãos diferentes do Poder Judiciário[67]. Nada justificava que o servidor público federal titular do direito de receber valores acumulados em decorrência de decisão da Justiça Federal fosse beneficiado com a retenção na fonte no percentual de apenas 3%, enquanto o empregado da iniciativa privada e o servidor público estadual ou municipal ficavam sujeitos a uma tributação na fonte mais gravosa, geralmente no patamar 27,5%, conforme o montante a ser recebido.

Era absurda a distinção criada entre servidores públicos federais e estaduais ou municipais quando do recebimento de rendimentos acumulados e em atraso por força de decisão judicial. Os servidores estaduais e municipais, em razão do disposto no art. 46 da Lei nº 8.541/1992, eram alcançados pela retenção na fonte conforme a tabela progressiva do IR, tudo levando a crer que o legislador ordinário tenha pretendido beneficiar os servidores públicos do quadro federal ao estabelecer em favor deles uma singela tributação antecipada (3%), se comparada àquela que recaía sobre os demais trabalhadores que alcançassem o reconhecimento de direitos nos demais ramos do Poder Judiciário.

Ressalte-se, ainda, outra situação que bem revelava o equívoco da sistemática de retenção na fonte do IR nos casos de rendimentos pagos por força de decisão judicial. Nas ações previdenciárias que tramitavam na Justiça Federal, o segurado, quando do recebimento dos valores acumulados pagos em atraso, sujeitava-se à alíquota de 3%, conforme preconiza o art. 27 da Lei 10.833/2003. Entretanto, se a ação tivesse tramitado pela Justiça Estadual em decorrência da competência delegada prevista no art. 109, § 3º, da Constituição Federal

67. A Exposição de Motivos nº 197-A/2003 – MF, assinada pelo então Ministro Antônio Palocci, apresentada por ocasião da edição Medida Provisória nº 135/03 (convertida na Lei nº 10.833/2003) não traz explicações quanto à diferenciação aqui combatida.

de 1988, a retenção do IR na fonte observava o regramento do art. 46 da Lei nº 8.541/1992.

Tais distinções eram inconcebíveis e geraram discussões no âmbito do Poder Judiciário. Não era incomum advogados trabalhistas pugnarem pela aplicação da alíquota de 3% quando da retenção de IR em casos de pagamentos de rendimentos acumulados por força de decisão judicial. Os causídicos, com razão, invocavam o princípio constitucional da isonomia tributária (art. 150, II, da CF/88) e também o princípio da razoabilidade, uma vez que a lei já assegurava tal benefício aos servidores públicos federais (art. 27 da Lei nº 10.833/2003), não existindo motivo legítimo que justificasse a distinção de tratamento fiscal.

O novo regramento, portanto, ao menos em relação aos RRA decorrentes de aposentadoria, pensão, transferência para a reserva remunerada ou reforma, pagos pela Previdência Social da União, dos Estados, do Distrito Federal e dos Municípios, e os provenientes do trabalho, eliminou o quadro de flagrante ofensa ao princípio constitucional da isonomia tributária (art. 150, II, da CF/88), impedindo que o fisco continuasse a dar tratamento tributário diferente para pessoas que se encontrem em situações fáticas e jurídicas equivalentes.

Por fim, mostra-se relevante salientar as regras contidas nos artigos 8º e 9º da IN nº 1.127/2011, da RFB, que assim dispõem:

> Art. 8º Os RRA que não decorram do previsto nos incisos I e II do art. 2º estarão sujeitos:
> I - quando pagos em cumprimento de decisão da Justiça:
> a) Federal, mediante precatório ou requisição de pequeno valor, à regra de que trata o art. 27 da Lei nº 10.833, de 29 de dezembro de 2003; e
> b) do Trabalho, ao que dispõe o art. 28 da Lei nº 10.833, de 2003; e
> II - nas demais hipóteses, ao disposto no art. 12 da Lei nº 7.713, de 1988.
> Art. 9º Os RRA relativos ao ano-calendário de recebimento estarão sujeitos à regra de que tratam os incisos I e II do art. 8º.

Portanto, como acima delineado, permanecem hígidas a regra geral do art. 12 da Lei nº 7.713/88 e as regras específicas dos arts. 27 e 28 da Lei nº da Lei nº 10.833/2003. Esse quadro normativo de tributação, todavia, ainda exige maior atenção, pois estabelece formas diferentes de tratamento fiscal apenas pelo fato de a decisão judicial, que ensejou o recebimento dos rendimentos acumulados, decorrer de ramos diferentes do Poder Judiciário (Justiça Federal, Justiça do Trabalho ou Justiça Estadual). Ora, além das hipóteses contempladas no art. 12-A da Lei nº 7.713/88, seguramente outros casos existem em que tão só a natureza do órgão julgador não pode servir de critério distintivo quanto à maneira de tributação, se mais ou menos gravosa.

5.8. CONSIDERAÇÕES FINAIS

O IRPF está disciplinado basicamente pela Lei nº 7.713/88 e pela Lei nº 9.250/95. Essas leis, alteradas e acrescidas por várias outras, delineiam o regime jurídico do IRPF, inclusive no que toca à chamada tributação instantânea ou por antecipação.

O estudo revelou que, em relação ao IRRF, há uma série de normas próprias aplicáveis, sobretudo porque a retenção na fonte consiste em mecanismo de garantia de arrecadação. Essa técnica, nos últimos tempos, tem sido bastante empregada pelo legislador ordinário, pois, além de eficaz instrumento de arrecadação, gera praticidade e comodidade ao fisco.

Têm havido tropeços na forma de materialização da retenção na fonte, quando a Fazenda Pública é a parte obrigada ao pagamento. Se a técnica de retenção não for corrigida, ou seja, se não for feita realmente pelo poder público condenado ao pagamento, restarão frustrados os fins que levaram à criação do mecanismo legal de retenção, já que, em vez de reter desde o logo o numerário, é depositado em conta de uma instituição bancária, em prejuízo do erário. Noutra palavras, devem ser editados comandos legais que obriguem o poder público a depositar o valor líquido da condenação, de maneira que possa tirar vantagem financeira da retenção do imposto na fonte.

No tocante à incidência do imposto de renda sobre rendimentos recebidos acumuladamente (RRA), pôde-se notar que a jurisprudência brasileira consolidou-se em sintonia com os princípios constitucionais tributários ao firmar a orientação de que, nos casos de rendimentos pagos acumuladamente e em atraso por força de decisão judicial, deve ser observado o regime de competência na apuração do imposto de renda, de modo a impedir que o contribuinte seja penalizado com uma tributação originariamente indevida ou excessivamente mais gravosa. Essa discussão chegou ao Supremo Tribunal Federal e o entendimento consagrado nas instâncias inferiores certamente será mantido, uma vez que está em plena harmonia com os postulados constitucionais da capacidade contributiva e da isonomia fiscal.

Constatou-se que, mesmo com as mudanças legislativas, há 04 (quatro) regras disciplinadoras: a) o artigo 12 da Lei nº 7.713/88; b) o artigo 12-A da referida lei, incluído pela Lei nº 12.350, de 20 de dezembro 2010 (na qual foi convertida a Medida Provisória nº 497, de 28 de julho de 2010); c) o artigo 27 da Lei nº 10.833/2003, que trata da retenção de IR sobre rendimentos pagos em cumprimento de decisão da Justiça Federal; e d) o art. 28 dessa mesma lei, que disciplina a retenção de IR incidente sobre rendimentos pagos em cumprimento de decisão da Justiça do Trabalho. A primeira é uma regra geral, aplicável para os rendimentos recebidos acumuladamente relativos ao ano-calendário de recebimento. A segunda é uma regra especifica, que incorporou o entendimento jurisprudencial, aplicável a determinados tipos de RRA relativos a anos-calendários anteriores ao do recebimento. Essa novel norma também se aplica aos rendimentos decorrentes de decisões das Justiças do Trabalho, Federal, Estaduais e do Distrito Federal, desde que sejam relativos a aposentadorias, pensões e rendimentos do trabalho. A terceira e a quarta regras, também de natureza específica, ainda continuam em vigor.

Merece censura é a diretriz legal (§ 7º do art. 12-A) e regulamentar (arts. 2º e 13 da IN nº 1.127/2011) no sentido de só se admitir a nova sistemática de tributação, pela tabela progressiva, para RRA a partir de 1º de janeiro de 2010, forçando os contribuintes que receberam rendimentos acumulados em anos anteriores a continuarem litigando com a Fazenda Nacional para verem afastada a tributação indevida ou mais gravosa. Essa distinção por critério temporal revela-se descabida e ofensiva ao princípio constitucional da isonomia tributária (art. 150, II, da CF/88). Por medida de equidade e justiça fiscal, também o contribuinte que recebeu seus rendimentos de forma acumulada e em atraso antes do ano de 2010 pode valer-se da tabela progressiva de que trata o § 1º do artigo 12-A da Lei nº 7.713/88 para apurar o montante de IR a ser pago sobre os RRA.

A subsistência das regras específicas dos arts. 27 e 28 da Lei nº 10.833/2003, conforme explicitado no art. 8º da IN nº 1.127/2011, da RFB, ainda exige atenção dos especialistas em Direito Tributário, pois tais dispositivos legais estabelecem formas diferentes de tributação apenas pelo fato de a decisão judicial, que ensejou o recebimento de rendimentos acumulados, decorrer de ramos diferentes do Poder Judiciário (Justiça Federal, Justiça do Trabalho ou Justiça Estadual). Todavia, além das hipóteses contempladas no art. 12-A da Lei nº 7.713/88, há outros casos em que tão somente a natureza do órgão julgador não pode servir de critério distintivo quanto ao modo de tributação.

Enfim, a sociedade não mais tolera regras de tributação dissociadas dos relevantes princípios constitucionais tributários instituídos ou reafirmados na Carta da República de 1988. A Lei nº 12.350, de 20 de dezembro de 2010, ao incluir o art. 12-A na Lei nº 7.713/88, tornou mais racional o sistema de tributação dos RRA e tende a evitar a constante busca ao Poder Judiciário ao fito de se afastar tributação de IR indevida ou excessivamente gravosa. Urge, todavia, que as autoridades fazendárias competentes continuem a buscar o aperfeiçoamento dos mecanismos de cobrança dos tributos, ajustando-os aos princípios constitucionais que limitam o poder de tributar (princípios da isonomia tributária, da capacidade contributiva, da progressividade, da estrita legalidade, do não-confisco, dentre outros).

5.9. REFERÊNCIAS

AMARO, Luciano. *Direito Tributário Brasileiro.* 13ª ed. rev. São Paulo: Saraiva, 2007.

BALEEIRO, Aliomar. *Direito Tributário Brasileiro.* 11ª ed. Rio de Janeiro: Forense, 1999.

CARRAZZA, Roque Antonio. *Imposto sobre a Renda (perfil constitucional e temas específicos).* 2ª ed. rev. e atual. São Paulo: Malheiros, 2006.

COÊLHO, Sacha Calmon Navarro. *Curso de Direito Tributário Brasileiro.* 9ª ed. rev. e atual. Rio de Janeiro: Forense, 2006.

GONÇALVES, José Artur Lima. *Imposto sobre a Renda. Pressupostos Constitucionais.* 1ª ed. São Paulo: Malheiros Editores, 2002.

JÚNIOR, Luiz Emygdio F. da Rosa. *Manual de Direito Financeiro & Direito Tributário.* 17ª ed. Rio de Janeiro: Renovar, 2003.

MINATEL, José. *Imposto de Renda (IRPF e IRPJ).* Material da 5ª aula da Disciplina Sistema Constitucional Tributário: Impostos em Espécie, ministrada no Curso de Especialização Telepresencial e Virtual de Direito Tributário - UNISUL - REDE LFG.

NOGUEIRA, Julia de Menezes. *Imposto sobre a Renda na Fonte.* São Paulo: Quartier Latin, 2007.

PAULO, Vicente, ALEXANDRINO, Marcelo. *Direito Tributário na Constituição e no STF.* 6ª ed. Niterói: Impetus, 2006.

PAULO, Vicente, ALEXANDRINO, Marcelo. *Manual de Direito Tributário.* 4ª ed. rev. e atual. Niterói: Impetus, 2007.

PAULSEN, Leandro. *Direito Tributário. Constituição e Código Tributário à Luz da Doutrina e da Jurisprudência.* 9ª ed. Porto Alegre: Livraria do Advogado, 2007.

PEIXOTO, Marcelo Magalhães. *O Surgimento Mundial do IR – Breve histórico no Brasil.* Disponível em: http://jus2.uol.com.br/doutrina/texto.asp?id=2578. Material da 6ª aula da Disciplina Sistema Constitucional Tributário: Impostos em Espécie, ministrada no Curso de Especialização Telepresencial e Virtual de Direito Tributário - UNISUL - REDE LFG.

ROCHA, Valdir de Oliveira. *Imposto de Renda. Questões Atuais e Emergentes.* São Paulo: Dialética, 1995.

SABBAG, Eduardo de Moraes. *Elementos do Direito Tributário.* 8ª ed. São Paulo: Premier Máxima, 2007.

TORRES, Ricardo Lobo. *Curso de Direito Financeiro e Tributário.* 3ª ed. atual. e ampl. Rio de Janeiro: Renovar, 1996.

6

REFLEXÕES SOBRE A CAPACIDADE POSTULATÓRIA DO ADVOGADO PÚBLICO E A OBRIGATORIDADE DE QUE MANTENHA INSCRIÇÃO NA OAB E PAGUE ANUIDADE

6.1. INTRODUÇÃO

Não é incomum ver advogados públicos (Advogados da União, Procuradores Federais, Procuradores da Fazenda Nacional, Procuradores de Estado ou de Município) recorrerem ao Poder Judiciário tencionando obstar a cobrança de anuidade pela OAB. Sustentam que estão sujeitos a ordenamentos jurídicos próprios e que, por conseguinte, não estariam obrigados ao pagamento de anuidade àquela entidade.

O tema ganha relevância porque naturalmente deságua no estudo da natureza da capacidade postulatória do advogado público, no alcance do poder fiscalizatório ético-disciplinar da Ordem dos Advogados do Brasil, exigindo ainda reflexão sobre a existência de incompatibilidade superveniente e definitiva para o exercício da advocacia privada por parte daqueles que passam a integrar carreiras da advocacia pública, sem descurar também da situação dos advogados públicos que têm autorização legal para exercer a advocacia privada.

De plano, constata-se que, em relação aos advogados públicos que exercem, autorizados por lei, a advocacia privada, é destituída de fundamento a pretensão de se afastar o vínculo com a OAB e ver obstada a cobrança de anuidade.

Em muitos municípios e em algumas unidades da Federação se permite a advogados públicos o exercício da advocacia privada. Não são raros os Procuradores de Estado ou Procuradores Municipais que têm permissão para advogar para particulares. Também no plano federal há Procuradores ou Advogados da União que, tendo ingressado no serviço público antes de 1988, mantiveram a prerrogativa de continuar exercendo a advocacia privada (liberal ou contratual).

Ora, se advogam para particulares, é inquestionável que devem se submeter à disciplina prevista na Lei Federal nº 8.906/94, que dispõe sobre o Estatuto da Advocacia e a Ordem dos Advogados do Brasil (OAB). Devem pagar anuidade e estão sujeitos também à fiscalização ético-disciplinar da entidade. Nesse ponto, penso que não deve haver controvérsia.

6.2. A OAB E OS ADVOGADOS PÚBLICOS QUE ESTÃO PROIBIDOS DE EXERCER A ADVOCACIA FORA DAS ATRIBUIÇÕES INSTITUCIONAIS

A questão se torna instigante quando avaliada sobre o prisma daqueles advogados públicos que estão impedidos de exercer a advocacia fora das atribuições institucionais previstas em lei. Esses advogados públicos estão sujeitos ao Estatuto da OAB? Quero dizer: estão obrigados a pagar anuidade? Necessitam estar inscritos na entidade para postularem em juízo no exercício de suas funções? Devem ser alcançados pela fiscalização ético-disciplinar da OAB?

A Ordem dos Advogados do Brasil, quando chamada a se manifestar sobre o assunto, invoca logo o artigo 3º, § 1º, da Lei Federal nº 8.906/94 (Estatuto da OAB), que estabelece:

> Art. 3º O exercício da atividade de advocacia no território brasileiro e a denominação de advogado são privativos dos inscritos na Ordem dos Advogados do Brasil (OAB). § 1º Exercem atividade de advocacia, sujeitando-se ao regime desta lei, além do regime próprio a que se subordinem, os integrantes da Advocacia-Geral da União, da Procuradoria da Fazenda Nacional, da Defensoria Pública e das Procuradorias e Consultorias Jurídicas dos Estados, do Distrito Federal, dos Municípios e das respectivas entidades de administração indireta e fundacional.

A entidade sustenta que inexiste inconstitucionalidade na regra prevista no artigo 3º, § 1º, de seu estatuto, mesmo porque as leis que regem as carreiras públicas de advocacia exigem a participação da OAB nos concursos, sendo que os editais dos certames preceituam que, tanto para a inscrição como para a investidura no cargo, deve o candidato comprovar registro na Ordem dos Advogados do Brasil. Argumenta também que o poder de polícia que exerce é de natureza completamente diversa do poder disciplinar exercido pelos órgãos públicos. Diz que, no âmbito da ordem, tais advogados devem se sujeitar à fiscalização ético-disciplinar e que, no âmbito das repartições públicas, o advogado público sujeita-se a uma fiscalização funcional, de modo que inexiste incompatibilidade entre a lei que rege a carreira do advogado público e o Estatuto da OAB - Lei nº 8.906/94.

De outro lado, os advogados públicos insurgentes defendem que é inconstitucional o dispositivo acima transcrito (art. 3º, § 1º, da Lei nº 8.906/94), por entenderem que afronta os artigos 131 e 133 da Constituição da República ao equiparar os advogados das carreiras públicas - que estão proibidos de advogar para particulares - àqueles que exercem apenas a advocacia privada. Os advogados da União que abraçam essa tese lembram ainda que o regramento da atuação da categoria está reservado à disciplina por lei complementar, tanto que foi editada a Lei Complementar nº 73/93.

6.3. A ADVOCACIA PÚBLICA NA CONSTITUIÇÃO FEDERAL

O enfrentamento do assunto reclama o exame do Texto Constitucional, que, no seu Título IV, Capítulo IV, cuida das Funções Essenciais à Justiça, sendo que, na Seção II, do referido capítulo, trata especificamente da Advocacia Pública, nos seguintes termos:

> Art. 131. A Advocacia-Geral da União é a instituição que, diretamente ou através de órgão vinculado, representa a União, judicial e extrajudicialmente, cabendo-lhe, nos termos da lei complementar que dispuser sobre sua organização e funcionamento, as atividades de consultoria e assessoramento jurídico do Poder Executivo.
>
> § 1º - A Advocacia-Geral da União tem por chefe o Advogado-Geral da União, de livre nomeação pelo Presidente da República dentre cidadãos maiores de trinta e cinco anos, de notável saber jurídico e reputação ilibada.
>
> § 2º - O ingresso nas classes iniciais das carreiras da instituição de que trata este artigo far-se-á mediante concurso público de provas e títulos.

> § 3º - Na execução da dívida ativa de natureza tributária, a representação da União cabe à Procuradoria-Geral da Fazenda Nacional, observado o disposto em lei.

Em Seção à parte, a CF/88 refere-se aos advogados e defensores públicos da seguinte forma:

> Art. 133. O advogado é indispensável à administração da justiça, sendo inviolável por seus atos e manifestações no exercício da profissão, nos limites da lei. Art. 134. A Defensoria Pública é instituição essencial à função jurisdicional do Estado, incumbindo-lhe a orientação jurídica e a defesa, em todos os graus, dos necessitados, na forma do art. 5º, LXXIV.

Releva assinalar que a Seção II, Capitulo IV, da Constituição Federal, artigos 131 e 132, foi renomeada pela Emenda Constitucional nº 19/98, que a denominou de "Da Advocacia Pública".

Portanto, ao lado da Advocacia Privada, ainda que de interesse público a teor do disposto no artigo 2º, § 1º, da Lei nº 8.906/94 (Estatuto da OAB), exercida pelo profissional liberal, isto é, pelo advogado a que se refere o artigo 133 da Carta Magna, há a Advocacia Pública, também chamada de Advocacia Estatutária, que é exercida por agentes estatais, que postulam em juízo para cuidar dos interesses dos entes públicos a que estão vinculados.

A distinção entre Advocacia Pública (arts. 131 e 132 da CF/88) e Privada (art. 133, CF/88) enseja vários desdobramentos, de modo que a questão não pode ser resolvida com a mera declaração de inconstitucionalidade de um dispositivo legal. A celeuma também não se dissipa com o simples entendimento de que procurador não é advogado.

A questão em pauta exige reflexão sobre a natureza da capacidade postulatória do advogado público, o alcance do poder fiscalizatório ético-disciplinar da Ordem dos Advogados do Brasil e a existência de incompatibilidade superveniente e definitiva para o exercício da advocacia privada por parte daqueles que passam a integrar carreiras da advocacia pública.

6.4. A NATUREZA CONSTITUCIONAL DA CAPACIDADE POSTULATÓRIA DO ADVOGADO PÚBLICO. A QUESTIONÁVEL EXIGÊNCIA DE INSCRIÇÃO NA OAB E A INDEVIDA COBRANÇA DE ANUIDADE

Como visto, no que diz respeito aos advogados públicos que tem autorização para exercer a advocacia privada, não padece de vício de inconstitucionalidade a regra do artigo 3º, § 1º, da Lei nº 8.906/94, que estabelece que tais profissionais, além do regime próprio a que se subordinam, devam se sujeitar ao Estatuto da OAB.

É sabido, entretanto, que, por força de regras legais editadas a partir da Constituição Federal de 1988, a maioria dos integrantes das carreiras da Advocacia Pública não pode exercer a advocacia privada, por conta da necessidade de dedicação exclusiva às Procuradorias Estatais, aos assuntos de interesse do Poder Público.

Em relação aos integrantes das carreiras da Advocacia-Geral da União (Advogados da União, Procuradores Federais e Procuradores da Fazenda Nacional), por exemplo, o artigo 28, I, da Lei Complementar nº 73/93 e o artigo 24 da Lei nº 9.651/98 vedam expressamente que exerçam advocacia fora das atribuições institucionais, ou seja, só podem postular em juízo no interesse da Fazenda Pública.

Por outro lado, o artigo 11, inciso IV, da Lei nº 8.906/94, estabelece que deve ser cancelada a inscrição do advogado que "passar a exercer, em caráter definitivo, atividade incompatível com a advocacia". O § 1º do citado dispositivo legal preconiza que "ocorrendo uma das hipóteses dos incisos II, III e IV, o cancelamento deve ser promovido, de ofício, pelo conselho competente ou em virtude de comunicação por qualquer pessoa".

Ora, se o advogado público, em regra, está proibido por lei de exercer a advocacia privada e se há expressa incompatibilidade geradora do cancelamento de sua inscrição na OAB, por que se exigir seu registro nos quadros da citada entidade? Por que vincular o *jus postulandi* dos advogados públicos à inscrição na OAB se eles fazem parte de uma carreira típica de Estado, alçada pela Constituição Federal à condição de Função Essencial à Justiça, que tem a incumbência de postular em juízo em favor do próprio Poder Público?

Logo se vê que o assunto em foco exige interpretação no sentido de que os advogados públicos (proibidos de exercer a advocacia fora das funções institucionais) têm capacidade postulatória que decorre exclusivamente da Carta da República (artigos 131 e 132), e não de sua inscrição nos quadros da OAB. A capacidade postulacional dos Advogados da União, dos Procuradores Federais e dos Procuradores da Fazenda Nacional deve ser entendida como de natureza constitucional e estatutária, desvinculada, portanto, da comprovação de registro junto à OAB, o que, aliás, não é exigido pela Carta Política nem pela Lei Complementar nº 73/93 (Lei Orgânica da Advocacia-Geral da União). Também deve ser assim no que toca aos Procuradores de Estado, aos Procuradores de Município e aos Procuradores Autárquicos, proibidos de advogar fora das funções institucionais.

A capacidade postulatória, prevista no artigo 103 do Código de Processo Civil Brasileiro, de acordo com Nelson Nery Júnior e Rosa Maria de Andrade Nery consiste na "aptidão para promover ações judiciais e elaborar defesa em juízo"[1], sendo que, em relação aos advogados públicos, essa aptidão emana do próprio texto da Lei Fundamental e da Lei Orgânica da Advocacia-Geral da União (Lei Complementar nº 73/93).

Embora os artigos 1º e 3º da Lei nº 8.906/94 (Estatuto da OAB) estabeleçam que a postulação em juízo e o exercício da advocacia no território brasileiro são privativos de advogados inscritos na Ordem dos Advogados do Brasil, acredita-se que a regra deva ser interpretada em consonância com o Texto Constitucional, de modo que se assegure capacidade postulatória aos advogados públicos mesmo quando não inscritos na OAB ou quando optem pelo desligamento dos quadros daquela entidade. Essa linha hermenêutica não invalida as normas antes referidas e as coloca em harmonia com a Constituição.

Em se tratando dos advogados públicos ou procuradores estatais, a aprovação no concurso público, a nomeação e a posse são bastantes para que se tornem habilitados a exercer a postulação em juízo em favor do ente público a que estejam vinculados, sendo desnecessária a comprovação de inscrição junto à OAB. Em relação a eles, como disse o estudioso José Fontenelle Teixeira da Silva[2], a capacidade postulatória decorre da dicção constitucional e do Estatuto próprio da Instituição, sendo ínsita do cargo para o qual foram nomeados, e não da simples formalidade da inscrição no quadro de Advogados da OAB. Aliás, quem atua nas lides forenses por este país sabe bem que os advogados públicos, em suas petições e contestações, sequer fazem menção a número de registro na OAB, jamais se tendo ouvido qualquer questionamento desse jaez, até porque o que interessa é o vínculo do procurador ou advogado público com o Estado.

Corroborando ainda mais a posição aqui firmada, vale mencionar que, justamente pela natureza do cargo que ocupam, formou-se consolidada jurisprudência no sentido de que os advogados públicos estão dispensados de exibir

1. JUNIOR, Nelson Nery; NERY, Rosa Maria de Andrade. *Comentários ao Código de Processo Civil.* Novo CPC – Lei 13.105/2015. São Paulo: Revista dos Tribunais, 2015, p. 481-482.
2. SILVA, José Fontenelle Teixeira da. *Advocacia Privada, Capacidade Postulatória e Inscrição na OAB.* Trabalho publicado no ADPERJ Notícias - Ano XX, nº 02, abril de 2002.

procuração em juízo, ou seja, a representação judicial dos entes públicos independe da apresentação de instrumento de mandato (RT 491/162 e 741/759).

No ponto, interessante realçar que João Carlos Souto, estudando o tema, consignou que o ideal mesmo, para espancar qualquer dúvida, era que, "assim que tomasse posse como membro da instituição, o profissional se desligasse automaticamente dos quadros da OAB, como acontece com os membros do Ministério Público e do Poder Judiciário"[3], por força da situação de incompatibilidade superveniente e definitiva. Essa solução tende a se impor na medida em que existe um regime específico, fundado da própria Carta Magna (art. 131), a balizar a atuação dos advogados públicos federais, que exercem relevantes funções típicas de Estado.

Portanto, entende-se que, em relação aos advogados públicos, que por lei estão proibidos de exercer a advocacia privada, inegável que padece de inconstitucionalidade o artigo 3º, § 1º, do EOAB. É que, se tais agentes estatais estão impedidos de advogar para particulares e são regidos por lei complementar editada em atenção a um comando constitucional (artigo 131, *caput*, CR/88), não devem, em razão de dispositivo de uma lei ordinária, ser obrigados a se manter registrados junto à OAB, ainda que por imposição da União, exigência da Ordem ou mesmo por uma questão de preocupação com capacidade postulacional.

Por outro lado, considerando que, como dito, há inúmeros advogados públicos que estão autorizados a exercer a advocacia liberal e contratual (privada), observa-se que não é o caso de simplesmente se declarar a inconstitucionalidade da supracitada regra legal. O ideal, para se garantir significação às normas em conflito, é aplicar o método exegético da *interpretação conforme a Constituição.*

Cuidando da matéria, Alexandre de Moraes ensina que, "para que se obtenha uma *interpretação conforme a Constituição*, o intérprete poderá declarar a inconstitucionalidade parcial do texto impugnado ou excluir da norma impugnada determinada interpretação, a fim de compatibilizá-la com o texto constitucional"[4].

Destarte, inegável que a regra prevista no artigo 3º, § 1º, da Lei nº 8.906/94 (Estatuto da OAB) deve ser interpretada em conformidade com a Constituição Federal (arts. 131 e 132), sem redução de texto, afastando-se a

3. SOUTO, João Carlos. *A União Federal em Juízo*. 2ª edição. São Paulo: Saraiva, 2000, p. 139.
4. MORAES, Alexandre de. *Direito Constitucional.* 19ª ed. São Paulo, Atlas. 2006, p. 12.

inconstitucionalidade vislumbrada mediante a fixação do entendimento de que só devem ficar sujeitos, obrigatoriamente, ao regime da Lei nº 8.906/94 (Estatuto da OAB), os advogados públicos que, por estatutos próprios, estão autorizados a exercer advocacia privada.

Nos demais casos, ou seja, em relação aos advogados públicos proibidos de exercer a advocacia fora de suas atribuições institucionais, a permanência do vínculo com OAB e a consequente obrigação de pagar anuidade devem ser tidas como uma faculdade, questão que não deve influir na capacidade postulatória para fins institucionais, mesmo porque, para eles, o *jus postulandi* tem natureza pública, estatutária, decorrendo exclusiva e diretamente da Constituição Federal (arts. 131 e 132). Não fosse assim, ficaria a indagação: por que registro na OAB, se, em razão da incompatibilidade, o estatuto dispõe que deverá haver o seu cancelamento, com a exclusão do profissional dos quadros da entidade?

Vale destacar que não se considera razoável obrigar-se a mantença do registro na OAB por parte de advogados públicos que não têm direito de receber honorários sucumbenciais ou contratuais. Ora, se o advogado público está proibido por lei de exercer a advocacia fora de suas atribuições institucionais, não se vê como legítima a exigência da inscrição na entidade e muito menos a cobrança de anuidade. Adotada orientação diversa, haveria de se entender que caberia aos entes públicos, e não aos advogados de carreira pública, efetivarem o pagamento das anuidades.

Ademais, não merece prosperar a sustentação muitas vezes trazida pela OAB de que a necessidade de sujeição dos advogados públicos (proibidos de exercer a advocacia privada) aos ditames da Lei nº 8.906/94 se verifica para que a entidade possa cumprir, também em relação a eles, sua função de fiscalização ético-disciplinar. Primeiro, porque o advogado público já está sujeito à atividade correicional da entidade a que está vinculado. No caso dos integrantes das carreiras da Advocacia-Geral da União, por exemplo, estão sujeitos à fiscalização e ao controle da Corregedoria-Geral da Advocacia da União, conforme previsto no artigo 5º da Lei Complementar nº 73/93. Segundo, porque, no campo disciplinar, os advogados públicos federais também devem obediência às regras de ética e disciplina previstas na Lei Federal nº 8.112/90 e no Decreto nº 1.171/94 (Código de Ética do Servidor Público).

Ad argumentandum tantum, acresce-se que, se houvesse algum conflito de atribuições entre o poder de polícia da OAB e o das Corregedorias dos órgãos a que estão vinculados os advogados públicos, a solução desse conflito aparente de normas passaria pela aplicação do princípio da especialidade, para, também, afastar a aplicação do regime da Lei 8.906/94 aos advogados públicos impedidos de exercer a advocacia fora das atribuições institucionais previstas em lei.

É importante registrar que não embaraça a solução ora proposta o fato de existirem leis exigindo a participação da OAB nos concursos para ingresso nas carreiras integrantes da Advocacia-Geral da União ou nas carreiras das Procuradorias dos Estados ou Municípios.

É ressabido que a previsão de participação da OAB nesses certames existe para que a entidade, serviço público independente, como reconhecida recentemente pelo Supremo Tribunal Federal, exerça sua função fiscalizadora dos princípios constitucionais. A OAB deve fiscalizar todo e qualquer concurso público da área jurídica, como forma de se buscar a maior transparência possível, mas isso não significa que depois, como é o caso dos integrantes da carreira da AGU, os candidatos aprovados tenham a obrigação de permanecer registrados em seus quadros, com o ônus de pagar anuidade, para desempenhar validamente suas funções, já que proibidos, por lei, de exercer a advocacia privada e regidos por estatuto próprio.

Registre-se, também, que não infirma a tese antes desenvolvida a circunstância de os editais dos concursos exigirem que, tanto para a inscrição como para a investidura no cargo, deve o candidato comprovar registro na Ordem dos Advogados do Brasil. É que essas exigências, no caso das carreiras federais, não estão previstas na Lei Orgânica da Advocacia-Geral da União (LC nº 73/93), já tendo ficado claramente explicitada a possibilidade de o Advogado da União ou Procurador da Fazenda Nacional desempenhar sua função independentemente de estar inscrito na OAB, isso porque sua capacidade postulatória tem natureza pública, estatutária, decorrendo exclusivamente da Constituição Federal (arts. 131 e 132).

Ao fazer constar dos editais do concurso que, tanto para a inscrição como para a investidura no cargo, é necessária a comprovação de inscrição na OAB, a União e os Estados-Membros agem com total incongruência. A uma, porque a lei de regência não faz tais exigências; a duas, porque, em razão da situação de incompatibilidade (definitiva), o Estatuto da OAB dispõe que, a rigor, deverá haver o cancelamento da inscrição, com a consequente exclusão do profissional dos quadros da entidade (artigo 11, IV).

6.5. CONSIDERAÇÕES FINAIS

A Constituição Federal de 1988 reclama que se lance um novo olhar sobre o tema objeto da presente reflexão. É chegado o momento de as Procuradorias

Estatais reverem a vinculação com a OAB, de modo a se separar a advocacia pública da advocacia privada, na esteira da diretriz constitucional, ao menos no que diz respeito à grande maioria de advogados públicos que estão proibidos de exercer a advocacia fora de suas atribuições institucionais.

Quanto aos advogados públicos que detêm autorização legal para exercer a advocacia privada, inegável que devem se submeter à disciplina prevista na Lei Federal nº 8.906/94, que dispõe sobre o Estatuto da Advocacia e a Ordem dos Advogados do Brasil (OAB). Devem pagar anuidade e estão sujeitos também à fiscalização ético-disciplinar daquela entidade.

Em relação aos advogados públicos proibidos de exercer a advocacia fora das funções institucionais, deve-se entender que têm capacidade postulatória que decorre exclusivamente da Carta da República (artigos 131 e 132), e não de sua inscrição nos quadros da OAB. A capacidade postulacional dos Procuradores Estatais possui natureza constitucional e estatutária, desvinculada, portanto, da comprovação de registro junto à OAB. Assim, não estão obrigados ao pagamento de anuidade à Ordem dos Advogados do Brasil. Não se sujeitam à fiscalização ético-disciplinar da OAB, mas apenas ao controle correicional da entidade a que está vinculado.

Enfim, a regra prevista no artigo 3º, § 1º, da Lei nº 8.906/94 (Estatuto da OAB) deve ser interpretada em conformidade com a Constituição Federal (arts. 131 e 132), sem redução de texto, afastando-se a tese da inconstitucionalidade mediante a fixação do entendimento de que só devem ficar sujeitos, obrigatoriamente, ao regime da Lei nº 8.906/94 (Estatuto da OAB), os advogados públicos que, por estatutos próprios, estão autorizados a exercer advocacia privada.

6.6. REFERÊNCIAS

JUNIOR, Nelson Nery; NERY, Rosa Maria de Andrade. *Comentários ao Código de Processo Civil.* Novo CPC – Lei 13.105/2015. São Paulo: Revista dos Tribunais, 2015.

MORAES, Alexandre de. *Direito Constitucional.* 19ª ed. Atualizada. São Paulo: Altas, 2006.

SILVA, JOSÉ FONTENELLE TEIXEIRA DA. *Advocacia Privada, Capacidade Postulatória e Inscrição na OAB.* Trabalho publicado no ADPERJ Notícias - Ano XX, nº 02, abril de 2002.

SOUTO, João Carlos. *A União Federal em Juízo.* 2ª ed. São Paulo: Saraiva, 2000.

7

A COMPETÊNCIA CRIMINAL FEDERAL PARA JULGAMENTO DE DELITOS AMBIENTAIS

A Amazônia Brasileira reúne 30% da biodiversidade do planeta, de modo que é, sem dúvida, o maior patrimônio nacional. Não é novidade que o desmatamento ilegal na região amazônica vem acontecendo há vários anos num ritmo acelerado, inclusive alcançando as unidades de conservação criadas por lei. De acordo com dados do INPE (Instituto Nacional de Pesquisas Espaciais), 18 % da Amazônia Legal já foram devastados, situação que está a exigir providências efetivas e mais enérgicas por parte do poder público competente.

No ano de 2003, o Governo Federal criou o "Plano Amazônia Sustentável" (PAS), de sorte que se tem notícia de uma série de medidas que estão em andamento no sentido de garantir a preservação da Amazônia Brasileira e sua racional exploração. Nesse contexto, foi iniciada uma força-tarefa entre o IBAMA, o ICMBio (Instituto Chico Mendes de Conservação da Biodiversidade), a Polícia Federal, a Força Nacional de Segurança e órgãos estaduais de proteção ao meio ambiente para se tentar reprimir ou reduzir a devastação das florestas na Amazônia Brasileira. Foi criada a chamada "Operação Arco de Fogo" com o fito de sistematizar os trabalhos e levar adiante as ações tendentes a proteger o meio ambiente, fazendo-se cumprir a legislação, sobretudo nos municípios em que são mais altos os índices de desmatamento ilegal.

Em função desse despertar pelo combate mais efetivo aos crimes contra a natureza, o interessante tema atinente à competência do Poder Judiciário para julgamento desses delitos retornou ao centro do debate jurídico, especialmente na Região Norte. Diz-se retornou porque a discussão não é nova, mas sempre surge algum contorno que exige reflexão e interpretação das leis e da Constituição Federal, especialmente por parte daqueles que lidam diuturnamente com a matéria.

A competência da Justiça Federal está delineada no art. 109 da Constituição Federal de 1988, estando centrada no inciso IV, que diz competir aos juízes federais processar e julgar "as infrações penais praticadas em detrimento de bens, serviços ou interesse da União ou de suas entidades autárquicas ou empresas públicas federais, excluídas as contravenções e ressalvada a competência da Justiça Militar e da Justiça Eleitoral". Já a competência do Juízo Estadual é residual, abrangendo os delitos que não afetem tais valores.

Assim, partindo do comando constitucional antes transcrito, tem-se que a competência da Justiça Estadual é a regra, somente exsurgindo a competência do Juízo Federal se houver ofensa direta e específica a bens, serviços ou interesses da União, de entidades autárquicas e de empresas públicas federais[1]. Essa premissa, como acontece em relação às demais infrações penais, deve orientar a fixação da competência no que toca aos crimes contra a natureza, previstos na Lei nº 9.605/98. Tanto é assim que foi vetado o parágrafo único do art. 26 da referida lei, que estabelecia competência exclusiva da Justiça Federal para julgamento de delitos ambientais.

Como bens da União, devem ser entendidos aqueles elencados no art. 20 da CF/88, como, por exemplo, as terras devolutas indispensáveis à defesa das fronteiras, os lagos e rios em terrenos de seu domínio, ou que banhem mais de um Estado, sirvam de limites com outros países, as praias marítimas e o mar territorial. No que se refere aos serviços, Roberto da Silva Oliveira[2] ensina que "são aqueles que dizem respeito à finalidade do ente federal,

---

1. Nessa esteira: "CONFLITO DE COMPETÊNCIA. PENAL. ART. 40 DA LEI 9.605/98. CRIME COMETIDO, EM TESE, NO INTERIOR DE ÁREA DE PROPRIEDADE PARTICULAR. INEXISTÊNCIA DE LESÃO A BENS, SERVIÇOS OU INTERESSES DA UNIÃO. COMPETÊNCIA DA JUSTIÇA ESTADUAL. 1. Tendo o crime previsto no art. 40 da Lei 9.605/98 sido perpetrado, em tese, no interior de propriedade privada, não há que se falar em lesão a bens, serviços ou interesses da União, razão pela qual compete à Justiça Estadual processar e julgar o feito. 2. Conflito conhecido para declarar competente o Juízo de Direito da Vara de Paraibuna - SP, o suscitado." (CC 104383 / SP CONFLITO DE COMPETENCIA 2009/0055845-1 Relator(a) Ministro JORGE MUSSI. Órgão Julgador S3 - TERCEIRA SEÇÃO Data do Julgamento 28/04/2010 Data da Publicação/Fonte DJe 20/05/2010)
2. OLIVEIRA, Roberto da Silva. *Competência Criminal da Justiça Federal.* São Paulo: RT, 2002. p. 68.

ou seja, o serviço público por ele prestado". Mais adiante, o referido autor esclarece que[3], "no que concerne ao interesse, a fim de justificar a competência federal, ele deve ser particular, específico, direto; caso contrário, em se tratando de interesse genérico, remoto, não imediato, a competência será da Justiça Estadual". Tratando dos três valores jurídicos em questão (bens, serviços e interesses federais), Vladimir Souza Carvalho[4] diz, com precisão, que às vezes "é difícil delimitar a esfera do bem, do serviço e a do interesse, de forma que um não interfira na outra".

Nos delitos ambientais, sobressai a competência federal para julgamento do processo criminal quando a infração ocorre no interior de unidades de conservação federal, como reservas biológicas, reservas ecológicas, estações ecológicas, parques nacionais, florestas nacionais, reservas extrativistas etc. Ainda atrai a competência federal o fato de a infração ocorrer em terras indígenas, que também são bens da União (terras tradicionalmente ocupadas pelos índios - art. 20, XI, CF). Vale registrar que, embora cometido em unidade de conservação estadual ou municipal, o crime será federal se a área estiver sob a administração ou controle do ICMBio ou do IBAMA.

Há de se entender que cabe à Justiça Federal processar e julgar a ação penal quando a conduta comissiva ou omissiva afetar, de modo direto e específico, interesse primário ou serviço da União ou de suas entidades autárquicas. Situação muito comum, que sempre fez fixar a competência federal, era aquela envolvendo a utilização de Autorizações para Transporte de Produtos Florestais[5] (ATPF's) falsas, posto que, inegavelmente, a infração penal atingia direta e particularmente os serviços do IBAMA.

No ponto, oportuno trazer a seguinte indagação: o fato de o IBAMA lavrar auto de infração por conta de seu dever geral de fiscalização implica, só por si, a fixação da competência da Justiça Federal, ainda que não haja ofensa a bens, serviços ou interesses federais? Vilian Bollmann[6] respondeu negativamente a esse questionamento, apontando os seguintes motivos:

---

3. OLIVEIRA, *op. cit.*, p. 70.
4. CARVALHO *apud* OLIVEIRA, *op. cit.* p.66.
5. Cabe salientar que, desde agosto de 2006, a Autorização para Transporte de Produto Florestal – ATPF, documento antes expedido pelo IBAMA para controle de origem, transporte e armazenamento de produtos e subprodutos florestais, foi substituída, nos termos da Portaria/MMA nº. 253/2006 e IN-IBAMA nº. 112/2006, pelo Documento de Origem Florestal – DOF.

6 BOLLMANN, Villian. *Aspectos da competência da Justiça Federal no Direito Ambiental. A intervenção do Ministério Público ou do IBAMA*. Disponível em: www.jus.com.br. Acesso em 20/05/2011.

A uma, essa questão é análoga a de um Policial Federal que tenha flagrado um crime de competência da Justiça Estadual; por exemplo, estupro. A competência jurisdicional para processar e julgar o crime permanece estadual, mesmo que o crime tenha sido flagrado por agente federal e ainda que a lavratura do auto de prisão (procedimento administrativo) tenha sido efetivada pelo órgão federal[7]. Como se vê, as duas situações são praticamente idênticas, pois o julgamento do ilícito é da Justiça Estadual e a intervenção federal se deu somente por interesse geral e comum a todas as esferas federativas (exercício do poder de polícia na proteção de um bem juridicamente relevante que não é federal). Logo, aplica-se a regra '*ubi eadem ratio, ibi eadem jus*'. A duas, é necessário distinguir o interesse público primário do interesse público secundário, ou seja, o interesse de resguardar os valores caros à Sociedade como um todo e o interesse exclusivo da Administração, tal como o patrimonial ou mera defesa do seu ato (...). No caso, a proteção ambiental é o interesse público primário (art. 225, da CR), enquanto que a simples defesa do ato administrativo é interesse público secundário. Logo, a proteção ambiental, no caso, não é interesse federal direto e qualificado, mas sim interesse público primário de todas as esferas da coletividade (inclusive dos Estados), circunstância que, administrativamente justifica a competência comum e concorrente (art. 23, VI, da CR), mas, na jurisdicional, observa a repartição de atribuições prevista no art. 109, da CR.

Assim, a circunstância de ter o IBAMA autuado uma pessoa física ou jurídica, em virtude da prática de determinada infração ambiental, como, *v. g.*, transporte ou recebimento de espécies de madeiras sem autorização da autoridade competente, não implica[8], por si só, a competência da Justiça Federal, isso porque tal circunstância não traduz prejuízo a interesse direto, particular e específico da União. Diferente seria se restasse apurado que a madeira apreendida provém de uma unidade de conservação federal ou do interior de terra indígena.

Sobre a matéria, apenas para ilustrar, transcreve-se o seguinte precedente do Supremo Tribunal Federal:

7. Outro exemplo é o de um crime de homicídio culposo ocorrido no trânsito de uma rodovia federal. Embora os policiais rodoviários federais tenham a obrigação legal de fiscalizar o trânsito nessas rodovias, lavrando multas e boletins de ocorrências, nem por isso os delitos de trânsito ali ocorridos são da competência da Justiça Federal, exceto se houver ofensa direta e específica a bens, serviços ou interesses federais.

8. No HC 18.366/PA, publicado do DJ de 01/04/2002, cujo relator foi o Min. Vicente Leal, o STJ entendeu pela competência federal.

> *HABEAS CORPUS*. CRIME PREVISTO NO ART. 46, PARÁGRAFO ÚNICO, DA LEI Nº 9.605, DE 1998 (LEI DE CRIMES AMBIENTAIS). COMPETÊNCIA DA JUSTIÇA COMUM. DENÚNCIA OFERECIDA PELO MINISTÉRIO PÚBLICO FEDERAL PERANTE A JUSTIÇA FEDERAL COM BASE EM AUTO DE INFRAÇÃO EXPEDIDO PELO IBAMA. A atividade de fiscalização ambiental exercida pelo IBAMA, ainda que relativa ao cumprimento do art. 46 da Lei de Crimes Ambientais, configura interesse genérico, mediato ou indireto da União, para fins do art. 109, IV, da Constituição. A presença de interesse direto e específico da União, de suas entidades autárquicas e empresas públicas - o que não se verifica, no caso -, constitui pressuposto para que ocorra a competência da Justiça Federal prevista no art. 109, IV da Constituição. *Habeas Corpus* conhecido e provido (STF, HC 81.916-8/PA, Rel. Min. GILMAR MENDES, T2, ac. un., DJ 11/10/2002).

Nessa mesma linha tem-se posicionado o Superior Tribunal de Justiça:

> PENAL. AGRAVO REGIMENTAL. CRIME AMBIENTAL. COMPETÊNCIA PARA O PROCESSO E O JULGAMENTO. CONTROLE E FISCALIZAÇÃO PELO IBAMA. INTERESSE GENÉRICO DA AUTARQUIA FEDERAL. COMPETÊNCIA DA JUSTIÇA ESTADUAL. RECURSO IMPROVIDO. 1. De acordo com a jurisprudência deste Tribunal Superior, não mais se aplica o enunciado sumular nº 91/STJ, editado com base na Lei 5.197/67, em face da superveniência da Lei 9.605/98. 2. Recurso improvido (STJ, AgRg no REsp 695463 / PA. Rel. Min. ARNALDO ESTEVES LIMA. 5ª Turma. Data da Publicação: 10/10/2005. p. 423).

Nota-se, portanto, que o fato de a devastação ocorrer numa propriedade particular, em área de preservação permanente *ope legis* (art. 3º, II, do Novo Código Florestal – Lei nº 12.651/2012), não vem sendo considerado motivo suficiente para fixar a competência da Justiça Federal. Nesses casos, embora o auto de infração tenha sido lavrado pelo IBAMA, no exercício de sua função fiscalizadora, prevalece[9] a orientação no sentido de que é genérico, mediato e secundário o interesse federal afetado. Nessa linha se firmou a posição das duas Turmas do STF: REs 166.943, de 93/03/1995; 300.244, de 19/12/2001; 349.191, de 07/03/2003; 420.289, de 05/04/2004; e 476.482, de 29/06/2006. É que, além de a propriedade ser particular, indicando o interesse genérico e indireto da União, o poder fiscalizatório, de acordo com a Constituição Federal

9. O STJ, no ano de 2002, já decidiu em sentido contrário (CC 36666/MG e CC 33511/MG).

de 1988, não é mais privativo da autarquia ambiental federal, mas concorrente aos órgãos ambientais federal, estaduais e municipais (art. 23, VI e VII).

Também não se harmoniza com o disposto no art. 109, IV, da Carta da República a sustentação de que há interesse federal pelo simples fato de a área particular degradada fazer parte da Floresta Amazônica, na medida em que é qualificada como patrimônio nacional ao lado da Mata Atlântica, da Serra do Mar e do Pantanal Mato-Grossense (art. 225, § 4º, da CF/88).

Os desmatamentos ocorridos em unidades de conservação não federais ou em áreas particulares, embora localizadas na região da Floresta Amazônica, não ensejam a competência da Justiça Federal para processar e julgar os feitos criminais respectivos. A Constituição Federal estabelece a competência da Justiça Federal para os casos em que o interesse ou serviço público federal é atingido de maneira direta, específica e primária. O fato de a Floresta Amazônica ser patrimônio nacional não significa que seja também bem da União, cujo rol se encontra no art. 20 da Carta Magna.

Se se admitisse como correto o entendimento contrário, todo e qualquer delito ambiental ocorrido na região abrangida pela Floresta Amazônica, pelo Pantanal Mato-Grossense ou pela Mata Atlântica deveria ser julgado pela Justiça Federal, mesmo sendo remoto, indireto e genérico o interesse da União afetado, posição que colide com a orientação jurisprudencial e doutrinária que levou ao cancelamento da Súmula 91 do STJ[10].

A orientação no sentido de se fixar a competência federal apenas pela circunstância de o fato ter ocorrido na região da Floresta Amazônica ou da Serra do Mar, por exemplo, esvaziaria por completo a competência criminal estadual no que diz respeito aos delitos ambientais, uma vez que competiria ao Juízo Federal o julgamento ainda quando fosse secundário e mediato o interesse federal, fazendo-se tábula rasa de todos os comandos legais e constitucionais que preconizam a solidariedade da responsabilidade no combate a crimes desse jaez.

A jurisprudência pátria tem corretamente rechaçado essa idéia, conforme se observa na seguinte ementa:

> RECURSO EXTRAORDINÁRIO. CRIME PREVISTO NO ARTIGO 38 DA LEI 9.605/98. COMPETÊNCIA DA JUSTIÇA ESTADUAL COMUM. Esta Primeira Turma, em 20.11.2001, ao julgar o RE 300.244, em caso

10. "Compete à Justiça Estadual processar e julgar os crimes praticados contra a fauna". Cancelada em 08/11/2000 pela 3ª Seção.

semelhante ao presente, decidiu que, não havendo em causa bem da União (a hipótese então em julgamento dizia respeito a desmatamento e depósito de madeira proveniente da Mata Atlântica que se entendeu não ser bem da União), nem interesse direto e específico da União (o interesse desta na proteção do meio ambiente só é genérico), nem decorrer a competência da Justiça Federal da circunstância de caber ao IBAMA, que é órgão federal, a fiscalização da preservação do meio ambiente, a competência para julgar o crime que estava em causa (artigo 46, Parágrafo Único, da Lei 9.605/98, na modalidade de manter em depósito produtos de origem vegetal integrantes da flora nativa, sem licença para armazenamento) era da Justiça estadual comum. - Nesse mesmo sentido, posteriormente, em 18.12.2001, voltou a manifestar-se, no RE 299.856, esta Primeira Turma, no que foi seguida, no RE 335.929, por decisão do eminente Ministro Carlos Velloso da 2ª Turma, e no HC 81.916, 2ª Turma . - A mesma orientação é de ser seguida no caso presente (RE 349184 / TO - não conhecido. Relator: Min. Moreira Alves. Unânime. 1ª Turma, 03.12.2002).

Nessa mesma esteira:

PROCESSO PENAL. CONFLITO NEGATIVO DE COMPETÊNCIA. DESMATAMENTO. FLORESTA AMAZÔNICA. DANO OCORRIDO EM PROPRIEDADE PRIVADA. ÁREA DE PARQUE ESTADUAL. COMPETÊNCIA ESTADUAL. 1. Não há se confundir patrimônio nacional com bem da União. Aquela locução revela proclamação de defesa de interesses do Brasil diante de eventuais ingerências estrangeiras. Tendo o crime de desmatamento ocorrido em propriedade particular, área que já pertenceu - hoje não mais - a Parque Estadual, não há se falar em lesão a bem da União. Ademais, como o delito não foi praticado em detrimento do IBAMA, que apenas fiscalizou a fazenda do réu, ausente prejuízo para a União. 2. Conflito conhecido para julgar competente o JUÍZO DE DIREITO DA 1A VARA DE CEREJEIRAS - RO, suscitante. (CC 99294 / RO. CONFLITO DE COMPETENCIA 2008/0220610-5 Relator(a) Ministra MARIA THEREZA DE ASSIS MOURA. Órgão Julgador S3 - TERCEIRA SEÇÃO. Data do Julgamento: 12/08/2009. Fonte: DJe 21/08/2009)[11].

11. Nessa mesma trilha: PROCESSUAL PENAL. COMPETÊNCIA. CRIME AMBIENTAL. CORTE DE VEGETAÇÃO. MATA ATLÂNTICA. ART. 40, DA LEI Nº 9.605/98. INCOMPETÊNCIA DA JUSTIÇA FEDERAL. RECURSO CRIMINAL IMPROVIDO. 1. Somente serão considerados de competência da Justiça Federal os delitos praticados contra o meio ambiente, aí incluídos a fauna e a flora, quando houver interesse direto da União, ou seja, quando for cometido em águas ou terras de sua propriedade, ou quando o bem for de sua propriedade por ato jurídico específico. *In casu*, a área onde foi praticada suposta conduta delituosa é área particular, não tendo restado comprovada existência de interesse direto da União na sua proteção e conservação. 2. A Mata Atlântica, de acordo

Não se pode perder de vista que a atribuição para proteger o meio ambiente e preservar as florestas, a fauna e a flora é comum entre União, Estados, Municípios e Distrito Federal (art. 23, incisos VI e VII, CF/88), assim como é concorrente a competência para se legislar sobre "florestas, caça, pesca, fauna, conservação da natureza, defesa do solo e dos recursos naturais, proteção do meio ambiente e controle de poluição" (art. 24, VI, CF/88). Isso torna evidente que o equilíbrio na atuação dos órgãos envolvidos não será alcançado se apenas num ente for centrada a atuação/responsabilidade, devendo, em nome do princípio federativo, ser respeitado, no campo jurisdicional criminal, o postulado da repartição constitucional das atribuições e competências.

Enfim, a sistematização dessas regras e uma orientação jurisprudencial firme em torno do tema em questão são de extrema relevância na luta contra a devastação ilegal das florestas brasileiras. Não há dúvida de que somente a pronta atuação estatal e a eficiência do Poder Judiciário, agindo com prudência e segurança, poderão colocar fim ou, pelo menos, diminuir as práticas ilegais e nefastas contra a natureza, de modo a se garantir a todos, inclusive às futuras gerações, um meio ambiente ecologicamente equilibrado, essencial à sadia qualidade de vida da população (art. 225 da Carta da República).

Nos dias de hoje, não pode o Estado cerrar seus ouvidos aos anseios de uma sociedade que, de mãos atadas, vê a destruição assustadora dos recursos ambientais causada pela ação inconsciente e ambiciosa de pessoas que querem se enriquecer rapidamente à custa de danos irreparáveis ao meio ambiente.

Diante dessa constatação, deve-se lembrar preciosa lição do renomado Manoel Pedro Pimental[12] que, refletindo sobre a devastação da natureza, advertiu: "Levantem os olhos sobre o mundo e vejam o que está acontecendo à nossa volta, para que amanhã não sejamos acusados de omissão se o homem, num futuro próximo, solitário e nostálgico de poesia, encontrar-se sentado no meio de um parque forrado com grama plástica, ouvindo cantar um sabiá eletrônico, pousado no galho de uma árvore de cimento armado".

---

com o entendimento consolidado do eg. Supremo Tribunal Federal, não é bem da União. 3. Recurso improvido (TRF-PRIMEIRA REGIÃO. QUARTA TURMA. RCCR – 200638090012361/MG. Rel. DESEMBARGADOR FEDERAL I'TALO FIORAVANTI SABO MENDES. DJ 16/10/2006, p. 87).

12 PIMENTEL, Manoel Pedro. Revista de Direito Penal, v. 24, p. 91.

8

APONTAMENTOS ACERCA DO MORALIZADOR INSTITUTO DO ART. 41-A DA LEI Nº 9.504/97 (CAPTAÇÃO ILÍCITA DE SUFRÁGIO)

As eleições, símbolo maior da democracia, expressam o verdadeiro poder do povo, já que lhe é garantido o sagrado direito de escolher seus governantes, de decidir quem cuidará de seus interesses e orientará os rumos da nação.

Acontece que desde o início da república até os tempos atuais as eleições brasileiras, conforme registros históricos, sempre foram marcadas, aqui ou acolá, por fraudes, corrupção eleitoral, troca de favores, uso ilegal da máquina estatal e pelo abuso do poder econômico. Nesses períodos é comum haver uma escandalosa exploração das carências e da miséria do povo. Consequência disso é que o eleitor é iludido, sua vontade é viciada, permitindo que muitos maus políticos, que deveriam ser extirpados da vida pública, acabem se mantendo no poder valendo-se das necessidades de pessoas sem condição de bem discernir sobre a importância do voto.

No Brasil, ainda se troca o voto por cestas-básicas, passagens rodoviárias, materiais de construção, medicamentos, dentaduras, vale combustível, prestação de serviços médicos e odontológicos, promessa de cargos, enfim, muitos eleitores se corrompem por conta do oferecimento de qualquer vantagem ou entrega de qualquer objeto de valor.

Constatando esse grave quadro e diante da necessidade de se suprir uma lacuna na legislação eleitoral no que tange a instrumentos de combate efetivo a tais males, a Confederação Nacional dos Bispos do Brasil (CNBB) iniciou uma campanha nacional contra a corrupção eleitoral. O lema era: *"Vamos acabar com a corrupção eleitoral – voto não tem preço, tem consequências"*.

Houve uma mobilização da sociedade civil. Com o apoio de várias entidades (AMB, OAB, ABI, CPT, CIMI, CONIC e CUT etc.), foi criado um projeto de iniciativa popular, com mais de 1 milhão de assinaturas, o qual foi apresentado na Câmara dos Deputados e, depois de regular tramitação no Congresso Nacional, redundou na aprovação da Lei Federal nº 9.840, no dia 28/09/1999. Tal lei, pertinente realçar, é a primeira lei de iniciativa popular aprovada neste país, tendo criado relevantes instrumentos de combate à corrupção eleitoral, de maneira a garantir lisura dos pleitos e o direito de livre escolha do eleitor.

Pois bem. A Lei nº 9.840/99 trouxe duas importantes inovações para a legislação eleitoral brasileira. Ela acrescentou o artigo 41-A à Lei nº 9.504/97 e promoveu mudanças no art. 73 dessa mesma lei, que rege as eleições no país. A primeira inovação é no sentido de punir, com a cassação do registro ou do diploma e multa, o candidato que praticar a *captação ilícita de sufrágio* em qualquer forma ou modalidade. A outra inovação, que é punida com o mesmo rigor, é a que inibe o *uso da máquina administrativa* em favor da própria candidatura daqueles que estão concorrendo à reeleição, isso porque participam do pleito eleitoral sem ter que deixar o cargo.

O presente texto cuidará brevemente apenas da captação ilícita de sufrágio, cabendo, assim, lembrar o que dispõe o art. 41-A da Lei nº 9.504, de 30 de setembro de 1997:

> *Art. 41-A Ressalvado o disposto no art. 26 e seus incisos, constitui captação de sufrágio, vedada por esta lei o candidato doar, oferecer, prometer, ou entregar, ao eleitor com o fim de obter-lhe o voto, bem ou vantagem pessoal de qualquer natureza, inclusive emprego ou função pública, desde o registro da candidatura até o dia da eleição, inclusive, sob pena de multa de mil a cinqüenta mil UFIR, e cassação do registro ou do diploma, observado o procedimento previsto no art. 22 da Lei Complementar n.º 64, de 18 de maio de 1990.*

Como se vê, a infração civil da captação ilícita de sufrágio corresponde ao crime de corrupção eleitoral, previsto no art. 299 do Código Eleitoral. As práticas referidas no dispositivo acima transcrito (doar, oferecer e prometer), além de já serem criminosas, passaram a também configurar infração eleitoral cível, punidas severamente com multa e cassação de registro ou do diploma.

De acordo com a regra legal, o sujeito ativo da nova infração é o candidato. Isso não quer dizer que só haverá punição ao candidato se ele agir pessoalmente. Predomina o entendimento de que poderá haver responsabilização do candidato sempre que concorrer direta ou indiretamente para a prática ilícita. Não fosse assim, o dispositivo legal seria letra morta, pois costumeiramente se delegam as atividades ilegais de compra de votos a cabos eleitorais e correligionários. Tratando dessa questão, o Tribunal Superior Eleitoral assentou que resta caracterizada a captação de sufrágio prevista no art. 41-A da Lei nº 9.504/97 quando o candidato praticar, participar ou mesmo anuir explicitamente às condutas abusivas e ilícitas capituladas naquele artigo.

O sujeito passivo é o eleitor. Cabe assinalar que, conforme entendimento jurisprudencial majoritário, estando comprovada a prática de captação ilegal de sufrágio, não é imprescindível que sejam identificados os eleitores que receberam benesses em troca de voto.

Thales Tácito Pontes Luz de Pádua cerqueira também destaca que[1]:

> Para haver multa e a cassação do registro ou diploma, são necessários os seguintes elementos: a) elemento subjetivo, qual seja, a intenção de captar votos; b) elemento objetivo consistente em dar, oferecer, prometer ou entregar bem ou qualquer vantagem de cunho pessoal, inclusive emprego ou função pública (...).

No que pertine ao elemento temporal da infração de captação de sufrágio, o termo inicial é o do pedido do registro de candidatura, enquanto o dia *ad quem* é o dia da eleição. Quer-se dizer que fatos anteriores ou posteriores a essas datas não podem ser objeto da representação prevista no art. 41-A, devendo ser combatidos por outros instrumentos processuais. Impende salientar, nesse ponto, que o Tribunal Superior Eleitoral definiu, quando do julgamento do Recurso Especial Eleitoral 25.227, de 21/06/2005, que o prazo de 05 (cinco) dias (contados do conhecimento provado ou presumido do ato repudiado) deve ser observado apenas para o ajuizamento de representações que reprimam as condutas vedadas aos agentes públicos (art. 73), não se aplicando à infração definida no 41-A da Lei nº 9.504/97.

Por outro lado, deve ser registrado, por relevante, que a jurisprudência do TSE não está mais exigindo a chamada potencialidade lesiva em casos dessa

1. CERQUEIRA, Thales Tácito Ponte Luz de Pádua. *Direito Eleitoral Brasileiro. Doutrina. Jurisprudência e Legislação.* 2ª edição revista, atualizada e ampliada. Belo Horizonte: Del Rey, 2002. p. 1013.

natureza, isso porque o bem protegido pelo artigo 41-A é a vontade do eleitor e não é o resultado da eleição. A então Ministra Ellen Gracie Northfleet, ao julgar recurso especial eleitoral no feito nº 21169, em 23/10/2003, abordou com maestria a questão, ponderando que "a captação ilícita de sufrágio, tipificada no artigo 41-A da Lei nº 9.504/97, configura-se com a ação delitiva do agente tendente a influenciar a vontade de um único eleitor, diferentemente do abuso de poder econômico, que exige potencialidade tendente a afetar o resultado de todo o pleito". Nessa mesma linha decidiu a Corte Eleitoral em diversos outros feitos, entre eles, o Processo nº 1083 MC - Medida Cautelar, em que restou confirmado que "a captação de sufrágio reprimível pelo art. 41-A da Lei nº 9.504/97 prescinde do nexo de causalidade entre a prática ilícita e o comprometimento da legitimidade das eleições ou mesmo da potencialidade para influenciar no resultado do pleito, a exemplo do que se passa com o abuso do poder econômico".

No que tange ao rito a ser observado, a representação por infração ao artigo 41-A deve ser processada, conforme previsto expressamente na lei, na forma do art. 22 da Lei Complementar nº 64/90. Veja-se que não se aplica o procedimento previsto no seu art. 96, mas aquele previsto na Lei de Inelegibilidades. O legislador fez essa opção porque, além de também ser célere, o rito do artigo 22 da LC nº 64/90 é mais amplo e permite uma maior dilação probatória.

Outro ponto bastante inovador e que suscitou polêmica é o que diz respeito aos efeitos das decisões proferidas nas ações por captação ilícita de votos.

Todos sabem que a exigência do trânsito em julgado nas decisões da Justiça Eleitoral sempre ensejou a interposição sucessiva e protelatória de recursos, permitindo que os mandatos se cumprissem em sua inteireza antes da superveniência do esgotamento das vias impugnativas.

O Tribunal Superior Eleitoral firmou jurisprudência no sentido de que a decisão que cassa o registro ou o diploma de candidato, em investigação judicial eleitoral julgada procedente, por violação ao preceito do art. 41-A da Lei nº 9.504/97, tem aplicação imediata.

O fundamento desse entendimento pode ser sintetizado a partir de trecho do voto do Ministro Barros Monteiro, proferido no julgamento do Recurso Especial Eleitoral nº 19.644/SE, de 3 de dezembro de 2002, publicado no DJ de 14/02/2003: *"Na hipótese prevista no indigitado art. 41-A da Lei nº 9.504/97, o escopo do legislador é o de afastar imediatamente da disputa aquele que no curso da campanha eleitoral incidiu no tipo "captação ilegal de sufrágio".*

Nesse sentido o voto proferido pelo Ministro Fernando Neves na MC nº 944/MT:

> Como observei no precedente já citado (MC nº 970), as alterações da Lei nº 9.504, de 1997, entre as quais consta a introdução do art. 41-A, vieram ao encontro da vontade da sociedade de ver rapidamente apurados e punidos os ilícitos eleitorais. Neste caso, o interesse a prevalecer é o de afastar imediatamente da disputa aquele que, no curso da campanha eleitoral, tenha incidido no tipo captação de sufrágio, vedada por lei. Por isso, o legislador, diferentemente de quando tratou das declarações de inelegibilidade, não condicionou ao trânsito em julgado os efeitos da decisão que cassa diploma por transgressão ao referido art. 41-A.

A lei veio, como já bem salientou o renomado Ministro Fernando Neves, atender ao desejo da sociedade de ver rapidamente punidos os ilícitos eleitorais, não somente os praticados por candidatos, mas também aqueles realizados por agentes públicos em seu benefício. Para tanto, quando alterou o § 5º do art. 73, a Lei nº 9.840/99, tanto quanto na criação do tipo de captação de sufrágio vedada, não exigiu o trânsito em julgado da decisão que julgar procedente a representação judicial, para a produção de seus efeitos.

Não se poderia encerrar esses breves apontamentos sem mencionar a discussão ocorrida quanto à constitucionalidade do art. 41-A da Lei nº 9.504/97. Muitos tacharam o dispositivo de inconstitucional sob o argumento de que a inelegibilidade é matéria constitucional e que, portanto, só poderia ser disciplinada por lei complementar. Essa sustentação, todavia, era equivocada. Não se pode perder de vista que o dispositivo legal não prevê a declaração de inelegibilidade, daí porque não há qualquer afronta ao artigo 14, § 9º, da Constituição Federal. Nessa linha se consolidou o entendimento jurisprudencial, inclusive no STF: "Informativo 446 - ADI e Cassação do Registro ou do Diploma. O Tribunal julgou improcedente pedido formulado em ação direta de inconstitucionalidade proposta pelo Partido Socialista Brasileiro - PSB contra a expressão '*cassação do registro ou do diploma*', constante do art. 41-A, da Lei nº 9.504/97, pena cominada ao crime de captação de sufrágio nele definido".

Na esteira do que decidido no julgamento da ADI 3305/DF (j. em 13.9.2006), entendeu-se que a cominação da referida sanção não implica nova hipótese de inelegibilidade, não havendo, portanto, ofensa ao § 9º do art. 14 da CF/88. De igual modo, afastou-se a alegação de afronta ao disposto nos §§ 10 e 11 do citado art. 14 da CF. Ressaltou-se, no ponto, que o procedimento da representação para a apuração da conduta descrita no art. 41-A da Lei nº

9.504/97 é o previsto nos incisos I a XIII do art. 22 da Lei Complementar 64/90, uma vez que ela não implica declaração de inelegibilidade, mas apenas cassação do registro ou do diploma, diferentemente do que ocorre na ação de investigação judicial eleitoral, em relação à qual se aplicam os incisos I e XV do art. 22 da aludida lei complementar Por isso, a decisão fundada no art. 41-A da Lei nº 9.504/97 tem eficácia imediata, não incidindo a regra do art. 15 da LC nº 64/90, que exige o trânsito em julgado da decisão para a declaração de inelegibilidade do candidato. Afirmou-se, por fim, que o art. 41-A foi introduzido na Lei nº 9.504/97, pela Lei nº 9.840/99, com o objetivo de combater as condutas ofensivas ao direito fundamental ao voto, isto é, proteger a vontade do eleitor (ADI 3592/DF, rel. Min. Gilmar Mendes, 26/10/2006).

Portanto, mesmo que o moralizador artigo 41-A decorra de uma espécie normativa ordinária (Lei nº 9.840/99), não padece ele de nenhuma inconstitucionalidade, isso porque, como visto, não declara qualquer inelegibilidade, mas atinge somente o registro ou o diploma do candidato envolvido com corrupção eleitoral.

A lei supracitada, em termos de captação ilegal de sufrágio e uso indevido da máquina, sancionou todas as condutas ilícitas com as mesmas penalidades: multa e cassação do registro ou do diploma. Nenhuma daquelas condutas foi sancionada com inelegibilidade. E não se cominou a inelegibilidade exatamente porque, tratando-se de uma pena que ataca um direito fundamental, personalíssimo, não poderia ser executada rapidamente, antes do trânsito em julgado, servindo, portanto, apenas como empecilho à aplicação imediata das outras relevantes sanções esperadas pela sociedade ante os costumeiros e impunes atos de ofensa e violência à democracia, tão arduamente conquistada pela nação brasileira.

A Lei nº 9.840/99, que trouxe inovações à Lei nº 9.504/97, é portadora de muitas esperanças, isso porque inibe com rigor a captação ilícita de sufrágio (corrupção eleitoral) e também o uso indevido da máquina administrativa. Não se pode mais permitir que maus políticos, sabedores da impossibilidade de burlar o resultado matemático da votação, impunemente voltem suas energias à prática da mercancia eleitoral e à concessão de benesses sufragistas, fazendo de tudo para alcançar ou se manter no poder político.

Jamais se pode esquecer da necessidade de proteção da lisura do pleito eleitoral, isso porque se vive num Estado que se proclama democrático e de direito, o que significa, dentre tantas outras coisas, que os candidatos devem agir conforme as leis na busca dos mandatos almejados.

Urge, portanto, que as autoridades constituídas façam valer tão importante lei, aplicando-a de modo a combater, com firmeza e equilíbrio, os costumeiros atos de ofensa e violência à democracia, tão duramente conquistada pelo povo brasileiro. Se se quiser mudar o curso da história deste país marcado pela impunidade e pela injustiça social, será necessário tomar medidas verdadeiramente severas em relação àqueles candidatos que conquistam mandatos desonestamente, sendo que, não fosse o amor ao ilícito, nunca seriam eleitos para ocupar cargo algum.

Não se pode permitir o exercício do mandato por quem não o logrou alcançar legitimamente. Em verdade, para que se tenha um país verdadeiramente democrático, voltado para a realização da justiça e para igualdade concreta de todos os brasileiros, é absolutamente imperioso extirpar do meio político os que galgam tais mandatos valendo-se da carência dos milhares de eleitores sem condição de bem discernir sobre a importância do direito/dever de votar.

9

A ILEGITIMIDADE ATIVA DO CONSUMIDOR PARA PLEITEAR A RESTITUIÇÃO DE VALORES PAGOS A MAIOR EM DECORRÊNCIA DA INCLUSÃO DO ICMS NA BASE DE CÁLCULO DO PIS E DA COFINS INCIDENTES NA CONTA DE ENERGIA ELÉTRICA

Recentemente, o Supremo Tribunal Federal, revendo vetusta compreensão jurisprudencial[1], passou a entender que é inconstitucional a inclusão do ICMS na base de cálculo do PIS e da COFINS. No RE 574.706/PR (tema 69), julgado em 15/03/2017, ficou definido que "o ICMS não compõe a base de cálculo para a incidência do PIS e da COFINS".

Como consequência dessa inconstitucionalidade reconhecida pela Corte Suprema brasileira, diversos consumidores, pessoas físicas e jurídicas, passaram a mover ações em desfavor da União, almejando a condenação do ente federal à restituição dos valores pagos a maior a título de PIS e COFINS incidentes sobre sua conta de energia elétrica.

---

1. A súmula nº 68 do STJ dispunha que "a parcela relativa ao ICM inclui-se na base de cálculo do PIS". Já a súmula nº 94 daquela Corte rezava que "a parcela relativa ao ICMS inclui-se na base de cálculo do Finsocial."

Entretanto, tais ações não estão prosperando[2], pois, como se verá, o consumidor não detém legitimidade ativa *ad causam* na hipótese em questão.

Tanto em relação à COFINS (Contribuição para Financiamento da Seguridade Social) como ao PIS (Programa de Integração Social), os sujeitos passivos das contribuições são as pessoas jurídicas de direito privado e as que lhes são equiparadas[3]. O fato gerador de tais contribuições é o auferimento de faturamento (ou receita bruta) mensal[4]. No caso de entidades sem fins lucrativos, o fato gerador do PIS é o pagamento de salários aos empregados.

Note-se que, nesses casos, a relação jurídico-tributária é formada entre a União (fisco federal) e a concessionária de serviço. Aquela é o sujeito ativo e esta é o sujeito passivo do tributo. Nos termos da lei, a concessionária de serviço público é a pessoa obrigada a recolher o tributo. A relação contributiva, instituída por lei, geradora da obrigação de pagar a contribuição, é entre o fisco e as concessionárias de serviço público, como as de fornecimento de energia elétrica.

---

2. "A União (Fazenda Nacional) recorreu contra sentença que julgou procedente pedido de exclusão do PIS e da COFINS da base de cálculo do ICMS cobrado sobre o serviço de fornecimento de energia elétrica prestado à parte autora, bem como a condenou a restituir os valores já pagos pelo recorrido nos últimos cinco anos anteriores ao ajuizamento da demanda, a pretender a extinção do processo sem resolução do mérito, por ilegitimidade de parte ativa. Tem razão da União, pois o sujeito passivo das obrigações tributárias relativas ao ICMS, ao PIS e à CONFIS é a distribuidora de energia elétrica, nos termos do art. 73, parágrafo único, inciso VIII, da Lei Estadual n.º 2.707/89 (ICMS); art. 2º da Lei n.º 9.715/98; art. 2º da Lei n.º 9.718/98; art. 1º da Lei n.º 10.637/2002; e art. 1º da lei n.º 10.833/2003 (PIS e COFINS). A discriminação do ICMS na conta de energia não quer significar que ele tenha sido transferido para o consumidor, pois ele integra a sua própria base de cálculo, nos termos do art. 155, inciso XII, alínea "i", da Constituição Federal de 1988 - CF/88 e art. 26 da Lei Estadual n.º 2.707/89. Quem suporta seu encargo (tributário) é a distribuidora de energia elétrica, não o consumidor, ainda que o preço daquela última inclua o montante do tributo devido (encargo econômico), como de resto ocorre com todos os tributos pagos por qualquer empresa, já que eles entram na composição dos custos do produto ou serviço vendido. Somente pode pedir restituição de tributo pago indevidamente o sujeito passivo da obrigação tributária, nos termos do art. 165 do Código Tributário Nacional - CTN. Por isso, o autor é parte ilegítima para figurar no polo ativo desta demanda. Amparado em tais razões, voto por conhecer do recurso da União, dar-lhe provimento, reformar a sentença recorrida, declarar o autor parte ilegítima ativa para esta demanda e extinguir o processo sem resolução do mérito por carência de ação. Sem custas e sem honorários, pois sucumbente foi a recorrida, não a recorrente (art. 55 da Lei n.º 9.099/95). É como voto. ACÓRDÃO: A Turma Recursal dos Juizados Especiais Federais de Sergipe DEU PROVIMENTO ao recurso, nos termos do voto acima transcrito. Composição da sessão e quórum da votação conforme certidão de julgamento" (Processo nº 0501056.41.2017.4.05.8503. Órgão julgador: Primeira Turma. Relator: Marcos Antônio Garapa de Carvalho. Data do julgamento: 25/04/2018).
3. Vide os seguintes preceitos legais: art. 2º da Lei n.º 9.715/98; art. 2º da Lei n.º 9.718/98; art. 1º da Lei n.º 10.637/2002; e art. 1º da lei n.º 10.833/2003 (PIS e COFINS).
4. SABBAG, Eduardo. *Manual de Direito Tributário*. 9ª ed. São Paulo: Saraiva, 2017, p. 738 e 741.

É verdade, como recorda Leandro Paulsen[5], mencionando o entendimento do STJ[6], que, "em se tratando de concessionária de serviço público, a legislação especial prevê expressamente o repasse do ônus tributário (art. 9º, § 3º, da Lei 8.987/95)"[7], o que acaba por colocar o consumidor na condição de contribuinte de fato, já que a ele é transferido o ônus econômico do tributo. Entretanto, o contribuinte de fato não integra a relação jurídico-tributária em questão, a qual se mantém adstrita apenas ao contribuinte de direito, o verdadeiro sujeito passivo da obrigação tributária. Aqui, diferentemente do que acontece quando se discute o ICMS, o consumidor não é sujeito passivo.

Ainda, como bem destacou o Ministro Luiz Fux, quando atuava perante o STJ, "(...) o condicionamento do exercício do direito subjetivo do contribuinte que pagou tributo indevido (contribuinte de direito) à comprovação de que não procedera à repercussão econômica do tributo ou à apresentação de autorização do 'contribuinte de fato' (pessoa que sofreu a incidência econômica do tributo), à luz do disposto no artigo 166 do CTN, não possui o condão de transformar sujeito alheio à relação jurídica tributária em parte legítima na ação de restituição de indébito" (REsp. 903394-AL, Primeira Seção. Relator Ministro Luiz Fux, Data do Julgamento: 24.03.2010).

Conquanto o ônus econômico do PIS e da COFINS seja repassado ao consumidor nas faturas de energia elétrica, isso não altera a natureza jurídica de tais contribuições, isto é, não faz delas tributos indiretos em sua estrutura normativa. O repasse desse ônus financeiro ao consumidor não o transforma em sujeito passivo da obrigação tributária. A configuração jurídica do PIS e da COFINS não permite que sejam enquadrados como tributos indiretos[8], de

5. PAULSEN, Leandro. *Curso de Direito Tributário – completo*. 8ª ed. São Paulo: Saraiva, 2017, p. 278.

6. Nesse sentido: "ADMINISTRATIVO. SERVIÇO PÚBLICO CONCEDIDO. ENERGIA ELÉTRICA. TARIFA. REPASSE DAS CONTRIBUIÇÕES DO PIS E DA COFINS. LEGITIMIDADE. 1. É legítimo o repasse às tarifas de energia elétrica do valor correspondente ao pagamento da Contribuição de Integração Social - PIS e da Contribuição para financiamento da Seguridade Social - COFINS devido pela concessionária. 2. Recurso Especial improvido. Acórdão sujeito ao regime do art. 543-C do CPC e da Resolução STJ 08/08" (REsp 1185070/RS, Rel. Ministro TEORI ALBINO ZAVASCKI, PRIMEIRA SEÇÃO, julgado em 22/09/2010, DJe 27/09/2010).

7. Vale assinalar que o STF fixou a seguinte tese no tema 415: "Não há reserva de lei complementar para o repasse do PIS e COFINS ao usuário de serviços públicos concedidos, tais como telefonia e energia elétrica, cobrado nas respectivas faturas" (publicação do acórdão no DJe de 22/11/2019).

8. Já o ICMS, por ser um tributo indireto por natureza, enseja o direito de restituição ao consumidor, que é legítimo contribuinte. Veja-se: RECURSO ESPECIAL. REPRESENTATIVO DA CONTROVÉRSIA. ART. 543-C CÓDIGO DE PROCESSO CIVIL. CONCESSÃO DE SERVIÇO PÚBLICO. ENERGIA ELÉTRICA. INCIDÊNCIA DO ICMS SOBRE A DEMANDA "CON-

modo a autorizar o consumidor a pedir a repetição do indébito com espeque no art. 166 do CTN. Como ensina Ricardo Alexandre[9]:

> Ao se referir aos tributos que comportam, por sua natureza, a repercussão econômica, o CTN adota a definição de tributo indireto esposada nesta obra. Assim, não basta que seja possível a repercussão econômica, pois, conforme afirmado, tal possibilidade existe praticamente em todo tributo. É necessário que as normas que disciplinam o tributo prevejam a possibilidade oficial de transferência do encargo. Trata-se da repercussão jurídica e não apenas econômica.

Por fim, cabe assinalar que as próprias concessionárias estão ajuizando ações judiciais de restituição de valores, em razão de ter havido a inconstitucional inclusão do ICMS na base de cálculo do PIS e da COFINS devidos por elas (empresas). Assim, entendimento diverso acarretaria a dupla condenação da União a restituir os valores cobrados a maior por força da supracitada inconstitucionalidade reconhecida pela Corte Suprema.

TRATADA E NÃO UTILIZADA". LEGITIMIDADE DO CONSUMIDOR PARA PROPOR AÇÃO DECLARATÓRIA C/C REPETIÇÃO DE INDÉBITO. - Diante do que dispõe a legislação que disciplina as concessões de serviço público e da peculiar relação envolvendo o Estado-concedente, a concessionária e o consumidor, esse último tem legitimidade para propor ação declaratória c/c repetição de indébito na qual se busca afastar, no tocante ao fornecimento de energia elétrica, a incidência do ICMS sobre a demanda contratada e não utilizada. - O acórdão proferido no REsp 903.394/AL (repetitivo), da Primeira Seção, Ministro Luiz Fux, DJe de 26.4.2010, dizendo respeito a distribuidores de bebidas, não se aplica ao casos de fornecimento de energia elétrica. Recurso especial improvido. Acórdão proferido sob o rito do art. 543-C do Código de Processo Civil (REsp 1299303/SC, Rel. Ministro CESAR ASFOR ROCHA, PRIMEIRA SEÇÃO, julgado em 08/08/2012, DJe 14/08/2012).

9. ALEXANDRE, Ricardo. *Direito Tributário esquematizado.* 10ª ed. Rio de Janeiro: Forense; São Paulo: Método, 2016, p. 436.

10

AUDIÊNCIA DE CUSTÓDIA OU DE APRESENTAÇÃO DO PRESO: INSTRUMENTO DESTINADO AO CONTROLE MAIS HUMANO E PRECISO DAS PRISÕES CAUTELARES E À INIBIÇÃO DA VIOLÊNCIA POLICIAL NO BRASIL

10.1. INTRODUÇÃO

A Constituição Federal Brasileira de 1988 adotou, em seu artigo 1º, um modelo de Estado Democrático de Direito, que tem, dentre seus fundamentos, a dignidade da pessoa humana (inciso III). O paradigma do Estado Democrático de Direito deve ser sinônimo de garantismo e de respeito aos direitos fundamentais dos cidadãos. Naturalmente, a tutela de direitos fundamentais também precisa ser assegurada àqueles a quem se imputam crimes e que foram presos pelos agentes estatais.

Entretanto, a superlotação carcerária há muito é um grave problema nacional, fonte de constantes e graves violações de direitos humanos[1]. De acordo

1. Ao deferir parcialmente o pedido de medida cautelar na ADPF nº 347-DF, ordenando aos juízes e tribunais brasileiros que realizem a audiência de custódia, a Corte Suprema Brasileira, inspirando-se na jurisprudência da Corte Constitucional da Colômbia, reconheceu expressamente a existência do "Estado de Coisas Inconstitucional" no sistema penitenciário brasileiro, em razão das sistemáticas

com o relatório do Banco Nacional de Monitoramente de Presos – BNMP, do Conselho Nacional de Justiça[2], o número de presos no Brasil, em agosto de 2018, era de 602.217.

O que mais chama a atenção no referido levantamento é a elevada taxa de encarceramento penal provisório no país. Cerca de 40% das pessoas que estão presas sequer foram julgadas na primeira instância[3]. São 240 mil presos aguardando julgamento[4]. Isso agrava acentuadamente a superlotação e as condições subumanas nos estabelecimentos penais brasileiros.

Além do alto índice de encarceramento criminal provisório, a violência policial contra suspeitos e prisioneiros ainda é uma realidade. A tortura e os maus-tratos praticados por agentes policiais continuam a acontecer nas grandes e nas pequenas cidades brasileiras. Ainda há policiais que maltratam e espancam o preso; que "vêem o império da lei como um obstáculo e não como uma garantia de controle social", como bem assinala Paulo Sérgio Pinheiro[5].

Nesse contexto, o Conselho Nacional de Justiça lançou o "Projeto Audiência de Custódia" com os seguintes objetivos[6]: "a) adequar o ordenamento jurídico interno para o cumprimento de obrigações decorrentes da ratificação de tratados internacionais, reforçando o compromisso do Brasil com a proteção dos direitos humanos; b) garantir o controle judicial mais humano, efetivo e

---

violações dos direitos dos presos. Da ementa constou: "(...) SISTEMA PENITENCIÁRIO NACIONAL – SUPERLOTAÇÃO CARCERÁRIA – CONDIÇÕES DESUMANAS DE CUSTÓDIA – VIOLAÇÃO MASSIVA DE DIREITOS FUNDAMENTAIS – FALHAS ESTRUTURAIS – ESTADO DE COISAS INCONSTITUCIONAL – CONFIGURAÇÃO. Presente quadro de violação massiva e persistente de direitos fundamentais, decorrente de falhas estruturais e falência de políticas públicas e cuja modificação depende de medidas abrangentes de natureza normativa, administrativa e orçamentária, deve o sistema penitenciário nacional ser caracterizado como 'estado de coisas inconstitucional' (...)". Disponível em: [http://www.stf.jus.br/portal/processo/verProcessoAndamento.asp]. Acesso em: 08/06/2016.

2. Informação disponível em: https://www.cnj.jus.br/wp-content/uploads/2018/01/57412abdb54eba909b3e1819fc4c3ef4.pdf. Acesso em: 03/02/2019.
3. É importante assinalar que, nesse percentual de presos provisórios, estão incluídas pessoas que já estão condenadas em primeira instância, assim como presos que já foram condenados em outros processos. Assim, recomendável que os órgãos que monitoram a população carcerária no país (DEPEN e CNJ) procurem ser mais precisos na apuração e na divulgação desses dados.
4. Informação disponível em: https://www.cnj.jus.br/wp-content/uploads/2018/01/57412abdb54eba909b3e1819fc4c3ef4.pdf. Acesso em: 03/02/2019.
5. PINHEIRO, Paulo Sérgio. *Violência, crime e sistemas policiais em países de novas democracias.* São Paulo: Tempo Social. Revista de Sociologia – USP, maio de 1997, p. 47.
6. PAIVA, Caio. *Audiência de custódia e o processo penal brasileiro.* 2ª ed. Florianópolis: Empório do Direito, 2017, p. 45-53.

preciso das prisões cautelares, refletindo-se sobre o alto índice de encarceramento penal provisório e sobre a superlotação carcerária no país; c) inibir ou prevenir a prática de atos de violência policial contra presos e investigados; e d) viabilizar o respeito às garantias constitucionais, sobretudo às do contraditório e da ampla defesa".

A partir daí, os tribunais brasileiros iniciaram a implantação da audiência de custódia ou de apresentação do preso, que já é realidade em todo o território nacional. A ideia é garantir o cumprimento dos tratados internacionais de direitos humanos, inibindo a arbitrariedade ou a ilegalidade das detenções e se reservando a imposição de prisão cautelar somente para as hipóteses estritamente necessárias.

Assim, no presente trabalho, além de se refletir criticamente sobre os motivos do elevado índice de encarceramento penal provisório no país e sobre as causas da persistência da violência policial, almeja-se tratar do conceito, da origem, da base normativa, das finalidades e do procedimento da audiência de custódia ou de apresentação do preso, analisando-se os primeiros números divulgados pelo Conselho Nacional de Justiça e comentando as expectativas em torno do novel instituto.

10.2. AS RAZÕES DA ELEVADA TAXA BRASILEIRA DE ENCARCERAMENTO PENAL PROVISÓRIO

Por causa da conhecida superlotação, é dramático o quadro fático do sistema penitenciário brasileiro, conforme exposto na petição inicial da Ação de Descumprimento de Preceito Fundamental nº 347-DF. A população do sistema prisional brasileiro aumentou nos últimos anos muito acima do crescimento populacional.

Portanto, de modo preocupante, a cada ano aumenta o número de pessoas privadas da liberdade, a grande maioria delas pobres e negras, encarceradas por terem cometido os delitos de tráfico de drogas, roubo, furto ou homicídio, o que revela a clara e desconcertante seletividade de nosso sistema penal. Sob este aspecto, Débora Regina Pastana[7] destaca, com acuidade, que:

> Por certo, a punição e mesmo a perseguição policial se manifestam mais fortemente contra certos tipos de crimes cometidos, em sua maioria, por

7. PASTANA, Débora Regina. *As Faces do Estado Punitivo Brasileiro*. Revista dos Tribunais, vol. 868, Fev/2008, p. 466.

> atores sociais marginalizados. (...) Encarcerando cada vez mais e por mais tempo as classes populares, via de regra por pequenos delitos contra o patrimônio ou por condutas ligadas ao pequeno comércio de entorpecentes, desvia-se, de forma estratégica, a atenção dos inúmeros crimes contra a ordem econômica e financeira praticados pela elite política.

Outro dado que reclama séria reflexão – é sobre esse ponto crucial que se pretende debruçar nesta parte do estudo - é o referente à taxa brasileira de encarceramento provisório. Cerca de 40% das pessoas que estão presas no Brasil sequer foram julgadas na primeira instância. É, portanto, muito elevado o número de provisórios, ou seja, quase metade da população carcerária aguarda julgamento de primeiro grau de jurisdição.

Essas informações levam a perquirir as razões para tão elevada taxa de encarceramento penal provisório no país. Por que tantas pessoas no Brasil estão presas aguardando julgamento? São três os principais motivos para esse fenômeno.

A primeira razão é muito simples: ainda há juízes que, apesar da regra do artigo 5º, inciso LXVI, da Constituição Federal de 1988 ("Ninguém será levado à prisão ou nela mantido, quando a lei admitir a liberdade provisória, com ou sem fiança."), optam por manter presas pessoas que poderiam responder o processo em liberdade. Olvidam a diretriz constitucional de que a liberdade é a regra, sendo a prisão uma medida excepcional. Esse tipo de compreensão talvez tenha raiz no fato de que o legislador constituinte se equivocou ao empregar a expressão *liberdade provisória*. Como esclarece Eugênio Pacelli[8], "o que é provisório é sempre a prisão, assim como todas as demais medidas cautelares, que sempre implicarão restrições a direitos subjetivos". A inapropriada nomenclatura infelizmente deu margem para uma concepção falha e inconstitucional de que a liberdade *provisória* é uma exceção à regra da prisão para quem é flagranteado.

Até a edição da Lei nº 12.403/2011, ainda se podia compreender a posição do magistrado que, entre manter a prisão em flagrante ou soltar, optava pela primeira solução, já que não havia previsão normativa de medidas cautelares alternativas à detenção. Tal lei, entretanto, alterando o Código de Processo Penal Brasileiro, trouxe um rol de 11 medidas cautelares alternativas à prisão preventiva (artigos 319 e 320 do CPP), de modo que a custódia preventiva

8. PACELLI, Eugênio. *Curso de Processo Penal.* São Paulo: Atlas, 2012, p. 488.

só deve ser decretada em último caso, graças à sua natureza acautelatória e de excepcionalidade[9].

Exatamente nesse ponto se encontra a segunda razão para o altíssimo número de presos provisórios em nosso sistema carcerário. Até a implantação das audiências de custódia pelos tribunais brasileiros, embora já passados alguns anos desde que a Lei nº 12.403/2011 entrou em vigor (o que se deu em 04/07/2011 – 60 dias após sua publicação), não tinha havido total conscientização dos membros do Poder Judiciário quanto à necessidade de se aplicar tais medidas cautelares alternativas à prisão preventiva.

Somente recentemente é que, com a obrigatoriedade de realizar as audiências de custódia, passou-se a reverter a lógica judicial do protagonismo da prisão cautelar, refletindo-se mais seriamente sobre a necessidade de se aplicar as referidas medidas alternativas à detenção. A falta da realização da audiência de custódia contribuía para a hiperlotação dos presídios, pois demorava muito para o preso ter sua primeira audiência com o juiz. Espera-se que[10]:

> (...) a audiência de custódia tem potencial pra reduzir a cultura do encarceramento e propiciar que os recursos orçamentários hoje consumidos pelo sistema carcerário sejam reduzidos e, consequentemente, aplicados para aparelhar os órgãos encarregados da persecução penal e o próprio judiciário, custeando os serviços acrescidos com a adoção da audiência e ainda melhorando os demais serviços relacionados com a segurança pública.

A terceira razão para o elevado número de presos provisórios nos presídios consiste no fato de ainda termos um modelo de processo penal clássico, assentado em bases romano-germânicas, mostrando-se demasiadamente formal e burocratizado mesmo quando o acusado confessa a prática de um delito de maior ofensividade. Nosso modelo de processo penal para delitos de maior potencialidade ofensiva é da primeira metade do século passado, sendo mani-

---

9. Luigi Ferrajoli critica severamente o abuso crescente no emprego do cárcere preventivo na experiência judiciária, condenando a praxe de se usar a custódia preventiva como pena antecipada. Assevera que a utilização da prisão cautelar como medida punitiva e policialesca, sem fundamentos processuais reais, contrasta com todos os princípios de uma sistema garantista (FERRAJOLI, Luigi. *Direito e Razão: Teoria do Garantismo Penal.* Trad. de Ana Paula Zomer Sica e outros. 4ª edição revista. São Paulo: Revista dos Tribunais, 2014, p. 714-716).

10. BRASIL JUNIOR, Samuel Meira, OLIVEIRA, Gisele Souza de, SILVA, Willian, SOUZA, Sérgio Ricardo de Souza. *Audiência de Custódia. Dignidade Humana, controle de convencionalidade, prisão cautelar e outras alternativas (Lei 12.403/2011).* Rio de Janeiro: Lumen Juris, 2015, p. 215.

festa a necessidade de inovações que ampliem os espaços de consenso entre o órgão acusador e o acusado, de modo a garantir mais celeridade e efetividade na aplicação da lei penal quando o réu é confesso, seguindo-se tendências modernas de política criminal.

Por que alongar o trâmite de um processo de um réu confesso que ao final terá a pena privativa de liberdade substituída por penas restritivas de direito? A via do consenso é a saída para o descongestionamento da máquina judiciária brasileira também no campo penal. É nesse rumo que devem se operar as reformas, conciliando-se os ideais de eficiência com as garantias fundamentais do acusado no Estado Democrático de Direito[11].

Portanto, em vista desses motivos para o encarceramento cautelar excessivo que existe no Brasil, nota-se a clara importância da implantação da audiência de custódia ou de apresentação do preso (em flagrante ou por mandado de prisão), como instrumento destinado, dentre outras finalidades, à análise da legalidade das prisões e da real necessidade de suas manutenções ou substituições por medidas cautelares alternativas previstas em lei.

10.3. A PERSISTÊNCIA DA VIOLÊNCIA POLICIAL CONTRA PESSOAS PRESAS E SUAS CAUSAS

A Constituição Federal de 1988 estabeleceu a dignidade da pessoa humana como um dos fundamentos da República Federativa do Brasil (artigo 1º, III). No artigo 5º, XLIX, assegurou aos presos o direito fundamental de respeito à integridade física e moral. A Carta Magna ainda considerou inafiançável e insuscetível de graça ou anistia o crime de tortura (XLIII), embora este ainda não fosse tipificado à época, assim como estabeleceu que "constitui crime inafiançável e imprescritível a ação de grupos armados, civis e militares, contra a ordem constitucional e o Estado Democrático" (XLIV).

No ano de 1989, o Brasil ratificou e incorporou ao seu ordenamento jurídico duas importantes convenções internacionais: a Convenção contra a Tortura e outros Tratamentos ou Penas Cruéis, Desumanos ou Degradantes (aprovada pelo Congresso Nacional pelo Decreto Legislativo nº 4/1989 e promulgada pelo Decreto Presidencial 40/1991) e a Convenção Interamericana para Prevenir e

11. Para uma abordagem mais detalhada, ver: ANDRADE, Flávio da Silva. *Justiça Penal Consensual:* controvérsias e desafios. Salvador: JusPodivm, 2018.

Punir a Tortura (aprovada pelo Congresso Nacional pelo Decreto Legislativo nº 05/1989 e promulgada pelo Decreto Presidencial 98.386/1989)[12].

Com o propósito de reprimir a violência policial de forma mais enérgica e efetiva, a Lei nº 9.299/1996 alterou o Código Penal Militar para definir que os crimes de homicídio, "quando dolosos contra a vida e cometidos contra civil, serão da competência da justiça comum" (artigo 9º, parágrafo único). Em seguida, em março de 1997, depois que policiais militares foram flagrados praticando tortura contra civis na Favela Naval, em Diadema, no Estado de São Paulo, fato que teve grande repercussão nacional e internacional, o Congresso Nacional finalmente aprovou a Lei nº 9.455/1997, que definiu o delito de tortura[13]. O julgamento dos acusados por esse crime ficou a cargo da justiça comum, pois não está previsto no Código Penal Militar.

Não obstante, apesar dos avanços legislativos, ainda são assaz comuns, no meio jornalístico, as notícias de maus-tratos, de espancamentos e de mortes[14] praticados por agentes das forças policiais, especialmente nas periferias e favelas, de modo que é pertinente indagar as razões pelas quais ainda persiste a prática da violência oficial contra pessoas presas. Paulo Sérgio Pinheiro há muito vem alertando para o fato de que "a tortura e a detenção arbitrária continuam a caracterizar o comportamento policial em países como o Brasil", lamentando que tais atos oficiais de violência ainda gozem de impunidade, continuando fora de debate o comportamento policial arbitrário e truculento[15].

12. DELMANTO, Roberto; JUNIOR, Roberto Delmanto; DELMANTO, Fabio M. de Almeida. *Leis Penais Especiais Comentadas.* 2ª ed. São Paulo: Saraiva, 2014, p. 416.

13. DELMANTO; DELMANTO JUNIOR; ALMEIDA DELMANTO, *op. cit.*, p. 415.

14. Serve de exemplo eloquente o caso do pedreiro Amarildo Dias de Souza. Laura Capriglione narra que: "o pedreiro Amarildo foi preso, torturado e morto pela Polícia Militar do Rio de Janeiro no dia 14 de julho de 2013. Os jornais tradicionais, fiéis às assessorias de imprensa da polícia, apressaram-se em veicular a versão de que ele seria um traficante ou prototraficante e que seu desaparecimento decorreria de acertos entre bandidos. Foi graças à troca de mensagens, torpedos e à campanha 'Onde está Amarildo?', iniciada nas redes sociais, especialmente no Facebook, com o apoio de movimentos como o Mães de Maio (da inconveniente Débora) e da Rede de Comunidades e Movimentos contra a Violência, que Amarildo tornou-se pedreiro e resgatou, *post mortem*, sua humanidade. Assim, descobriu-se que tinha o apelido de 'Boi', era casado com a dona de casa Elizabeth Gomes da Silva e pai de seis filhos, com quem dividia um barraco de um único cômodo. Os jornais tradicionais – sob o risco da desmoralização – foram obrigados a ir atrás da verdadeira história do pedreiro assassinado." (CAPRIGLIONE, Laura. Os mecanismos midiáticos que livram a cara dos crimes das polícias militares no Brasil. *In*: *Bala Perdida. A violência policial no Brasil e os desafios para a sua superação.* São Paulo: Carta Maior e Boitempo, 2015, p. 59).

15. PINHEIRO, *op. cit.*, p. 44

Nesse mesmo sentido, Teresa Pires do Rio Caldeira, analisando as relações entre violência, direitos e cidadania, bem assinalou[16]:

> O campo de intersecção entre criminalidade e democracia continuou fértil na produção de paradoxos e perversões. Trazer a atuação de forças policiais para dentro dos parâmetros do Estado de Direito é um dos maiores desafios de qualquer processo de transição democrática. No Brasil, os limites desse processo têm sido flagrantes, como indicam as constantes acusações de corrupção das forças policiais e os dados recorrentes sobre abuso do uso da força letal e desrespeito aos direitos humanos de suspeitos e prisioneiros por parte de policiais.

Assim, cabe questionar: por que ainda há policiais militares que espancam e às vezes executam ("resistência seguida de morte") os presos no momento ou depois do flagrante? Por que ainda existem agentes de investigação que agem com truculência e ameaçam ou agridem violentamente o acusado?

Nessa abordagem, a primeira relevante observação a se fazer é no sentido de se distinguir os policiais dos bandidos disfarçados de policiais. Os agentes estatais que formam ou integram grupo de extermínio[17] ou que matam por encomenda não são verdadeiros policiais, mas criminosos escondidos atrás das fardas, que precisam ser identificados, excluídos das forças de segurança e punidos na forma da lei.

A segunda observação importante - é preciso consignar para que não haja mal-entendido - é que não se pretende criticar generalizadamente as instituições policiais ou seus integrantes, pois são formadas por agentes que, em sua grande maioria, cumprem legalmente seu dever, respeitando a integridade física e psíquica dos indivíduos presos.

Neste tópico do presente ensaio, almeja-se perquirir os motivos que ainda levam um policial, no exercício de sua atividade, a agredir e a espancar o preso em flagrante ou a pessoa que estava com um mandado de prisão pendente de cumprimento.

---

16. CALDEIRA, Teresa Pires do Rio. *Violência, direitos e cidadania: relações paradoxais.* Ciência e Cultura. Revista da Sociedade Brasileira para o Progresso da Ciência, v. 54, nº 1, Jun/2002, p. 45.

17. Renato Moraes e João Alexandre Peschanski esclarecem que "o lema 'bandido bom é bandido morto' não se resume a uma ideologia simplória, que inconscientes perigosos difundiriam, mas é o discurso visível de um processo de construção social de extermínio" (MORAES, Renato; PESCHANSKI, João Alexandre. As lógicas do extermínio. *In*: *Bala Perdida. A violência policial no Brasil e os desafios para a sua superação.* São Paulo: Carta Maior e Boitempo, 2015, p. 65).

São várias as razões que ainda induzem um policial a atentar contra a integridade física ou moral do preso, atuando à margem da lei, querendo fazer justiça com as próprias mãos. Há uma multiplicidade de fatores que fazem persistir o quadro de violência policial no Brasil em pleno século XXI, o que denota a complexidade do problema. A seguir, serão apontadas algumas razões, até já sobejamente conhecidas, que se consideram as principais para a persistência desse acontecimento.

A primeira causa da perpetuação desse tipo de violência é, ainda, a falta de treinamento ou preparo adequado dos agentes policiais, sejam novatos, sejam mais experimentados na carreira. A formação e o aperfeiçoamento dos policiais nas academias pecam por deixar de enfatizar conceitos de direitos humanos, de dignidade da pessoa humana e de respeito a direitos e garantias fundamentais do cidadão preso ou acusado[18].

A segunda razão para a continuidade do problema é que ainda há uma complacência ou omissão das corregedorias de polícia, que não aplicam as normas disciplinares da maneira como prescritas nos regulamentos. Existe um baixo grau de reprovabilidade de tais condutas pelos órgãos internos das polícias, imperando ainda, em muitos casos, o corporativismo ou a cumplicidade.

De outro lado, por carência de recursos humanos e materiais, as Polícias Civis não conseguem levar a cabo a investigação de delitos perpetrados por policiais em serviço. Às vezes também por falta de empenho, não se consegue amealhar provas suficientes contra policiais que agem à margem da lei, daí porque foi importante o Supremo Tribunal Federal ter recentemente[19] reconhecido o poder investigatório do Ministério Público, que deverá assumir algumas dessas investigações mais complexas e delicadas que ficavam comprometidas pelos fatores antes mencionados. A certeza da impunidade não pode continuar a ser motivo que dá guarida ou estimule a violência por parte de integrantes das forças de segurança pública.

18. José Afonso da Silva assinala que, para garantir a ordem pública e a incolumidade das pessoas, bem exercendo a atividade de vigilância, prevenção e repressão de condutas delituosas, "é preciso adequar a Polícia às condições e exigências de uma sociedade democrática, aperfeiçoando a formação profissional e orientando-a para a obediência aos preceitos legais de respeito aos direitos do cidadão, independentemente de sua condição social" (SILVA, José Afonso. *Teoria do Conhecimento Constitucional.* São Paulo: Malheiros Editores, 2014, p. 499).

19. RE nº 593.727 - MINAS GERAIS. Relator para acórdão: Min. Gilmar Mendes. Data do julgamento: 14/05/2015. Publicação: DJE de 08/09/2015.

A terceira causa para a continuidade da violência policial por parte de alguns agentes de segurança está ligada ao desejo de obter provas que incriminem o acusado ou elucidem os fatos. Quando são acionados para atender a ocorrências em casos de furto ou roubo, por exemplo, alguns policiais empregam a violência física para descobrir onde foi escondido o instrumento ou o produto do crime; "batem" para obter a confissão do acusado ou para que ele delate seus comparsas.

A quarta razão para a persistência da violência policial decorre da vontade que alguns policiais têm de punir ou "dar uma lição" no preso. Não é novidade que há um número reduzido/limitado de guarnições ou patrulhas para cobrir imensas áreas urbanas e rurais. Geralmente, os policiais militares trabalham em regime de plantão de 24 (vinte e quatro) horas de serviço por 72 (setenta e duas) de descanso. Em inúmeras ocasiões, deparam-se com agentes criminosos que por eles já foram detidos outras vezes e que, soltos, continuam "dando trabalho à polícia", o que os levam a querer "dar um castigo" no preso, já que o caso pode "não dar em nada" por falta de provas ou mesmo por ineficiência do sistema de justiça criminal brasileiro. Existem também casos de flagranteados tidos por "abusados", que desacatam, ameaçam ou agridem o policial no instante da prisão, o que motiva o revide ou o espancamento por parte do agente estatal que, vendo o custodiado como um inimigo, procura impor sua autoridade com violência.

Com efeito, o duro enfrentamento do crime favorece o embrutecimento de muitos policiais. Como assinala Fernanda Mena[20], "a peculiaridade do trabalho, que pede resoluções imediatas para situações complexas e imprevisíveis, contribuiu para desvios de conduta e uso excessivo de armas de fogo, pondo em perigo tanto policial como suspeito". Nessa mesma linha de raciocínio, o antropólogo Luiz Eduardo Soares aduz que a natureza do trabalho policial situa o agente de segurança "com frequência sobre o fio da navalha"[21], daí porque reputa tão decisivo o controle externo de tal atividade.

Todavia, embora se compreenda a natureza árdua dessa atividade, que muitas vezes coloca os agentes policiais em situações-limite, a maioria dos abusos não acontece nesse contexto, de maneira que não são aceitáveis nem

---

20. MENA, Fernanda. Um modelo violento e ineficaz de polícia. *In*: *Bala Perdida. A violência policial no Brasil e os desafios para a sua superação.* São Paulo: Carta Maior e Boitempo, 2015, p. 26.
21. SOARES, Luiz Eduardo. Por que tem sido tão difícil mudar as polícias? *In*: *Bala Perdida. A violência policial no Brasil e os desafios para a sua superação.* São Paulo: Carta Maior e Boitempo, 2015, p. 32.

justificáveis à luz do ordenamento jurídico de um Estado Democrático de Direito. O uso da força física necessita ser lícito e proporcional, devendo ser coibidas todas as formas de violência contra o preso ou investigado. Se não é possível colher a prova da materialidade e/ou da autoria do delito, não adianta espancar o custodiado para obter evidências ou para forçar uma confissão, pois tais provas são ilícitas e inadmissíveis no processo (artigo 5º, LVI, da CF/88). Se há dúvida quanto à atitude de alguém, não se pode chegar espancando ou atirando. Jamais se admitiu uma polícia que primeiro atira para depois perguntar.

Ainda que parcela de nossa sociedade ou alguns segmentos sociais, por um sentimento de desforra, tomando as dores da vítima, tolere ou não reprove tais práticas abusivas, jamais será aceitável que um policial agrida um preso com o propósito de castigá-lo ou puni-lo por conta do fato delitivo que motivou a prisão. O papel da polícia não é punir. À Polícia Militar[22] cabe manter a ordem e prender (geralmente em flagrante) enquanto à Polícia Civil cabe investigar e coletar provas. A imposição de reprimenda deve se dar após o trâmite de regular processo penal, em conformidade com a lei, respeitados os direitos e as garantias constitucionais do acusado. Se nosso sistema criminal é falho e ineficiente, devemos lutar por seu aperfeiçoamento, mas nunca invocar sua inefetividade para legitimar atos de violência contra o preso (culpado ou inocente), praticados justamente por parte de quem tem o dever de garantir o respeito à lei e à ordem pública.

Se as condições de trabalho dos policiais não são as desejáveis, é preciso debater com a sociedade e reivindicar melhorias, porém não se pode permitir que a carência de recursos (humanos ou materiais) sirva de pretexto para o desenvolvimento do abuso e do arbítrio em detrimento de direitos fundamentais. Ainda, se há policiais que não têm aptidão para exercer trabalho dessa natureza sem emprego ilegítimo de violência física, devem ser identificados e realocados para outras funções, mas a natureza dura e fatigante desse labor não

22. Luiz Eduardo Soares, propondo mudanças nas polícias, defende que é preciso desmilitarizar as PMs. Afirma que "desmilitarizar implica cortar o vínculo das polícias militares com o Exército, livrá-las de regimentos disciplinares inconstitucionais (...)". Entende que tal mudança "ofereceria a oportunidade para a reforma completa do modelo policial, que se daria em torno de dois eixos (...). O primeiro eixo seria a revogação da atual divisão do trabalho entre as instituições: uma investiga, a outra age ostensivamente sem investigar. Ambas, então civis, passariam a cumprir o chamado ciclo completo da atividade policial: investigação e prevenção ostensiva. O segundo seria a instauração da carreira única no interior de cada instituição, antigo pleito da massa policial. Hoje, há duas polícias em cada uma: oficiais e praças, delegados e agentes (...). São dois mundos distintos, competindo entre si e, cada vez mais, mutuamente hostis" (SOARES, *op. cit.*, p. 32).

pode ser subterfúgio para a violação de direitos plasmados na Constituição da República, nas leis e em tratados internacionais ratificados pelo Brasil.

Nesse contexto, como lamentavelmente ainda persiste a violência policial em nosso meio, havendo claro descompasso[23] entre a normatização legal-constitucional e as práticas policiais, ver-se-á adiante que é bem-vinda e acertada a implantação e consolidação da audiência de custódia com o propósito, dentre outros, de diminuir ou inibir tal modalidade de violência, buscando-se reduzir a distância entre a normatividade (forma legal) e sua aplicação no mundo empírico.

10.4. AUDIÊNCIA DE CUSTÓDIA OU DE APRESENTAÇÃO DO PRESO: CONCEITO, ORIGEM, BASE NORMATIVA E FINALIDADES

10.4.1. O conceito, a origem e a base normativa da audiência de custódia

A audiência de custódia é um direito do preso. Pode ser definida com um ato público, pré-processual, que tem por objetivo garantir, sem demora, o contato da pessoa detida com uma autoridade judicial, na presença do representante do Ministério Público e do defensor, a fim de que, após sua oitiva, o juiz possa deliberar sobre a legalidade da prisão e sobre a real necessidade de mantê-la ou não, buscando-se ainda prevenir atos de tortura ou maus-tratos ao custodiado[24].

A origem da audiência de custódia reside nos preceitos normativos que determinam a apresentação da pessoa presa ao juiz. Segundo Mauro Fonseca Andrade e Pablo Rodrigo Alflen[25], a Convenção Europeia para Proteção dos Direitos Humanos e Liberdades Fundamentais (CEDH), firmada em Roma, em 04 de novembro de 1950, foi o primeiro texto internacional que estabele-

---

23. Paulo Sérgio Pinheiro alertou para o fato de que, "no Brasil, assim como em muitos outros países da América Latina, há um enorme *gap* entre o que está escrito na lei e a realidade brutal da aplicação da lei. A Constituição do Brasil, promulgada em 1988, conseguiu incorporar muitos direitos individuais que foram violados sistematicamente no período da ditadura militar. Os direitos à vida, à liberdade e à integridade pessoal foram reconhecidos, e a tortura e a discriminação racial são considerados crimes. No entanto, apesar do reconhecimento formal desses direitos, a violência oficial continua" (PINHEIRO, *op. cit.*, p. 43).
24. BRASIL JÚNIOR; OLIVEIRA; SILVA; SOUZA, *op. cit.*, p. 106.
25. ANDRADE, Mauro Fonseca, ALFLEN, Pablo Rodrigo. *Audiência de Custódia no Processo Penal Brasileiro.* Porto Alegre: Livraria do Advogado, 2016, p. 16.

ceu a necessidade de condução sem demora de toda pessoa detida ou presa à presença de um juiz ou outra autoridade habilitada por lei a exercer tais funções (artigo 5.3). Tal regra foi depois repetida noutros importantes documentos internacionais.

A Convenção Internacional de Direitos Civis e Políticos (CIDCP), publicada pela Organização das Nações Unidas em 1966, dispôs, no item 3 do artigo 9°, que:

> Qualquer pessoa presa ou encarcerada em virtude de infração penal deverá ser conduzida, sem demora, à presença do juiz, ou de outra autoridade habilitada por lei a exercer funções judiciais e terá o direito de ser julgada em prazo razoável ou ser posta em liberdade.

Nesse mesmo sentido, a Convenção Americana sobre Direitos Humanos - CADH (Pacto de São José de Costa Rica) trouxe, no item 5 do artigo 7°, a seguinte regra:

> Toda pessoa detida ou retida deve ser conduzida, sem demora, à presença de um juiz ou outra autoridade autorizada pela lei a exercer funções judiciais e tem direito a ser julgada dentro de um prazo razoável ou a ser posta em liberdade, sem prejuízo de que prossiga o processo. Sua liberdade pode ser condicionada a garantias que assegurem o seu comparecimento em juízo.

A apresentação da pessoa presa à autoridade judicial não é novidade no ordenamento jurídico brasileiro. O Código Eleitoral em vigor (Lei nº 4.737/65) estabelece, no § 2º do artigo 236, que "ocorrendo qualquer prisão o preso será imediatamente conduzido à presença do juiz competente que, se verificar a ilegalidade da detenção, a relaxará e promoverá a responsabilidade do coator." Já a Lei nº 7.960/89, que disciplina as prisões temporárias, dispõe, no § 3° do artigo 2º, que "o Juiz poderá, de ofício, ou a requerimento do Ministério Público e do Advogado, determinar que o preso lhe seja apresentado, solicitar informações e esclarecimentos da autoridade policial e submetê-lo a exame de corpo de delito." Ainda, o Código de Processo Penal, no seu artigo 656, faz menção à possibilidade de, nas ações de *habeas corpus*, o juiz mandar que o paciente preso lhe seja apresentado no dia e hora que designar.

A despeito dessas prescrições normativas, nem em tais hipóteses ocorria, no Brasil, a condução ou apresentação do preso ao juiz. Em nossa tradição forense essa providência praticamente nunca foi julgada necessária.

A Constituição Federal de 1988 não prevê a denominada audiência de custódia ou de apresentação do preso, instrumento de caráter pré-processual destinado a garantir que toda pessoa presa seja apresentada, sem demora, à presença de um juiz.

Tanto a Carta Magna Brasileira quanto nosso estatuto de ritos penais se limitam a dispor, quanto à prisão em flagrante, que será comunicada ao juiz competente (artigo 5º, LXII, da CF/88[26] e artigo 306 do CPP[27]), ou seja, preveem tão somente o encaminhamento do auto de prisão em flagrante para que o juiz competente analise a legalidade do ato flagrancial e a necessidade da manutenção da prisão cautelar.

Entretanto, ainda no início dos anos 90, o Estado Brasileiro incorporou[28] ao ordenamento jurídico pátrio a Convenção Internacional de Direitos Civis e Políticos (ONU, 1966), que foi promulgada pelo Brasil por meio do Decreto nº 592, de 6 de julho de 1992. Incorporou também a Convenção Americana sobres Direitos Humanos (Pacto de São José de Costa Rica – OEA, 1969), promulgada pelo Decreto nº 678, de 6 de novembro de 1992.

Apesar da ratificação das referidas convenções internacionais, o Estado Brasileiro não promoveu medidas para implementar a apresentação do indivíduo preso ao juiz. Somente nos últimos 05 (cinco) anos é que se intensificou o debate quanto ao fato de as autoridades judiciárias brasileiras não estarem observando[29] tais relevantes normas internacionais incorporadas ao direito

---

26. "Art. 5º, LXII. A prisão de qualquer pessoa e o local onde se encontre serão comunicados imediatamente ao juiz competente e à família do preso ou à pessoa por ele indicada."

27. "Art. 306. A prisão de qualquer pessoa e o local onde se encontre serão comunicados imediatamente ao juiz competente, ao Ministério Público e à família do preso ou à pessoa por ele indicada (Redação dada pela Lei nº 12.403, de 2011).

    § 1º Em até 24 (vinte e quatro) horas após a realização da prisão, será encaminhado ao juiz competente o auto de prisão em flagrante e, caso o autuado não informe o nome de seu advogado, cópia integral para a Defensoria Pública" (Redação dada pela Lei nº 12.403, de 2011).

28. Trata-se de atos normativos que, conforme jurisprudência majoritária do Supremo Tribunal Federal, têm *status* supralegal, embora de caráter infraconstitucional. Como foram incorporados antes da EC n º 45/2004, podem, a critério do legislador brasileiro, ser submetidos ao procedimento previsto no art. 5º, § 3º, da Constituição Federal de 1988, a fim de que venham a equivaler a emendas constitucionais.

29. Mauro Fonseca Andrade e Pablo Rodrigo Alflen esclarecem que, "fazendo uso do Ofício-Circular nº 33/03-CGJ, de 02 de abril de 2003, a Corregedoria-Geral de Justiça do Tribunal de Justiça do Rio Grande do Sul se dirigiu aos seus juízes para lembrá-los do teor do artigo 7, 5, 1ª parte, da CADH. Em que pese esse esforço, a lembrança surtiu efeito em pouquíssimos magistrados, especialmente,

interno. Em 2011, o Senador Antônio Carlos Valadares (PSB-SE) apresentou o Projeto de Lei do Senado nº 554, destinado a regulamentar a audiência de custódia, o que alavancou as discussões sobre o tema.

Então, em fevereiro de 2015, o Conselho Nacional de Justiça, em parceria com o Tribunal de Justiça de São Paulo e com o Ministério da Justiça, criou o projeto-piloto voltado à implantação da audiência de custódia no Brasil. Como bem esclarecem Mauro Fonseca Andrade e Pablo Rodrigo Alflen, com esse projeto, "duas instituições detentoras de enorme poder político – a dizer CNJ e o Ministério da Justiça – deixaram claro que o instituto da audiência de custódia é uma realidade da qual nosso país não poderá continuar fugindo" (2016, p. 96), dando mostras de que logo seria integrada à rotina de nosso sistema de justiça criminal.

Na sequência, em abril de 2015, a Ordem dos Advogados do Brasil e o Conselho Nacional de Justiça firmaram um convênio para fomentar a realização das audiências de custódia no Brasil[30]. Ainda, reforçando essa diretriz, em 9 de setembro de 2015, o Supremo Tribunal Federal, examinando a ADPF nº 347-DF, determinou aos juízes e tribunais que passassem a realizar audiências de custódia em todo o país, não só em dias úteis, mas também nos fins de semana, feriados ou em qualquer outro dia em que não houver expediente forense.

Assim, sob a coordenação do Conselho Nacional de Justiça, as cortes pátrias regulamentaram o tema por resoluções ou provimentos[31], implantaram a audiência de custódia ou de apresentação do preso. Essa audiência deve ser realizada não só nos casos de prisão em flagrante, mas também nas hipóteses de detenções em cumprimento de mandados de prisão cautelar ou definitiva.

---

entre aqueles com atuação na capital do Estado e, de forma particular, entre os que foram designados para atuar junto ao Serviço Judicial Permanente do Plantão. Ainda assim, embora houvessem determinado à Polícia Judiciária que lhes fossem apresentados os presos em flagrante, os juízes plantonistas acabaram por retroceder na determinação, ante os constantes reclamos dos órgãos de persecução penal primária, sob a justificativa de que não possuíam servidores e veículos suficientes para as constantes idas e vindas aos cartórios com competência criminal." (ANDRADE; ALFLEN, *op. cit.*, p. 22).

30. Disponível em: [*www.oab.org.br/noticia/28312/oab-e-cnj-firmam-convenio-para-fomento-de-audiencias-de-custodia*]. Acesso em: 07/06/2016.

31. Embora a Associação de Delegados de Polícia do Brasil – ADEPOL tenha ajuizado, em fevereiro de 2015, a ADI nº 5240, questionando o fato de a regulamentação pelo TJSP ter se dado por ato administrativo (Provimento-Conjunto nº 03/2015, publicado em 22 de janeiro de 2015), o STF entendeu que, por estar a medida respaldada em textos internacionais já internalizados, descabido seria condicionar sua aplicação à edição de uma disciplina legal específica.

10.4.2. As finalidades da audiência de custódia

A primeira finalidade da implantação da audiência de custódia ou de apresentação do preso foi adequar o ordenamento jurídico interno para cumprimento de obrigações decorrentes da ratificação pelo Brasil do Pacto Internacional de Direitos Civis e Políticos das Nações Unidas e da Convenção Americana sobre Direitos Humanos (Pacto de São José da Costa Rica). Era preciso conformar nossas regras processuais penais aos referidos tratados internacionais de direitos humanos que, como visto, há muito foram incorporados ao ordenamento jurídico nacional.

O segundo propósito dessa audiência é viabilizar um controle judicial mais humano, efetivo e preciso das prisões cautelares, o que tende a acarretar a diminuição do alto índice de encarceramento penal provisório do Brasil. A superlotação carcerária é uma triste realidade que precisa ser enfrentada racionalmente, à luz do Texto Constitucional, que coloca a prisão como uma medida excepcionalíssima (artigo 5º, LXV, LXVI, CF/88).

A realização da audiência de custódia, ou seja, a oitiva do preso pela autoridade judicial torna mais humana e precisa a análise do caso no que toca à legalidade da prisão e à necessidade de sua manutenção. O contato direto do flagranteado com o juiz dá a este, segundo Gisele Souza de Oliveira, Samuel Meira Brasil Junior, Sérgio Ricardo de Souza e Willian Silva[32], "(...) plenas condições de exercitar um juízo cautelar muito mais completo e fidedigno (...)". Em verdade, o simples encaminhamento de cópia do auto de prisão em flagrante para que o juiz competente analisasse a legalidade e a necessidade da manutenção da prisão (art. 306 do Código de Processo Penal) não era suficiente para que o magistrado bem conhecesse as circunstâncias da prisão e pudesse decidir sobre sua legalidade e real necessidade de sua manutenção. O preso não era ouvido pelo juiz e as partes (Ministério Público e defesa) não tinham chance de se pronunciar.

Nessa mesma linha, Caio Paiva[33] assinala que a realização da audiência de custódia tem o propósito de superar a *fronteira do papel*, que caracteriza um sistema puramente cartorial. Pretende-se, como aduz o referido autor, que o juiz deixe de decidir sobre a liberdade da pessoa unicamente *a partir do papel*,

---

32. BRASIL JÚNIOR; OLIVEIRA; SILVA; SOUZA, *op. cit.*, p. 123.
33. PAIVA, *op. cit.*, p. 66-67.

entrando em cena um mecanismo que *humaniza* o processo penal[34], na medida em que assegura o direito de o preso ser ouvido pelo magistrado[35].

Nessa perspectiva, a realização da audiência de custódia visa a evitar prisões ilegais ou desnecessárias. O objetivo naturalmente não é soltar presos sem critérios, em prejuízo da segurança pública, mas permitir que o juiz, respeitados os direitos de contraditório e de defesa, melhor decida quanto à legalidade da prisão e à real necessidade de sua conversão em prisão preventiva ou concessão de liberdade provisória, com ou sem imposição de alguma medida cautelar diversa do encarceramento. Este é medida extrema que deve ser aplicada somente nos casos expressos em lei e quando a hipótese não comportar nenhuma das medidas cautelares alternativas introduzidas em nosso modelo de processo penal pela Lei nº 12.403, de 4 de maio de 2011. Nesse sentido, comentando o avanço que representa a implantação do instituto pelos tribunais pátrios, Aury Lopes Jr. e Alexandre Moraes da Rosa[36] pontuaram:

> A audiência de custódia acaba com o conforto da decisão imaginada pelo flagrante, exige contato humano, com o impacto que proporciona, fazendo com que se possa prender melhor, a partir das razões que forem apresentadas. Nos estados em que já está sendo implementada, muitos opositores se renderam à qualidade do ato, até porque sustenta o lugar de garante do Juiz, tanto pelos flagrantes, prendendo quando for o caso, bem assim evitando que pessoas fiquem presas para além do necessário. Controla-se, por fim, os casos de tortura reais ou inventadas.

Douglas Fischer[37] pontua que "é fundamental notar que a audiência de custódia não tem a finalidade de produção de provas, notadamente em desfavor

---

34. PAIVA, *op. cit.*, p. 139.

35. Guilherme de Sousa Nucci, sem razão, pensa diferente: "(...) a autoridade judiciária que quer soltar, assim o faz, sem necessidade alguma de 'ver o preso'. Quem não solta, mantendo quase sempre a prisão cautelar, não vai mudar porque 'viu ou conversou alguns minutos com o preso'. (...) Gostaria de saber se os magistrados das audiências de custódia que se realizam, hoje, no Brasil, são todos titulares de cargos fixos. E eles, somente pelo contato com o réu, mudaram sua posição de manter a prisão para soltá-lo. Se alguém me provar isso, gostaria de ouvir do colega juiz o que o réu lhe contou a ponto de sensibilizá-lo, fazendo-o mudar radicalmente de opinião" (NUCCI, Guilherme de Sousa. *Os mitos da Audiência de Custódia.* Publicado em 16/07/2015. Disponível em: < http://www.guilhermenucci.com.br/artigo/os-mitos-da-audiencia-de-custodia-2>. Acesso em 09/04/2017).

36. LOPES JR., Aury, ROSA, Alexandre Morais da. "Não sei, não conheço, mas não gosto da audiência de custódia". *Revista Consultor Jurídico*. São Paulo, edição do dia 10/07/2015. Disponível em: [http://www.conjur.com.br/2015-jul-10/limite-penal-nao-sei-nao-conheco-nao-gosto-audiencia-custodia] Acesso em: 15/06/2016.

37. FISCHER, Douglas. Resolução 213 do CNJ – artigo 8º. In: ANDRADE, Mauro Fonseca; ALFEN, Pablo Rodrigo (org.). *Audiência de Custódia: Comentários à Resolução 213 do Conselho Nacional de*

do preso", daí porque que o depoimento do acusado, mesmo se confessar, não terá valor probatório.

Essa diretriz no sentido da impossibilidade de a oitiva do preso ser utilizada para fins probatórios não é pacífica. Andrade e Alfen[38] assinalam que essa é uma das questões mais polêmicas ligadas à audiência de custódia. Aduzem que nessa audiência o acusado está cercado de todas as garantias constitucionais inerentes ao processo penal e que tal exclusão do depoimento para fins probantes parece não se justificar, até porque, de todo modo, o magistrado depois, na fase de julgamento, haveria de se orientar pelos comandos dos arts. 155[39] e 197[40] do CPP. Concluem, porém, que a questão perde importância na medida em que o valor de uma confissão na audiência de custódia teria o mesmo valor relativo de uma confissão havida na fase do processo conhecimento[41].

Há quem veja essa vedação probatória como exageradamente garantista. Modificando seu entendimento sobre o assunto, Caio Paiva[42] passou a defender que não se justifica a vedação de atividade probatória na audiência de custódia. Argumenta que:

> (...) surpreende que a comunidade jurídica brasileira censure qualquer atividade probatória na audiência de custódia, em que estão presentes o Ministério Público, a defesa técnica e o juiz, mas admita, com tranquilidade, que a pessoa presa adentre no mérito do caso penal quando é ouvida na lavratura de auto de prisão em flagrante pela autoridade policial, sem o acompanhamento de advogado ou de defensor público.

Para fundamentar melhor sua posição, Paiva[43] sustenta que a vedação em comento pode ser classificada "como uma espécie de *paternalismo processual*, um discurso que restringe a liberdade comunicativa do cidadão para criar ou

Justiça. Porto Alegre: Livraria do Advogado, 2016, p. 101.

38. ANDRADE; ALFLEN, *op. cit.*, p. 138-140.
39. "Art. 155. O juiz formará sua convicção pela livre apreciação da prova produzida em contraditório judicial, não podendo fundamentar sua decisão exclusivamente nos elementos informativos colhidos na investigação, ressalvadas as provas cautelares, não repetíveis e antecipadas".
40. "Art. 197. O valor da confissão se aferirá pelos critérios adotados para os outros elementos de prova, e para a sua apreciação o juiz deverá confrontá-la com as demais provas do processo, verificando se entre ela e estas existe compatibilidade ou concordância".
41. ANDRADE; ALFLEN, *op. cit.*, p. 140.
42. PAIVA, *op. cit.*, p. 114.
43. PAIVA, *op. cit.*, p. 115.

preservar um ambiente em que somente se discute a legalidade e a cautelaridade da prisão". Nesse ponto, ademais, vale consignar a dificuldade do juiz, do membro do Ministério Público e do defensor para obter esclarecimentos sobre os fatos e sobre a prisão sem poder formular perguntas que deságuem na autoria do delito. Talvez não seja mesmo o caso de negar totalmente valor probante indiciário a confissões (livres e espontâneas, claro) ocorridas na audiência de custódia. São comuns os casos em que, indagados sobre as circunstâncias da prisão, e mesmo advertidos dos direitos constitucionais que lhe são assegurados, flagranteados acabam "soltando o verbo" e confessando a prática delitiva. Nesse contexto, tais confissões poderiam ser equiparáveis a confissões policiais.

É inequívoco que a audiência não deve visar à coleta de provas em desfavor do flagranteado, mas, se ele, falando sobre as circunstâncias da prisão, vier livremente a confessar um fato criminoso, a princípio não haveria óbice em conferir a tal confissão o mesmo valor de uma confissão policial, isto é, de um elemento informativo ou fato indicativo atinente à autoria do delito, havendo de serem respeitadas, ainda, na fase de julgamento, as aludidas regras dos arts. 155 e 197 do CPP.

Já a terceira finalidade da audiência de custódia é inibir ou prevenir a prática de atos de violência policial contra presos e investigados. Como assinalado na Resolução nº 213/2015 do CNJ, "a condução imediata da pessoa presa à autoridade judicial é o meio mais eficaz para prevenir e reprimir a prática de tortura no momento da prisão, assegurando, portanto, o direito à integridade física e psicológica das pessoas submetidas à custódia estatal."

A apresentação do custodiado ao juiz num prazo exíguo tende a inibir detenções ilegais e evitar ameaças e ofensas à integridade física ou psíquica dos presos, ante a maior chance de serem apuradas e descobertas. O artigo 11 da mencionada resolução dispõe que:

> Havendo declaração da pessoa presa em flagrante delito de que foi vítima de tortura e maus-tratos ou entendimento da autoridade judicial de que há indícios da prática de tortura, será determinado o registro das informações, adotadas as providências cabíveis para a investigação da denúncia e preservação da segurança física e psicológica da vítima, que será encaminhada para atendimento médico e psicossocial especializado.

Justamente com o propósito de que não sejam refreadas ou obstadas as denúncias de violência policial, no parágrafo único do artigo 4º da supracitada resolução consta que "é vedada a presença dos agentes policiais responsáveis pela prisão ou pela investigação durante a audiência de custódia."

É claro que a ideia não é desacreditar ou lançar desconfiança sobre o trabalho policial, até porque a maioria dos agentes de segurança atua em conformidade com a lei, respeitando a integridade física e mental dos indivíduos presos. Entretanto, infelizmente, como consignado no terceiro tópico destes apontamentos teoréticos, há algumas razões que ainda fazem persistir a violência policial no país, sendo a audiência de custódia uma nova medida destinada a inibir a prática de maus-tratos e de tortura contra presos. É certo que esse novo mecanismo não vai eliminar o mal em comento, mas ajudará a reduzi-lo.

Obviamente, não são verdadeiras todas as alegações de maus-tratos e de espancamentos, daí ser essencial o desencadeamento de apuração criminal, mas fica nítido que a prática da violência por agentes estatais realmente continua a acontecer país a fora, precisando ser mais vigorosamente inibida pelo Estado Brasileiro, de modo que o controle da criminalidade ocorra de forma legítima, dentro das raias da legalidade, sem máculas à atuação das forças policiais.

Até a implantação da audiência de custódia, não era possível dimensionar com mais precisão a violência policial no Brasil, pois não havia um sistema ou programa a fim de computar e congregar esses dados. Não há dúvida, porém, de que os números eram ainda mais alarmantes a ponto de o comportamento abusivo e arbitrário caracterizar a atuação da polícia em muitas regiões.

Enfim, conquanto haja quem critique[44] ou veja com desconfiança[45] esse projeto, ele tem como propósitos primordiais[46] provocar um controle judicial

---

44. Adelmar Aires Pimenta da Silva aduz: "O ato, tal como propugnado, constitui uma inutilidade porque não se destina à produção de provas; os magistrados não têm conhecimentos técnicos para avaliar eventuais práticas de tortura porque não são peritos; não se pode perder de vista que os presos em flagrante seriam conduzidos à presença dos magistrados por policiais, circunstância por si só apta a inibir denúncias de eventuais torturas; a condução do investigado à presença do juiz, logo após a prisão, demanda o dispêndio de escassos recursos públicos com a utilização de todo um aparato de segurança, como o emprego de viaturas e agentes estatais envolvidos no deslocamento de detentos" (SILVA, Adelmar Aires Pimenta da. *A audiência de custódia é cara e inútil*. Revista Consultor Jurídico. São Paulo, edição do dia 28/07/2015. Disponível em: [http://www.conjur.com.br/2015-jul-28/adelmar-silva-audiencia-custodia-cara-inutil]. Acesso em: 09/06/2016).
45. Guilherme de Sousa Nucci pensa que: "(...) a autoridade judiciária que quer soltar, assim o faz, sem necessidade alguma de 'ver o preso'. Quem não solta, mantendo quase sempre a prisão cautelar, não vai mudar porque 'viu ou conversou alguns minutos com o preso'. (...) Gostaria de saber se os magistrados das audiências de custódia que se realizam, hoje, no Brasil, são todos titulares de cargos fixos. E eles, somente pelo contato com o réu, mudaram sua posição de manter a prisão para soltá-lo. Se alguém me provar isso, gostaria de ouvir do colega juiz o que o réu lhe contou a ponto de sensibilizá-lo, fazendo-o mudar radicalmente de opinião" (NUCCI, *op. cit.*).
46. Merece menção, a propósito, o seguinte esclarecimento do CNJ: "7. O que se pretende com a audiência de custódia? A apreciação mais adequada e apropriada da prisão que se impôs, considerando a

mais humano e preciso das prisões cautelares (evitando-se custódias ilegais e desnecessárias) e inibir ou prevenir a violência policial contra o detido. Trata-se de um esforço necessário a ser realizado contra a violação de direitos humanos.

10.5. CONSIDERAÇÕES FINAIS

O estudo evidenciou quão necessária era a implantação da audiência de custódia ou de apresentação do preso, como medida voltada a um controle mais próximo, humano e preciso no tocante à legalidade e à real necessidade das prisões cautelares no Brasil, além de servir para a inibição ou a prevenção das práticas de maus-tratos e de tortura de presos.

Foi demonstrado que o elevado número de presos provisórios decorre do fato de que ainda há juízes que olvidam a diretriz constitucional de que a liberdade é a regra, sendo a prisão uma medida excepcional, de modo que se deve priorizar a aplicação de medidas cautelares alternativas à prisão preventiva (artigos 319 e 320 do CPP). A obrigatoriedade de realizar as audiências de custódia acabou por gerar uma maior reflexão acerca da equivocada lógica judicial do protagonismo da prisão cautelar. Também se apontou a ausência de um rito abreviado calcado na confissão que fator que concorre para a alta taxa de custodiados que aguardam julgamento em primeira instância, defendendo-se que urge a adotação de um mecanismo de abreviação desse jaez para se propiciar mais celeridade na aplicação da pena quando o réu é confesso.

De outro lado, buscou-se descortinar as razões para a persistência da violência policial. Infelizmente, essa ainda é uma realidade a ser combatida e superada. A tortura e os maus-tratos a presos ainda são comuns no país e maculam o trabalho das forças policiais. Embora não vá eliminar o problema em questão, enxergou-se a audiência de custódia como uma ferramenta voltada à adoção de providências mais urgentes e concretas nos casos em que houver alegação de maus-tratos e tortura de presos.

O trabalho retratou a audiência de custódia ou de apresentação do preso como uma medida que humaniza a decisão judicial acerca da legalidade e

presença física do autuado em flagrante, a garantia do contraditório e a prévia entrevista pelo juiz da pessoa presa. Permite que o juiz, o membro do Ministério Público e da defesa técnica conheçam de possíveis casos de tortura e tomem as providências. Previne o ciclo da violência e da criminalidade, quando possibilita ao juiz analisar se está diante da prisão de um criminoso ocasional ou daqueles envolvidos com facções penitenciárias." Disponível em: [http://www.cnj.jus.br/sistema-carcerario--e-execucao-penal/audiencia-de-custodia/perguntas-frequentes]. Acesso em: 09/06/2016.

necessidade da prisão, permitindo ainda a rápida adoção de providências nos casos em que houver denúncia de constrangimentos e espancamentos.

Enfim, o presente ensaio acabou por apontar a importância da audiência de custódia ou de apresentação do preso, medida que infelizmente tardou para ser adotada no Brasil, mas que agora tende a contribuir para o mais adequado enfrentamento dos velhos problemas da superlotação carcerária e da violência policial.

10.6. REFERÊNCIAS

ANDRADE, Mauro Fonseca, ALFLEN, Pablo Rodrigo. *Audiência de Custódia no Processo Penal Brasileiro.* Porto Alegre: Livraria do Advogado, 2016.

BRASIL JUNIOR, Samuel Meira, OLIVEIRA, Gisele Souza de, SILVA, Willian, SOUZA, Sérgio Ricardo de Souza. *Audiência de Custódia. Dignidade Humana, controle de convencionalidade, prisão cautelar e outras alternativas (Lei 12.403/2011).* Rio de Janeiro: Lumen Juris, 2015.

CALDEIRA, Teresa Pires do Rio. *Violência, direitos e cidadania: relações paradoxais.* Ciência e Cultura. Revista da Sociedade Brasileira para o Progresso da Ciência, v. 54, nº 1, Jun/2002.

CAPRIGLIONE, Laura. Os mecanismos midiáticos que livram a cara dos crimes das polícias militares no Brasil. *In*: *Bala Perdida. A violência policial no Brasil e os desafios para a sua superação.* São Paulo: Carta Maior e Boitempo, 2015, p. 55-59.

DELMANTO, Roberto; JUNIOR, Roberto Delmanto; DELMANTO, Fabio M. de Almeida. *Leis Penais Especiais Comentadas.* 2ª ed. São Paulo: Saraiva, 2014.

DEPARTAMENTO PENITENCIÁRIO NACIONAL (DEPEN). *Relatório do Levantamento Nacional de Informações Penitenciárias (INFOPEN) – Dezembro de 2014.* Disponível em: [http://www.justica.gov.br/seus-direitos/politica-penal/infopen_dez14.pdf]. Acesso em 08/06/2016.

FERRAJOLI, Luigi. *Direito e Razão: Teoria do Garantismo Penal.* Trad. de Ana Paula Zomer Sica e outros. 4ª edição revista. São Paulo: Revista dos Tribunais, 2014.

FISCHER, Douglas. Resolução 213 do CNJ – artigo 8º. In: ANDRADE, Mauro Fonseca; ALFEN, Pablo Rodrigo (org.). *Audiência de Custódia: Comentários à Resolução 213 do Conselho Nacional de Justiça.* Porto Alegre: Livraria do Advogado, 2016.

LOPES JR., Aury, ROSA, Alexandre Morais da. "Não sei, não conheço, mas não gosto da audiência de custódia". *Revista Consultor Jurídico.* São Paulo, edição do dia 10/07/2015. Disponível em: [http://www.conjur.com.br/2015-jul-10/limite-penal-nao-sei-nao-conheco-nao-gosto-audiencia-custodia] Acesso em: 15/06/2016.

MENA, Fernanda. Um modelo violento e ineficaz de polícia. *In*: *Bala Perdida. A violência policial no Brasil e os desafios para a sua superação.* São Paulo: Carta Maior e Boitempo, 2015, p. 19-26.

MORAES, Renato; PESCHANSKI, João Alexandre. As lógicas do extermínio. *In*: *Bala Perdida. A violência policial no Brasil e os desafios para a sua superação.* São Paulo: Carta Maior e Boitempo, 2015, p. 61-66.

NUCCI, Guilherme de Sousa. *Os mitos da Audiência de Custódia.* Publicado em 16/07/2015. Disponível em: [http://www.guilhermenucci.com.br/artigo/os-mitos-da-audiencia-de-custodia-2]. Acesso em 09/06/2016.

PACELLI, Eugênio. *Curso de Processo Penal.* São Paulo: Atlas, 2012.

PAIVA, Caio. *Audiência de custódia e o processo penal brasileiro.* 2ª ed. Florianópolis: Empório do Direito, 2017.

PASTANA, Débora Regina. *As Faces do Estado Punitivo Brasileiro***.** Revista dos Tribunais, vol. 868, Fev/2008, p. 464-483.

PINHEIRO, Paulo Sérgio. *Violência, crime e sistemas policiais em países de novas democracias.* São Paulo: Tempo Social. Revista de Sociologia – USP, maio de 1997.

REVISTA CONSULTOR JURÍDICO. *Audiências de custódia não aumentam número de furtos no estado de São Paulo.* São Paulo, edição do dia 17/09/2015. Disponível em [http://www.conjur.com.br/2015-set-17/audiencias-custodia-numero-furtos--cai-estado-sao-paulo]. Acesso em: 15/06/2016.

SILVA, Adelmar Aires Pimenta da. *A audiência de custódia é cara e inútil***.** Revista Consultor Jurídico. São Paulo, edição do dia 28/07/2015. Disponível em: [http://www.conjur.com.br/2015-jul-28/adelmar-silva-audiencia-custodia-cara-inutil]. Acesso em: 09/06/2016.

SILVA, José Afonso. *Teoria do Conhecimento Constitucional.* São Paulo: Malheiros Editores, 2014.

SOARES, Luiz Eduardo. Por que tem sido tão difícil mudar as polícias? *In*: *Bala Perdida. A violência policial no Brasil e os desafios para a sua superação.* São Paulo: Carta Maior e Boitempo, 2015, p. 27-32.